Burghard Winkel

Kirche und Vergaberecht

Der vergaberechtliche Status der evangelischen Landeskirchen in Deutschland

PETER LANG
Europäischer Verlag der Wissenschaften

Bibliografische Information Der Deutschen Bibliothek
Die Deutsche Bibliothek verzeichnet diese Publikation in der Deutschen Nationalbibliografie; detaillierte bibliografische Daten sind im Internet über <http://dnb.ddb.de> abrufbar.

Zugl.: Jena, Univ., Diss., 2004

27
ISSN 1437-3149
ISBN 3-631-52578-8

www.peterlang.de

Schriften zum

STAATSKIRCHENRECHT

Herausgegeben von
Axel Frhr. von Campenhausen
und Christoph Link

Band 17

PETER LANG
Frankfurt am Main · Berlin · Bern · Bruxelles · New York · Oxford · Wien

Kirche und Vergaberecht

Vorwort

Kirchengemeinden oder diakonische Einrichtungen lassen ihre Gebäude instand setzen, beschaffen neues Inventar oder nehmen einen Neubau allein oder mit finanzieller Unterstützung staatlicher Stellen in Angriff. Bei der Auftragsvergabe erwägen die kirchlichen Auftraggeber, der Kirche nahe stehende Firmen einzubeziehen, die Handwerkskammern mahnen die Anwendung der Verdingungsordnungen an, und das fördernde Bundesland erwartet die Einhaltung des staatlichen Vergaberechts. Eine Anfrage im Europäischen Parlament, ob die deutschen Kirchen ihre Aufträge europaweit ausschreiben, hat den letzten Anstoß zur Klärung des vergaberechtlichen Status der evangelischen Landeskirchen in Deutschland gegeben.

Die vorliegende Arbeit zeigt das traditionell haushaltsrechtliche Anliegen der Regelungen zur Auftragsvergabe auf. Sie wendet sich der voneinander abweichenden Entwicklung des Vergaberechts in Staat und Kirche zu und begründet vor dem Hintergrund einer Vielzahl ungeklärter Fragen im europarechtlich bestimmten staatlichen Vergaberecht, warum die evangelischen Landeskirchen in Deutschland keine öffentlichen Auftraggeber sind. Für staatlich geförderte kirchliche Aufträge werden die Voraussetzungen und Möglichkeiten untersucht, religionsspezifische Anliegen bei der Auftragsvergabe einzubeziehen.

Die Ausarbeitung wurde im Wintersemester 2003/04 vor der rechtswissenschaftlichen Fakultät der Friedrich-Schiller-Universität, Jena als Dissertation verteidigt. Aus diesem Anlass danke ich Prof. Dr. Peter M. Huber, München für kritische Begleitung und die Erstellung des Erstgutachtens. Prof. Dr. Michael Brenner, Jena danke ich für das von ihm erstellte Zweitgutachten. Nicht zuletzt danke ich Prof. Dr. Axel Frhr. v. Campenhausen, Hannover, der diese Ausarbeitung ermöglichte. Für die freundliche Unterstützung der Drucklegung danke ich der Ev.-luth. Landeskirche Hannovers.

Göttingen, im März 2004

Inhaltsverzeichnis

A. Einleitung

1. Als Ausfluss der Vertragsautonomie Privater liegen die rechtlichen Voraussetzungen einer Auftragserteilung gemeinhin in der Rechtssphäre des Auftraggebers[1]. Dieser bestimmt, ob und welche Lieferung oder Leistung er begehrt und mit welchem Auftragnehmer er einen Vertrag abschließt. Die Vertragsfreiheit des Auftraggebers schließt das Recht ein, mehrere interessierte Auftragnehmer zur Abgabe eines Angebots aufzufordern und mit demjenigen Bieter einen Vertrag zu schließen, der ihm das günstigste Angebot macht. Ebenso liegt es in der Entscheidungsmacht des privaten Auftraggebers, ob er im Einzelfall oder im Grundsatz immer zur Abgabe von Angeboten auffordert, ob er sich nur selbst an ein solches Verfahren bindet oder ob er den Bietern den Anspruch auf ein solches Verfahren gewährt.

Dies alles gilt zunächst auch für den Staat wie für die evangelischen Kirchen, wenn sie die von ihnen benötigten Güter auf den allgemeinen Märkten vertragsweise beschaffen. In Deutschland wurden jedoch bereits im 18. Jahrhundert besondere Verfahrensweisen für die Vergabe öffentlicher Aufträge bestimmt[2], und mit der Industrialisierung gestalteten die deutschen Territorialstaaten das öffentliche Auftragswesen weiter aus[3]. Auch der kirchlichen Vermögensverwaltung war die öffentliche Ausschreibung nicht fremd. So unterwarf bereits das Preußische Allgemeine Landrecht von 1794 die Vergabe von Kirchengrundstücken dem Verfahren einer „öffentlichen Ausbietung zur Miete oder zur Pacht"[4], und Regelungen des landesherrlichen Kirchenregiments bestimmten im 19. Jahrhundert de-

---

1 Vgl. anstelle aller *Heinrichs, H*, in: *Palandt/Heinrichs*, 2001[60], Vor. § 241 Rn. 5.

2 Vgl. *F. C. Huber*, Das Submissionswesen, 1885 sowie *F. Rittner*, Rechtsgrundlagen und Rechtsgrundsätze des öffentlichen Auftragswesens (Diss. jur.), Schriften zum Öffentlichen Auftragswesen, Heft 5, 1988, S. 30.

3 So oblag in Preußen z.B. der Abschluss freihändiger Lieferverträge und die Zuschlagserteilung bei öffentlicher Submission im Eisenbahnbau ab bestimmter Wertgrenzen dem dort 1878 eigens für öffentliche Arbeiten errichteten Ministerium, vgl. *L. v. Rönne*, Das Staatsrecht der preußischen Monarchie, 3. Bd., 1883[4], S. 116 (119).

4 §§ 668 ff. des 11. Titels im Zweiten Teil des Preußischen Allgemeinen Landrechts von 1794 (ALR).

tailliert das Verfahren zur Vergabe von Baumaßnahmen an Kirchen-, Küster-, Pfarr- und Schulgebäuden[5].

Das bis dahin der staatlichen Ordnung folgende Beschaffungswesen der evangelischen Landeskirchen verselbstständigte sich Mitte des 19. Jahrhunderts mit dem Entstehen der evangelischen Kirchengemeinden als juristisch selbstständigen Körperschaften[6], und unter dem Grundgesetz ordnen und verwalten die Kirchen auf der Grundlage des Art. 140 GG/Art. 137 Abs. 3 Satz 1 WRV ihr Vergabewesen nunmehr selbstständig innerhalb der Schranken des für alle geltenden Gesetzes. Gleichwohl haben die evangelischen Landeskirchen in Deutschland wie der Staat daran festgehalten, ihre Aufträge in der Regel zur Vergabe auszuschreiben. Diese Regel gilt beiden als Haushaltsgrundsatz[7].

2. Als Haushaltsorganisationen verfolgen die evangelischen Landeskirchen wie der Staat mit der Ausschreibung ihrer Aufträge das Ziel eines effektiven Einsatzes ihrer finanziellen Mittel, denn die Ausschreibung ermöglicht ihnen, den günstigsten Anbieter festzustellen und mit diesem den Vertrag über die Ausführung eines Auftrags zu schließen. Der Staat hat darüber hinaus das Vergabeverfahren jedoch auch als Instrument seiner Wirtschafts-, Regional- und Umweltpolitik eingesetzt. Als öffentlicher Auftraggeber nutzt er die Möglichkeit, mit staatlichen Aufträgen die Nachfrage zu steuern, Arbeitsplätze zu schaffen, Standort-

---

5 Vgl. Art. „Kirchen-, Küster-, Pfarr- und Schulbauten und Reparaturen", in: *J. A. L. Fürstenthal* (Hrsg.), Sammlung aller noch gültigen, in dem Allgemeinen Landrecht, der Gesetzessammlung, den v. Kamptzschen Jahrbüchern und Annalen, der Raabeschen Sammlung und den Amtsblättern sämtlicher Königl. Regierungen seit ihrer Begründung bis Ende 1838 enthaltenen, das Kirchen- und Schulwesen betreffenden Gesetze, Reskripte und Verfügungen, 2. Bd., 1838, S. 107 ff. sowie Art. „Kirchen-, Pfarr- und Schul-Bau-Lizitationstermine", ebd. Nachtrag, 1845, S. 228 ff.

6 Die Ordnungen zur Verwaltung des kirchlichen Vermögens werden seinerzeit zwar vom Landesherrn erlassen, sie übertragen gleichwohl den zu bildenden Kirchenvorständen im Grundsatz die Entscheidung darüber, ob und in welcher Form Aufträge der Kirchengemeinden ausgeschrieben werden; vgl. hier nur Art. 6 und 26 ff. des Edikts Großherzog Ludwigs II, die Verwaltung der lokalen Kirchen- und geistlichen Stiftungs-Fonds und Kirchen-Pfründe betreffend, vom 6.6.1832, zitiert nach *A. Müller*, Lexikon des Kirchenrechts und der römisch-katholischen Liturgie, Bd. 3, 1838^2, S. 525 ff.

7 Für den Staat vgl. § 30 des Gesetzes über die Grundsätze des Haushaltsrechts des Bundes und der Länder (HGrG) vom 19.8.1969, zuletzt geändert durch Gesetz vom 21.6.2002, BGBl. I S. 2166 sowie die §§ 55 BHO/LHO. Für die evangelischen Kirchen in Deutschland vgl. anstelle aller nur § 34 der Ordnung für das kirchliche Finanzwesen mit Ausführungsbestimmungen vom 29.5.1999 (FO-EKD), ABl. EKD S. 250.

nachteile auszugleichen, Industriezweige oder kleinere und mittlere Unternehmen zu fördern oder Existenzgründungen zu erleichtern[8].

Dem Recht der Europäischen Gemeinschaft ist demgegenüber das Vergaberecht ein Instrument zur Förderung des grenzüberschreitenden Wettbewerbs auf dem Gebiet des öffentlichen Auftragswesens im Gemeinsamen Markt[9]. Auf der Grundlage der im Vertrag zur Gründung der Europäischen Gemeinschaft verankerten Freiheiten stecken aus diesem Grund EG-Richtlinien den Rahmen ab, um bei der Vergabe staatlicher oder dem Staat zuzuordnender Aufträge die Freiheit des Warenverkehrs, die Dienstleistungsfreiheit und das Verbot der Diskriminierung, insbesondere aus Gründen der Staatsangehörigkeit zu gewährleisten[10].

Die Konturen des sich wandelnden Staates sind freilich unscharf geworden. So sind ihm einerseits bereits im 19. Jahrhundert im Interesse des Gemeinwohls eine Vielzahl von Aufgaben im Bildungs-, Gesundheits- und Sozialwesen zugewachsen. Andererseits entlässt der Staat Aufgaben der Daseinsvorsorge aus der öffentlich-rechtlichen Organisationsstruktur und lässt sie von Einrichtungen in Privatrechtsform wahrnehmen, ohne darauf zu verzichten, solche Einrichtungen zu beaufsichtigen, die Zusammensetzung oder die Entscheidungen ihrer Leitungsorgane zu bestimmen oder die Finanzierung ihrer Aufgaben zu garantieren[11]. Gleichwohl bindet der Staat solche Einrichtungen nur begrenzt an sein Haushaltsrecht[12] und unterwirft sie insbesondere nicht dem Grundsatz einer regelmäßigen Ausschreibung ihrer Aufträge[13].

---

8 Vgl. nur *M.-J. Schäfer*, Mehr Wettbewerb im Bereich des öffentlichen Auftragswesens nach Erlass der europäischen Vergaberichtlinien – Rechtliche und praktische Aspekte der Richtlinienumsetzung – (Diss. rer. pub.), Schriften zum Öffentlichen Auftragswesen, Heft 9, 1994, S. 19 ff.

9 So bereits der 8. Erwägungsgrund der Richtlinie des Rates vom 26.7.1971 über die Koordinierung der Verfahren zur Vergabe öffentlicher Bauaufträge (71/305/EWG), Abl. der EG, Nr. L 185 S. 5. Vgl. dazu auch *Th. Puhl*, Abschnitt III, Ziff. 2 (5) der Leitsätze zum Beitrag: Der Staat als Auftraggeber, VVDStRL, Bd. 60, 2001, S. 505 (506); *M.-J. Schäfer*, aaO, S. 26 ff.; wie auch *J. Byok*, Die Entwicklung des Vergaberechts seit 1999, NJW 2001, 2295.

10 In diesen Gewährleistungen gemäß der Art. 28, 49 und 12 des Vertrages zur Gründung der Europäischen Gemeinschaft vom 25.3.1957, BGBl. II S. 766, zuletzt geändert durch den Amsterdamer Vertrag vom 2.10.1997 und durch den Vertrag von Nizza vom 26.2.2001 (EGV), BGBl. II 2001 S. 1667, werden gemeinhin die primärrechtlichen Grundlagen des europarechtlich bestimmten Vergaberechts gesehen, vgl. nur *H.-J. Pries*, Handbuch des europäischen Vergaberechts, 2001[2], S. 4 ff.

11 So z.B. im Bereich der privatrechtlich organisierten Daseinsvorsorge (Wasser, Strom, Gas, Verkehr usw.).

12 Vgl. nur § 48 Abs. 3 HGrG.

13 §§ 53 und 54 HGrG.

Um das Beschaffungswesen auch solcher Einrichtungen für den Wettbewerb im Gemeinsamen Markt zu erschließen, hat die Europäische Gemeinschaft die traditionell haushaltsrechtliche Betrachtungsweise im nationalen Vergaberecht aufgebrochen und ab einer bestimmten Höhe der Auftragswerte neben dem Staat auch alle ihm funktional zuzuordnenden Einrichtungen[14] zu einer europaweiten Ausschreibung ihrer Aufträge verpflichtet. Der Geltungsbereich der EG-Vergaberichtlinien erfasst daher als öffentliche Auftraggeber nicht allein die staatlichen Haushaltsorganisationen, sondern darüber hinaus auch staatlich dominierte Einrichtungen, „die zu dem besonderen Zweck gegründet wurden, im Allgemeininteresse liegende Aufgaben zu erfüllen, die nicht gewerblicher Art sind“[15].

3. Die auf diese Weise erweiterte Definition des öffentlichen Auftraggebers wirft für eine Reihe von Einrichtungen die Frage auf, ob sie verpflichtet sind, ihre Aufträge auszuschreiben, wenn deren Wert die europarechtlich vorgegebene Höhe erreicht oder überschreitet[16]. Zu diesen Einrichtungen gehören auch die Religionsgemeinschaften. Im Hintergrund dieser Diskussion steht das strikte Regelungsregime für europaweite Ausschreibungen oberhalb der Schwellenwerte und der Rechtsanspruch der Bieter auf Einhaltung dieses Verfahrens.

Gegenstand der Diskussion über die Religionsgemeinschaften ist, ob sie dem europarechtlich bestimmten staatlichen Vergaberecht unterliegen, soweit sie z.B. im Ausbildungs-, Gesundheits- oder Sozialwesen und nicht zuletzt im Friedhofs-

---

14 Zum funktionalen Begriff des öffentlichen Auftraggebers vgl. hier nur *K. Hailbronner*, Der Begriff des öffentlichen Auftraggebers nach den EG-Richtlinien zur Vergabe öffentlicher Aufträge, EWS 1995, 285 ff. sowie *I. Seidel*, Zur Wandlung des Begriffsinhaltes „öffentlicher Auftraggeber“ im EG-Vergaberecht vom institutionellen zum funktionellen Begriff sowie zu aktuellen Anwendungsfragen des erweiterten Begriffs, in: FS für W. Heiermann zum 60. Geburtstag, 1995, S. 293 ff. = ZfBR 1995, 227 ff.

15 Vgl. jeweils Art. 1 Buchst. b) der Richtlinie 92/50/EWG des Rates vom 18.6.1992 über die Koordinierung der Verfahren zur Vergabe von öffentlichen Dienstleistungsaufträgen (DKR), ABl. der EG Nr. L 209, S.1, der Richtlinie 93/36/EWG des Rates vom 14.6.1993 über die Koordinierung der Verfahren zur Vergabe von öffentlichen Lieferaufträgen (LKR), ABl. der EG Nr. L 199, S. 1, der Richtlinie 93/37/EWG des Rates vom 14.6.1993 zur Koordinierung der Verfahren zur Vergabe von öffentlichen Bauaufträgen (BKR), ABl. der EG Nr. L 199, S. 45 sowie § 98 Nr. 2 des Gesetzes gegen Wettbewerbsbeschränkungen i.d.F. der Bkm. vom 26.8.1998 (GWB), BGBl. I S. 2546.

16 Vgl. dazu nur die Aufzählung der teils bis heute umstrittenen, teils zwischenzeitlich durch die Rechtsprechung geklärten öffentlichen Auftraggeber bei *F. Marx*, in: Motzke/Pietzcker/Prieß (Hrsg.), Beck`scher VOB-Kommentar, Verdingungsordnung für Bauleistungen Teil A, zu § 98 GWB, Rn. 27 ff.

wesen öffentliche Aufgaben wahrnehmen[17]. Auch wird die Frage gestellt, ob die Religionsgemeinschaften auf Grund ihres Status als Körperschaften des öffentlichen Rechts[18] oder wegen ihrer Finanzierung aus Kirchensteuern[19] oder aus dem Grunde dem Vergaberecht unterliegen, weil sie bei der Verwaltung ihres Vermögens gemäß Art. 140 GG/Art. 137 Abs. 3 Satz 1 WRV an das für alle geltende Gesetz gebunden sind[20].

In dieser Diskussion bleibt gelegentlich unberücksichtigt, dass es in Deutschland sowohl privatrechtlich wie auch öffentlich-rechtlich verfasste Religionsgemeinschaften gibt. Die vorgetragenen Argumente zielen jedoch insbesondere auf die steuererhebenden Religionsgemeinschaften, die über den Status einer Körperschaft des öffentlichen Rechts verfügen sowie auf deren privatrechtlich organisierte Einrichtungen. Dies ist Anlass der folgenden Ausführungen über den vergaberechtlichen Status der evangelischen Landeskirchen in Deutschland[21].

---

17 *H.-J. Prieß*, Religionsgemeinschaften – Auftraggeber im Sinne des EG-Vergaberechts? Europäisches Vergaberecht, 1995, S. 248; *M. J. Werner*, in: Byok/Jaeger, Kommentar zum Vergaberecht, 2000, zu § 98 GWB, Rn. 319.

18 *M. Vachek*, Das Religionsrecht der EU im Spannungsfeld zwischen mitgliedschaftlichen Kompetenzreservaten und Art. 9 EMRK, Studien und Materialien zum öffentlichen Recht, Bd. 11 (Diss. jur.) 2000, S. 298.

19 *F. P. Ohler*, Zum Begriff des öffentlichen Auftraggebers im Europäischen Vergaberecht (Diss. jur.), 2001, S. 181.

20 *F. Marx*, aaO, Rn. 35.

21 Es handelt sich hierbei um die Evangelische Landeskirche Anhalts (Ah), die Evangelische Landeskirche in Baden (Bad), die Evangelisch-Lutherische Kirche in Bayern (Bay), die Evangelische Kirche in Berlin-Brandenburg (BB), die Evangelisch-lutherische Landeskirche in Braunschweig (Bswg), die Bremische Evangelische Kirche (Brm), die Evangelisch-lutherische Landeskirche Hannover (Han), die Evangelische Kirche in Hessen und Nassau (HN), die Evangelische Kirche von Kurhessen-Waldeck (KW), die Lippische Landeskirche (Li), die Evangelisch-Lutherische Landeskirche Mecklenburgs (M), die Nordelbische Evangelisch-Lutherische Kirche (NEK), die Evangelisch-Lutherische Kirche in Oldenburg (Old), die Evangelische Kirche der Pfalz (Pf), die Pommersche Evangelische Kirche (Pom), die Evangelisch-reformierte Kirche (ErK), die Evangelische Kirche im Rheinland (Rh), die Evangelische Kirche der Kirchenprovinz Sachsen (KPS), die Evangelisch-Lutherische Landeskirche Sachsen (LS), die Evangelisch-Lutherische Landeskirche Schaumburg-Lippe (SLi), die Evangelische Kirche der schlesischen Oberlausitz (SchlO), die Evangelisch-Lutherische Kirche in Thüringen (Thü), die Evangelische Kirche von Westfalen (Westf) und die Evangelische Landeskirche in Württemberg (Wü). Die vorgenannten Kirchen sind zusammengeschlossen in der Evangelischen Kirche in Deutschland (EKD) sowie konfessionsbezogen in der Evangelischen Kirche der Union (EKU) oder in der Vereinigten Evangelisch-Lutherischen Kirche Deutschlands (VELKD). Weitere Angaben zu diesen Kirchen zusammenfassend bei *O. v. Campenhausen*, Die Organisationsstruktur der evangelischen Kirche, in: HbdStKirchR, Bd. 1, 1994², S. 383 ff.

B. Hauptteil

I. Zur Geschichte des Vergaberechts in den evangelischen Landeskirchen in Deutschland

1. Das staatliche Vergaberecht zur Verwaltung des kirchlichen Vermögens

Vergaberechtliche Regelungen gelten für die kirchliche Vermögensverwaltung der evangelischen Landeskirchen in den deutschen Territorialstaaten bereits im ausgehenden 18. und im beginnenden 19. Jahrhundert, sei es z.B. die bereits erwähnte allemal „öffentliche Ausbietung" von Kirchengrundstücken zur Miete oder Pacht in Preußen[1] oder die regelmäßige „öffentliche Versteigerung" für „alle Verkäufe, Vertauschungen und Verpachtungen von Kirchen-Vermögen, Verkäufe der Erträge des Kirchen-Vermögens, alle öffentliche, um Lohn zu verrichtende Arbeiten und Lieferungen" im Großherzogtum Hessen[2].

Gemeinsam ist solchen Regelungen, dass sie bis in das beginnende 20. Jahrhundert hinein Ausfluss des vom Landesherrn ausgeübten landesherrlichen Kirchenregiments, seiner damit verbundenen Aufsicht über das kirchliche Vermögen und seiner Befugnis waren, das für die Verwaltung des kirchlichen Vermögens erforderliche Recht zu setzen[3]. Die landesherrlichen Regelungen zur Auftragsvergabe orientierten sich dabei an vorhandenen fiskalischen Vergaberegelungen oder verwiesen auf diese[4].

Gleichwohl ist für die Entwicklung des kirchlichen Vergaberechts vor der Weimarer Reichsverfassung nicht der Umstand der landesherrlichen Regelung

---

1 So §§ 668 ff. Zweiter Teil, Elfter Titel ALR.

2 Art. 26 des Edikts Großherzog Ludwigs II, die Verwaltung der lokalen Kirchen- und geistlichen Stiftungs-Fonds und Kirchen-Pfründen betreffend, vom 6.6.1832, zitiert nach *A. Müller*, Lexikon des Kirchenrechts und der römisch-katholischen Liturgie, Bd. 3, 1838², S. 525 (532 f.).

3 Zugespitzt bringt dies für das landesherrliche Kirchenregiment josephinischer Prägung die Bemerkung von *Chr. Meurer* zum Ausdruck: „Das Kirchenvermögensrecht ist Staatsrecht", *ders.*, Bayerisches Kirchenvermögensrecht, Bd. 1, 1899, S. 3.

4 Dies galt insbesondere für den Bereich des Bauwesens, vgl. dazu die ausführliche Darstellung der von den Kirchen zu beachtenden Vergabereglungen im Falle einer staatlichen Finanzierung kirchlicher Aufträge bei *H. Trusen*, Das Preußische Kirchenrecht im Bereiche der evangelischen Landeskirche, 1883, S. 464, Fn. 299 (S. 472 ff.).

oder der Verweis auf fiskalische Verdingungsordnungen bestimmend, sondern die Sonderung der Kirchengemeinde von der Kommune[5] und die Anerkennung der Kirchengemeinde als juristisch selbstständige Körperschaft mit eigenen Vertretungsorganen[6]. Diesen – von den örtlichen Kirchenmitgliedern aus ihrem Kreis selbst gewählten[7] – Kirchenvorständen wurde mit ihrer Bildung regelmäßig die

---

5 Vgl. neben dem Ersten Abschnitt des Elften Titels im Zweiten Teil des ALR z.B. das württembergische Religionsedikt vom 15.10.1806, abgedr. bei *Huber/Huber*, Staat und Kirche im 19. und 20. Jahrhundert, Dokumente zur Geschichte des deutschen Staatskirchenrechts, Bd. 1, 1990^2, S. 72; das Konstitutions-Edikt, die kirchliche Staatsverfassung des Großherzogtums Baden betreffend, vom 14.5.1807, abgedr. bei *Huber/Huber*, ebd., S. 81; das Edikt über die äußeren Rechts-Verhältnisse der Einwohner des Königreichs Bayern, in Beziehung auf Religion und kirchliche Gesellschaften vom 26.5.1818, abgedr. bei *Huber/Huber*, aaO, S. 128; die staatskirchenrechtlichen Artikel der Verfassung des Kurfürstentums Hessen vom 5.1.1831, abgedr. bei *Huber/Huber*, aaO, S. 148; die staatskirchenrechtlichen Artikel der Verfassung des Königreichs Hannover vom 6.8.1840, abgedr. bei *Huber/Huber*, ebd., S. 163 sowie nicht zuletzt Abschnitt VI, Art. V der Verfassung des Deutschen Reiches vom 28.3.1849, abgedr. bei *Huber/Huber*, aaO, Bd. 2, 1976, S. 33.

6 § 1 des Gesetzes des Königreichs Hannover über Kirchen- und Schulvorstände vom 14.10.1848, abgedr. bei *Huber/Huber*, aaO, Bd. 2, S. 45; § 1 der Verordnung Großherzog Ludwigs III., die zeitgemäße Entwicklung der inneren Verfassung der evangelischen Kirche des Großherzogtums Hessen betreffend vom 14.11.1849, abgedr. bei *Huber/Huber*, ebd., S. 392; § 1 der Verordnung König Wilhelms I., in Betreff der Einführung von Pfarrgemeinderäten in der evangelischen Landeskirche (Württembergs) vom 25.1.1851, abgedr. bei *Huber/Huber*, aaO, S. 371; § 1 des Gesetzes, die Errichtung von Kirchenvorständen in den evangelisch-lutherischen Kirchengemeinden (Braunschweigs) betreffend vom 30.11.1951, abgedr. bei *Huber/Huber*, ebd. S. 349; Art. 11 ff des Verfassungsgesetzes der evangelisch-lutherischen Kirche des Herzogtums Oldenburg vom 11.4.1853, abgedr. bei *Huber/Huber*, aaO, S. 342; § 12 ff. der Verfassung der vereinigten evangelisch-protestantischen Kirche des Großherzogtums Baden vom 5.9.1861, abgedr. bei *Huber/Huber*, aaO, S. 383; § 2 der Kirchenvorstands- und Synodalordnung für die evangelisch-lutherische Kirche des Königreichs Sachsen vom 30.3.1868, abgedr. bei *Huber/Huber*, aaO, S. 351; § 1 der Kirchengemeinde- und Synodalordnung für die Provinzen Preußen, Brandenburg, Pommern, Schlesien und Sachsen vom 10.9.1873, abgedr. bei *Huber/Huber*, aaO, S. 933; § 2 der Kirchengemeinde- und Synodalordnung für die evangelisch-lutherische Kirche der Provinz Schleswig-Holstein mit Ausschluß des Kreises Lauenburg vom 4.11.1876, abgedr. bei *Huber/Huber*, aaO, S. 994; § 4 der Kirchengemeinde- und Synodalordnung für die evangelischen Gemeinden im Amtsbezirk des Konsistoriums zu Wiesbaden vom 4.7.1877, abgedr. bei *Huber/Huber*, aaO, S. 995; § 3 der Presbyterial- und Synodalordnung für die evangelischen Kirchengemeinschaften im Bezirk des Konsistoriums Kassel vom 16.12.1885, abgedr. bei *Huber/Huber*, aaO, S. 999.

7 §§ 2 ff. des Gesetzes des Königreichs Hannover über Kirchen- und Schulvorstände vom 14.10.1848, aaO; § 2 ff. der Verordnung Großherzog Ludwigs III., die zeitgemäße Entwicklung der inneren Verfassung der evangelischen Kirche des Großher-

Vertretung der Kirchengemeinden in vermögensrechtlichen Angelegenheiten übertragen[8]. Eingeschränkt wurde diese Vertretungsbefugnis durch landesherrliche Aufsichtsrechte sowie durch überkommene eigenständige Vertretungsorgane rechtlich selbstständiger kirchlicher Vermögen[9].

Die in der Folge erlassenen Ordnungen für die kirchengemeindliche Vermögensverwaltung konkretisierten die landesherrlichen Aufsichtsrechte durch die

---

zogtums Hessen betreffend vom 14.11.1849, aaO; §§ 7 und 8 der Verordnung König Wilhelms I., in Betreff der Einführung von Pfarrgemeinderäten in der evangelischen Landeskirche (Württembergs) vom 25.1.1851, aaO; § 1 des Gesetzes, die Errichtung von Kirchenvorständen in den evangelisch-lutherischen Kirchengemeinden (Braunschweigs) betreffend vom 30.11.1951, aaO; Art. 14 ff. des Verfassungsgesetzes der evangelisch-lutherischen Kirche des Herzogtums Oldenburg vom 11.4.1853, aaO; § 27 der Verfassung der vereinigten evangelisch-protestantischen Kirche des Großherzogtums Baden vom 5.9.1861, aaO; § 3 der Kirchenvorstands- und Synodalordnung für die evangelisch-lutherische Kirche des Königreichs Sachsen vom 30.3.1868, aaO; § 3 der Kirchengemeinde- und Synodalordnung für die Provinzen Preußen, Brandenburg, Pommern, Schlesien und Sachsen vom 10.9.1873, aaO; § 7 ff. der Kirchengemeinde- und Synodalordnung für die evangelisch-lutherische Kirche der Provinz Schleswig-Holstein mit Ausschluß des Kreises Lauenburg vom 4.11.1876, Preuß. GS. S. 416 (bei *Huber/Huber* insoweit nicht abgedr.); § 5 der Kirchengemeinde- und Synodalordnung für die evangelischen Gemeinden im Amtsbezirk des Konsistoriums zu Wiesbaden vom 4.7.1877, aaO; § 3 der Presbyterial- und Synodalordnung für die evangelischen Kirchengemeinschaften im Bezirk des Konsistoriums Kassel vom 16.12.1885, aaO.

8 § 18 des Gesetzes des Königreichs Hannover über Kirchen- und Schulvorstände vom 14.10.1848, aaO; § 23 der Verordnung Großherzog Ludwigs III., die zeitgemäße Entwicklung der inneren Verfassung der evangelischen Kirche des Großherzogtums Hessen betreffend vom 14.11.1849, aaO; § 2 der Verordnung König Wilhelms I., in Betreff der Einführung von Pfarrgemeinderäten in der evangelischen Landeskirche (Württembergs) vom 25.1.1851, aaO; §§ 24 und 26 des Gesetzes, die Errichtung von Kirchenvorständen in den evangelisch-lutherischen Kirchengemeinden (Braunschweigs) betreffend vom 30.11.1851, aaO; Art. 30 Ziff. 5 des Verfassungsgesetzes der evangelisch-lutherischen Kirche des Herzogtums Oldenburg vom 11.4.1853, aaO; § 37 Ziff. 5 der Verfassung der vereinigten evangelisch-protestantischen Kirche des Großherzogtums Baden vom 5.9.1861, aaO; § 18 Ziff. 4 der Kirchenvorstands- und Synodalordnung für die evangelisch-lutherische Kirche des Königreichs Sachsen vom 30.3.1868, aaO; § 22 der Kirchengemeinde- und Synodalordnung für die Provinzen Preußen, Brandenburg, Pommern, Schlesien und Sachsen vom 10.9.1873, aaO; § 13 der Kirchengemeinde- und Synodalordnung für die evangelischen Gemeinden im Amtsbezirk des Konsistoriums zu Wiesbaden vom 4.7.1877, aaO.

9 So z.B. für rechtlich selbständige kirchliche Lehen, insbesondere jedoch für kirchliche Stiftungen, vgl. dazu die Regelung in § 30 der Verordnung König Wilhelms I., in Betreff der Einführung von Pfarrgemeinderäten in der evangelischen Landeskirche (Württembergs) vom 25.1.1851, aaO.

Festlegung von Genehmigungserfordernissen für Beschlüsse der Kirchengemeinden in vermögensrechtlichen Angelegenheiten, die vom Landesherrn als Summepiskopus oder den landesherrlichen Konsistorien als seinerzeit staatlichen Kirchenbehörden zu erteilen waren[10], und bestimmten, ob und wie eine Vergabe kirchlicher Aufträge durch die Kirchenvorstände zu erfolgen hatte.

Dazu lehnte sich die badische Regelung von 1862[11] noch eng an die des Großherzogtums Hessen von 1832[12] an. Die vorläufige Ordnung für die Kirchengemeinden des Konsistorialbezirks Kassel von 1887 stellte es jedoch bereits in das pflichtgemäße Ermessen des Presbyteriums (Kirchenvorstand), ob im Einzelfall von der Regel einer öffentlichen Verdingung von Bauarbeiten abgewichen werden soll[13], und abweichend von der strikten Regelung des ALR war die öffentliche Ausschreibung von Kirchengrundstücken durch die Kirchenvorstände zur Miete oder Pacht bereits im hessischen Edikt von 1832[14], in der badischen Verordnung von 1862[15] und in der Ordnung für den Konsistorialbezirk Kassel von 1887[16] nur noch als Regelfall bestimmt. Für die Provinz Westfalen galt Entsprechendes; allein das ALR sei „zu beachten"[17]. Auch die preußische Verwaltungsordnung von 1886 selbst rückte von der Vergaberegelung des ALR zugunsten der Entscheidungsfreiheit der Gemeinde-Kirchenräte (Kirchenvorstände) ab

10 So z.B. §§ 25 und 26 der badischen Verordnung, die Verwaltung und das Rechnungswesen des örtlichen Kirchenvermögens betreffend vom 7.11.1862, VOBl. für die vereinigte evangelisch-protestantische Kirche des Großherzogthums Baden, 1862, S. 59; § 3 der Vorläufigen Ordnung für die Verwaltung des kirchlichen Vermögens in den evangelischen Gemeinden des Consistorialbezirks Cassel vom 22.11.1887, KABl. S. 49; § 5 der Verwaltungs-Ordnung für das Vermögen der evangelischen Kirchengemeinden der Provinz Westfalen vom 12.11.1887, KABl. S. 81; § 1 der Verwaltungsordnung für das kirchliche Vermögen in den östlichen Provinzen der preußischen Landeskirche vom 15.12.1886, KGVBl., 1887, S. 1; §§ 8 ff. der Vorschriften für die Vermögensverwaltung und das Rechnungswesen der evangelischen Kirchengemeinden vom 19.12.1889, ABl. des württembergischen Evangelischen Konsitoriums und der Synode, IX. Band (1888-91), S. 4083.

11 § 21 der badischen Verordnung, die Verwaltung und das Rechnungswesen des örtlichen Kirchenvermögens betreffend vom 7.11.1862, aaO.

12 Edikt des Großherzogs Ludwig II., die Verwaltung der lokalen Kirchen- und geistlichen Stiftungs-Fonds und Kirchen-Pfründen betreffend, vom 6.7.1832, aaO.

13 § 42 der Vorläufigen Ordnung für die Verwaltung des kirchlichen Vermögens in den evangelischen Gemeinden des Consistorialbezirks Cassel vom 22.11.1887, aaO.

14 Art. 26 des Edikts des Großherzogs Ludwig II. vom 6.7.1832, aaO.

15 § 21 der badischen Verordnung, die Verwaltung und das Rechnungswesen des örtlichen Kirchenvermögens betreffend vom 7.11.1862, aaO.

16 § 29 der Vorläufigen Ordnung für die evangelischen Gemeinden des Consistorialbezirks Cassel, aaO.

17 § 21 und 24 der Verwaltungs-Ordnung für das Vermögen der evangelischen Kirchengemeinden der Provinz Westfalen vom 12.11.1887, aaO.

und stellte die Anwendung der Regelung des ALR unter den Vorbehalt, „daß wesentliche Gründe“ nicht dagegen sprächen[18].

Bezüglich der Bauaufträge unterschieden die vergaberechtlichen Regelungen für die Kirchengemeinden, ob es sich um staatlich (mit-)finanzierte kirchliche Baumaßnahmen oder um Bauten königlichen Patronats handelte, für welche die Kirchengemeinden die staatlichen Verdingungsordnungen einzuhalten hatten[19]. Anderenfalls sollte der Gemeinde-Kirchenrat „unter sorgfältiger Erwägung des kirchlichen Interesses“ darüber befinden, ob und wie er die Baumaßnahme ausschreibe[20]. In Württemberg blieb die Entscheidung über die Ausführung von Baumaßnahmen – wenn auch mit ausdrücklichem Hinweis auf die staatlichen Vergaberegelungen, so doch – den Kirchengemeinden überlassen[21]. Im Königreich Bayern galten für die Verwaltung des Kirchenvermögens im Grundsatz entsprechende Regelungen[22].

Eine kirchliche Besonderheit sind die bereits im 19. Jahrhundert bestehenden speziellen Bestimmungen zur Vergabe von Aufträgen im Orgelbau und im Bereich des Glockenwesens. Neben den auch hier erforderlichen Genehmigungen regelte Baden bereits 1865 die Vergabe von Orgelbaumaßnahmen in einer eigenen Verordnung mit beigefügtem Mustervertrag als Angelegenheit der Kirchengemeinderäte[23], und Württemberg bestimmte in den Vorschriften für die Vermö-

---

18 § 45 der Verwaltungsordnung für das kirchliche Vermögen in den östlichen Provinzen der preußischen Landeskirche vom 15.12.1886, aaO.

19 § 26 Abs. 2 ebd.

20 § 26 Abs. 1 ebd.

21 § 28 der Vorschriften für die Vermögensverwaltung und das Rechnungswesen der evangelischen Kirchengemeinden in Württemberg vom 19.12.1889, aaO.

22 Die Einschränkung „auf im Grundsatz entsprechende Regelungen“ in Bayern ist in dem seinerzeit nicht entschiedenen Streit begründet, ob die eigens errichteten örtlichen Kirchenverwaltungen kommunale oder Vertretungsorgane der Kirchengemeinde sind, vgl. *Chr. Meurer*, aaO, Bd. 1, S. 75 ff. *Meurer* selbst sieht in der Kirchenverwaltung ein Organ der Kirchengemeinde (vgl. ebd. S. 95 f.), dem die Entscheidung über Bauaufträge auch dann zufällt, „wenn das Staatsärar mit einem Beitrag beteiligt ist. ... Nur wenn der Staat der Alleinbaupflichtige ist, hat die kgl. Baubehörde selbst wie die Planfertigung und Kostenveranschlagung, so auch die Einleitung und Ausführung des Baues.“ *Ders.*, aaO, Bd. 3, S. 596. Vgl. dazu auch *L. H. Krick*, Handbuch der Verwaltung des Kirchenvermögens im Königreiche Bayern diess. d. Rh., 1904[4], S. 138 f. sowie S. 286 ff.

23 Vgl. die badische Verordnung, das Orgelbauwesen in den evangelischen Kirchen betreffend, vom 22.9.1865, VOBl. für die vereinigte evangelisch-protestantische Kirche des Großherzogthums Baden, S. 67, die nach mehrfachen Änderungen und Ergänzungen ab 1908 sinngemäß auch für die Anschaffung von Glocken gilt, vgl. dazu § 40 der badischen Verordnung, die Verwaltung und das Rechnungswesen des örtlichen evangelischen Kirchenvermögens betreffend, vom 17.7.1908, GVBl. für

gensverwaltung von 1889 detailliert, dass die Vorbereitung solcher Aufträge und ihre Vergabe in der Verantwortung des örtlichen kirchlichen Vertretungsorgans liege[24].

Mögen die vorgenannten vergaberechtlichen Regelungen für die jungen rechtlich selbstständigen evangelischen Kirchengemeinden im praktischen Vollzug auch von den erforderlichen Genehmigungen, dem Erfordernis der Zustimmung des Patrons[25] und der fürsorgenden Bereitschaft des Fiskus dominiert worden sein, fehlende finanzielle Mittel und die fachliche Kompetenz staatlicher Baubehörden für kirchliche Aufträge bereitzustellen[26], so zeichnen sie doch die Grundentscheidung des 19. Jahrhunderts zum Verhältnis von Staat und Kirche in Deutschland nach.

2. *Die Verselbstständigung des kirchlichen Vergaberechts*

Die Verselbstständigung des kirchlichen Vergaberechts war darauf gerichtet, allen Religionsgemeinschaften in Deutschland Unabhängigkeit von der Staatsgewalt und das Recht einzuräumen, ihre Angelegenheiten selbstständig zu ordnen und zu verwalten[27]. Gleichwohl sollten die Kirchen in ihren bürgerlichen und politischen Beziehungen an die allgemeinen Staatsgesetze gebunden bleiben[28]. An Stelle der bis dahin bestehenden strikten Subordination der Kirchen unter die Staatsgesetze wurde deshalb das Selbstbestimmungsrecht aller Religionsgemein-

---

die vereinigte Evangelisch-protestantische Kirche des Großherzogtums Baden, S. 127.

24 §§ 37 - 42 der Vorschriften für die Vermögensverwaltung und das Rechnungswesen der evangelischen Kirchengemeinden in Württemberg, aaO.

25 Zu den Rechten der Patrone im Rahmen der kirchlichen Vermögensverwaltung vgl. nur die zusammenfassende Darstellung von *A. Müller*, Art. "Patronat-Recht" in: Lexikon des Kirchenrechts und der römisch-katholischen Liturgie, Bd. 4, 1839, S. 276 (328 ff.).

26 Vgl. hierzu § 24 der Verwaltungs-Ordnung für das kirchliche Vermögen in den östlichen Provinzen der preußischen Landeskirche vom 15.12.1886, aaO.

27 Signifikant insoweit die Frankfurter Nationalversammlung, vgl. *F. Wigard* (Hrsg.), Stenographischer Bericht über die Verhandlungen der deutschen constituierenden Nationalversammlung zu Frankfurt am Main, Leipzig 1848/49, Bd. 3, S. 1632.

28 Vgl. auch hierzu *F. Wigard*, aaO, Bd. 5, S. 3875.

schaften „den allgemeinen Staatsgesetzen unterworfen"[29] oder „unbeschadet der Rechte des Staates"[30] oder „innerhalb der gesetzlichen Grenzen"[31] gewährt[32].

Diese Einschränkungen der kirchlichen Selbstverwaltung hinderten jedoch den das Vergaberecht regelnden Landesherrn in den deutschen Territorien nicht, die Vergabe kirchlicher Aufträge in gesonderte Ordnungen zur Verwaltung kirchlichen Vermögens aufzunehmen, zwischen den Aufträgen des Fiskus und kirchlichen Aufträgen zu unterscheiden und die Entscheidung über letztere in die Verantwortung der evangelischen Kirchengemeinden zu stellen. Abweichendes bestimmte er für die kirchlichen Aufträge nur im Fall einer fiskalischen Beteiligung.

Das wachsende kirchliche Bewusstsein einer eigenen Verantwortung für die Verwaltung des kirchlichen Vermögens dokumentiert nicht zuletzt die gemeinsame Verständigung der evangelischen Landeskirchen über Ratschläge für den Bau evangelischer Kirchen von 1861[33]. Diese Ratschläge waren für das Landeskonsitorium Dresden Anlass, z.B. darauf hinzuweisen, dass bei „der Vergebung eines Baus oder einzelner Herstellungen ... nie auf Preise eingegangen werden (sollte), welche durch gegenseitiges Unterbieten der Unternehmer übermäßig herabgedrückt und die Tüchtigkeit der Ausführung zu beeinträchtigen geeignet sind"[34]. Die zu Beginn des 20. Jahrhunderts voranschreitende Verselbstständi-

29 Vgl. *F. Wigard*, ebd. und Abschnitt VI, Art. 5 § 147 der Verfassung des Deutschen Reichs vom 28.3.1849, aaO.

30 So Art. 3 des Verfassungsgesetzes der evangelisch-lutherischen Kirche des Herzogtums Oldenburg vom 11.4.1853, aaO und § 3 der Verfassung der vereinigten evangelisch-protestantischen Kirche des Großherzogtums Baden vom 5.9.1861, aaO.

31 So § 1 der Kirchengemeinde- und Synodalordnung für die Provinzen Preußen, Brandenburg, Pommern, Posen, Schlesien und Sachsen vom 10.9.1873, aaO und § 1 der Kirchengemeinde- und Synodalordnung für die evangelisch-lutherische Kirche der Provinz Schleswig-Holstein mit Ausschluß des Kreises Lauenburg vom 4.11.1876, aaO sowie § 1 der Presbyterial- und Synodalordnung für die evangelischen Kirchengemeinschaften im Bezirk des Konsistoriums Kassel vom 16.12.1885, aaO.

32 Zur entsprechenden Praxis trotz der das kirchliche Selbstbestimmungsrecht nicht einschränkenden Verfassungsurkunde für den Preußischen Staat vom 5.12.1848 und 31.1.1850 vgl. *Huber/Huber*, aaO, Bd. 2, S. 34 ff.

33 Vgl. Protokoll der sechsten Sitzung der deutschen evangelischen Kirchenkonferenz in Eisenach vom 30. 5. bis 5.6.1861, Allgem. Kirchenblatt 1861, S. 428 ff sowie S. 548 ff. Diese Ratschläge wurden mehrfach überarbeitet, vgl. dazu das Allgem. Kirchenblatt 1898, S. 484 ff.

34 § 12 der Anleitung vom 15.12.1899 für das Verfahren bei kirchlichen Bauten und Herstellungen, Allgem. Kirchenblatt 1900, S. 121. Vgl. dazu auch den Erlass des kgl. Konsistoriums der Provinz Pommern, betr. Verdingungen von Lieferungen bei kirchlichen Bauten vom 11.10.1911, ebd. 1912, S. 120 oder den Erlass des kgl. Konsistoriums der Provinz Schlesien, betr. die Verdingung von Arbeiten und Liefe-

gung der kirchlichen Vermögensverwaltung führte im Übrigen zur Errichtung der ersten kirchlichen Bauämter[35].

Das Deutsche Reich verankerte die im 19. Jahrhundert getroffene Grundentscheidung zum Verhältnis von Staat und Kirche in Art. 137 Abs. 1 und Abs. 3 der Weimarer Reichsverfassung. Artikel 137 Abs. 1 WRV beseitigte das Fundament einer landesherrlichen Kirchenregierung[36] und Art. 137 Abs. 3 Satz 1 WRV übertrug den Landeskirchen die Aufgabe, ihre Angelegenheiten innerhalb der Schranken des für alle geltenden Gesetzes selbstständig zu ordnen und zu verwalten. Darüber hinaus bestätigte Art. 137 Abs. 3 Satz 2 WRV die Praxis der Kirchengemeinden, ihre Kirchenvorstände selbst aus dem Kreis der örtlichen Kirchengemeindeglieder zu bilden mit der Zusage, dass die Religionsgemeinschaften „ihre Ämter ohne Mitwirkung des Staates oder der bürgerlichen Gemeinde" verleihen können. Schließlich beinhaltete Art. 137 Abs. 3 Satz 2 WRV die Anweisung an den staatlichen Gesetzgeber, noch vorhandene personelle Verflechtungen des Staates mit den Kirchen zu beseitigen[37].

Der damit einhergehende Zusammenbruch des landesherrlichen Kirchenregiments[38] stellte die evangelischen Landeskirchen unvermittelt vor die Herausforderung, die rechtliche Ordnung der kirchlichen Aufgaben und Strukturen in die eigenen Hände zu nehmen[39], d.h. auch, die vormals vom Landesherrn erlassenen Ordnungen zur Verwaltung des evangelischen Kirchenguts selbst zu verantworten.

Von der Politik und der Ministerialbürokratie der Weimarer Republik wurde dies zunächst so nicht gesehen. Umstritten waren insbesondere die Zuständigkeiten für die Kirchenverfassungen und für die bis dahin vom Landesherrn ausgeübte Aufsicht über die Verwaltung kirchlichen Vermögens. Diese Zuständigkeiten wurden zunächst vom Staat reklamiert[40] und nur zögernd den Organen der evan-

---

rungen bei kirchlichen Bauten, sowie die Beratung der Kirchengemeinden durch die Vorstände der Königlichen Bauämter vom 4.7.1913, ebd. 1913, S. 613.

35 Vgl. Mitteilung des Konsistoriums der Provinz Brandenburg, betr. Errichtung eines kirchlichen Bauamts für die Provinz Brandenburg vom 15.3.1906, Allgem. Kirchenblatt 1906, S. 289 oder die Bekanntmachung des kgl. Konsistoriums der Provinz Pommern, betr. provinzialkirchliches Bauamt vom 17.9.1912, ebd. 1912, S. 829.

36 Vgl. dazu *G. Anschütz*, Die Verfassung des Deutschen Reiches vom 11. August 1919, 1933[14], S. 630 ff.

37 Vgl. *G. Anschütz*, aaO, S. 639 f.

38 Zum Wegfall des landesherrlichen Kirchenregiments in Preußen und den übrigen deutschen Staaten vgl. nur *Huber/Huber*, aaO, Bd. 4, 1988, S. 33 ff und 47 ff.

39 Zum Ganzen *A. v. Campenhausen*, Staatskirchenrecht, 1996[3], S. 39 ff.

40 Vgl. *Huber/Huber*, ebd.

gelischen Landeskirchen zugestanden[41]. Für den vergaberechtlichen Status der evangelischen Landeskirchen in Deutschland war nach der Weimarer Reichsverfassung jedoch insbesondere von Bedeutung, dass die von den evangelischen Landeskirchen beschlossenen Kirchenverfassungen und die in diesen Ordnungen bestimmten kirchlichen Vertretungsorgane sowie deren Verantwortung für die Ordnung und Verwaltung des kirchlichen Vermögens im Ergebnis vom Staat als rechtsgültig anerkannt wurden[42]. Die staatlichen Regelungen für die kirchliche Vermögensverwaltung beschränkten sich nunmehr auf einzelne, gleichwohl einschneidende staatliche Genehmigungsvorbehalte[43].

Damit wurde nicht nur die eigenständige Verwaltung des Kirchenvermögens in den evangelischen Landeskirchen in Deutschland respektiert, sondern darüber hinaus auch die Grundlage für eine eigene kirchliche Rechtsetzung geschaffen. Die zuvor landesherrlich erlassenen Ordnungen zur Verwaltung des kirchlichen Vermögens wurden dem kirchlichen Gesetzgeber überantwortet. Bis zur Änderung dieser Ordnungen gestalteten die Kirchengemeinden ihre Vermögensverwaltung einschließlich der Auftragsvergabe nach dem bestehenden, nun kirchlichen Vermögensrecht[44]. Soweit der Staat unter der Weimarer Reichsverfassung auf ei-

---

41 Zum Ganzen *Huber/Huber*, ebd. S. 535 ff. So bestätigte der preußische Landtag erst 1924 die Verfassungen der evangelischen Landeskirchen und damit formell deren Recht einer eigenen kirchlichen Gesetzgebung, unterwarf die kirchlichen Gesetze gleichwohl einer – wenn auch nur beschränkten – staatlichen Kontrolle, vgl. Art. 2 des Staatsgesetzes, betreffend die Kirchenverfassungen der evangelischen Landeskirchen, vom 8.4.1924, abgedr. ebd., S. 604.

42 Art. 1 Abs. 2 des Staatsgesetzes, betreffend die Kirchenverfassungen der evangelischen Landeskirchen, vom 8.4.1924, aaO; für die übrigen evangelischen Landeskirchen in Deutschland vgl. *Huber/Huber*, aaO, S. 610 ff.

43 Vgl. §§ Art. 2 ff. des Staatsgesetzes, betreffend die Kirchenverfassungen der evangelischen Landeskirchen, vom 8.4.1924, aaO. Diese Genehmigungserfordernisse sind trotz Art. 137 Abs. 1 WRV bestimmt von der Vorstellung, der Staat habe eine Obhutspflicht gegenüber den Kirchen und nicht zuletzt im eigenen Interesse insbesondere darauf zu achten, dass die Kirchen ihr Vermögen nicht „zu anderen als den bestimmungsmäßigen Zwecken" verwenden, vgl. insbes. Art. 6 Abs. 5 des genannten Staatsgesetzes, aaO.

44 Vgl. dazu die Bkm. des Oberkirchenrates, die Ausführung von Neubau- und Bauunterhaltungsarbeiten an kirchlichen Gebäuden betreffend, vom 3.7.1920, GVOBl. für die Vereinigte Evangelisch-protestantische Landeskirche Badens, S. 77; den Erlass des Evangelischen Oberkirchenrats über Behandlung des kirchlichen Bauwesens vom 14.7.1925, ABl. Wü, Bd. 22, S. 140; Mitteilung des Evangelischen Konsistoriums zur Verfügung des Ministeriums für Wissenschaft, Kunst und Volksbildung das Verdingungswesen vom 8.10.1920 betreffend, vom 10.11.1920, KABl. – Gesetz- und Verordnungsblatt für den Amtsbezirk des Evangelischen Konsistoriums zu Cassel, S. 125 (die Verfügung des Ministeriums daselbst, S. 124). Wohl bedingt durch die wirtschaftliche Situation des Deutschen Reiches nach 1919 belegen nur verein-

ner staatlichen Mitwirkung an der kirchlichen Gesetzgebung bestand, erfolgte schließlich eine Klärung durch den Abschluss von Staatskirchenverträgen[45].

Auf deren Grundlage wurde erstmals darüber Einvernehmen erzielt, dass die Ordnung und Verwaltung des Kirchenvermögens Teil des den Kirchen nach Art. 137 Abs. 3 WRV gewährten Selbstbestimmungsrechts ist[46], dass die vorhandenen (landesherrlich erlassenen) Bestimmungen zur Verwaltung des Kirchenvermögens zunächst bis zum Erlass anderweitiger Regelungen durch die Kirchen weiter gelten [47], dass kirchliche Rechtsnormen, die einem Staatsgesetz widersprechen, für die staatliche Rechtsordnung ungültig sind[48] und dass der Staat ohne seinen Willen für die Durchführung kirchlicher Rechtsnormen nicht in Anspruch genommen werden kann[49]. Das Bedürfnis nach einer positiven Regelung im Verhältnis zwischen Staat und Kirche war damit auf die Erfordernisse der Sicherheit im allgemeinen Rechtsverkehr begrenzt. Um diesen Rechnung zu tragen, machte der Staat sein Interesse an der „Bildung und Zusammensetzung der zur vermögensrechtlichen Vertretung oder zur Ausübung steuerlicher Befugnisse berufenen kirchlichen Organe" geltend[50] und behielt sich vor, gegen solche kirchlichen Gesetze Einspruch zu erheben, die eine geordnete Geschäftsführung kirchlicher Organe nicht gewährleisteten[51].

---

zelte kirchenrechtliche Quellen den Umgang mit den vor der Weimarer Reichsverfassung erlassenen Vorschriften zum kirchlichen Auftragswesen.

45 Vgl. hier nur Art. 2 des Vertrages des Freistaates Preußen mit den Evangelischen Landeskirchen vom 11.5.1931 (Preußischer Vertrag), abgedr. bei *J. Listl*, Die Konkordate und Kirchenverträge in der Bundesrepublik Deutschland, 1987, Bd. 2, S. 760 = *Huber/Huber*, aaO, Bd. 4, S. 709 sowie die Regierungsbegründung dazu, *J. Listl*, aaO, S. 769 (771) = *Huber/Huber*, S. 714 (715); sowie Art. 2 Abs. 4 des Vertrages zwischen dem Freistaat Baden und der Vereinigten Evangelisch-protestantischen Landeskirche Badens vom 14.11.1932 (Badischer Vertrag), abgedr. bei *J. Listl*, aaO, Bd. 1, S. 214 = *Huber/Huber*, aaO, S. 727 sowie die Regierungsbegründung dazu, *J. Listl*, aaO, S. 222 (231 f.). *Huber/Huber*, aaO, S. 731 gibt lediglich einen Auszug wieder, der die einschlägige Passage nicht enthält.

46 Vgl. nur Regierungsbegründung zum badischen Vertrag von 1932, abgedr. bei *J. Listl*, aaO, S. 230.

47 Ebd. S. 231 f. Unsicherheit bestand lediglich bezüglich der seinerzeit (noch) geltenden staatlichen Aufsicht über das Kirchenvermögen.

48 So die Regierungsbegründung zum Preußischen Vertrag von 1931, *J. Listl*, aaO, S. 771 = *Huber/Huber*, aaO, S. 715.

49 Ebd., *J. Listl*, aaO, S. 771 = *Huber/Huber*, aaO, S. 715.

50 Ebd., *J. Listl*, aaO, S. 771 f. = *Huber/Huber*, aaO, S. 715 f.

51 Vgl. Art. 2 Abs. 2 des Preußischen Vertrages von 1931, aaO.

3. *Die Bestätigung eines eigenständigen kirchlichen Vermögensrechts*

Die Ordnung des Grundgesetzes bestätigt den Kirchen mit Art. 140 GG/Art. 137 Abs. 3 WRV das Recht einer rechtlichen Vorsorge für die Verwaltung ihres Vermögens, „denn 'Ordnen' und 'Verwalten' im Sinne des Art. 140 GG/Art. 137 Abs. 3 Satz 1 WRV meint das Recht der Kirchen, alle eigenen Angelegenheiten gemäß den spezifischen kirchlichen Ordnungsgesichtspunkten, d.h. auf der Grundlage des kirchlichen Selbstverständnisses, rechtlich gestalten zu können“[52]. Darunter fällt auch die rechtliche Vorsorge für das kirchliche Auftragswesen.

Der staatlichen Mitwirkung an der rechtlichen Ordnung des kirchlichen Auftragswesens ist damit unter dem Grundgesetz die Grundlage entzogen. Davon lassen sich auch die nach 1948 abgeschlossenen Staatskirchenverträge leiten. Diese sehen eine staatliche Mitwirkung an der kirchlichen Gesetzgebung zur Vermögensverwaltung nur im Interesse der Sicherheit des Rechtsverkehrs vor[53] und beschränken sich auf die Gewährleistung einer ordnungsgemäßen vermögensrechtlichen Vertretung kirchlicher Körperschaften, soweit sie sich überhaupt zur kirchlichen Vermögensverwaltung äußern[54]. Sie folgen darin den unter der Weimarer Reichsverfassung abgeschlossenen Staatskirchenverträgen.

---

52 So BVerfGE 70, 138 (165) = KirchE 23, 105 (110) = ZevKR 31 (1986) S. 77 (82).

53 Zur Mitwirkung des Staates in Kirchensteuerangelegenheiten vgl. Kapitel III, 4 b.

54 Vgl. Art. 3 des Vertrages des Landes Hessen mit den evangelischen Landeskirchen in Hessen nebst Schlussprotokoll vom 18.2.1960 (Wiesbadener Vertrag), GVBl. Hessen, S. 54, abgedr. bei *J. Listl*, aaO, Bd. 1, S. 802; Art. 10 und 11 des Vertrages des Landes Niedersachsen mit den evangelischen Landeskirchen in Niedersachsen vom 19.3.1955 (Loccumer Vertrag), GVBl. Nds., S. 159, abgedr. bei *J. Listl*, aaO, Bd. 2, S. 109; Art. 2 und 3 des Vertrages des Landes Nordrhein-Westfalen mit der Lippischen Landeskirche vom 6.3.1958 (Detmolder Vertrag), GVBl NW, Ausgabe A, S. 205, abgedr. bei *J. Listl*, aaO, S. 322; Art. 4 und 5 des Vertrages des Landes Rheinland-Pfalz mit den evangelischen Landeskirchen in Rheinland Pfalz nebst Schlussprotokoll und Schriftwechsel vom 31.3.1962 (Mainzer Vertrag), GVBl. Rh-Pf., S. 173, abgedr. bei *J. Listl*, aaO, S. 487; Art. 12 und 13 des Vertrages zwischen dem Land Schleswig-Holstein und den evangelischen Landeskirchen in Schleswig-Holstein vom 23.4.1957 (Kieler Vertrag), GVOBl. SchlH, S. 73, abgedr. bei *J. Listl*, aaO. S. 665; Art. 8 des Vertrages des Landes Sachsen-Anhalt mit den evangelischen Landeskirchen in Sachsen-Anhalt vom 15.9.1993 (Wittenberger Vertrag), GVBl. LSA 1994, S. 172 = ABl. EKD 1994, S. 24; Art. 8 des Vertrages zwischen dem Land Mecklenburg-Vorpommern und der Ev.-Luth. Landeskirche Mecklenburgs und der Pommerschen Landeskirche vom 20.1.1994 (Güstrower Vertrag), GVBl. M-V, 1994, S. 559 = ABl. EKD 1994, S. 265; Art. 7 des Vertrages des Freistaats Thüringen mit den evangelischen Kirchen in Thüringen vom 15.3.1994 (Erfurter Vertrag), GVBl Th. 1994, S. 509 = ABl. EKD 1994, S. 280 sowie Art. 9 des Vertrages des Freistaates Sachsen mit den evangelischen Landeskirchen im Freistaat Sachsen

Der Staat der Bundesrepublik Deutschland erkennt damit „die Kirchen als Institutionen mit dem Recht der Selbstverwaltung an, die ihrem Wesen nach unabhängig vom Staat sind und ihre Gewalt nicht von ihm herleiten“[55].

Als solche „Institutionen“ ordnen die evangelischen Landeskirchen in Deutschland durch ihre für die kirchliche Gesetzgebung zuständigen Organe die Verwaltung ihres Vermögens nunmehr selbstständig und ohne Einwirkung des Staates. Im Rahmen ihrer Ordnungen zur Verwaltung des kirchlichen Vermögens bestimmen sie, wer Aufträge erteilen darf und an welche Regelungen der kirchliche Auftraggeber bei der Vergabe seiner Aufträge gebunden ist. Die Landeskirchen entscheiden dabei selbst über die Grundsätze ihres Auftragswesens, die eine dem kirchlichen Selbstverständnis adäquate Auftragserteilung sichern.

Die vom Staat unabhängig bestimmte Ordnung der kirchlichen Vermögensverwaltung eröffnet dem kirchlichen Gesetzgeber die Möglichkeit, bewährte Instrumente der Vermögensverwaltung in seine Regelungen zu übernehmen, um sie für die eigene Vermögensverwaltung zur Geltung zu bringen. Gleichgültig ist, ob er sich dabei in der Tradition staatlicher Vermögensverwaltung bewegt, deren Regelungen in Gänze, gepaart mit eigenen, vom staatlichen Recht abweichenden Regelungen übernimmt oder ob er sich entscheidet, eigene Wege in der Ausgestaltung seiner Vermögensverwaltung zu beschreiten. Das vom kirchlichen Gesetzgeber gesetzte Recht ist kirchliches Recht. Dies alles gilt auch dann, wenn der kirchliche Gesetzgeber die Voraussetzungen und Bedingungen für die Erteilung kirchlicher Aufträge regelt.

---

vom 24.3.1994 (Dresdner Vertrag), Sächs. GVBl. 1994, S. 1252 = ABl. EKD 1994, S. 270.

55 So BVerfGE 18, 385 (386) = KirchE 7, 172 (173) = ZevKR 11 (1964/65) S. 413 (414).

II. Das Vergaberecht der evangelischen Landeskirchen in Deutschland

Das in den evangelischen Landeskirchen in Deutschland geltende Vergaberecht liegt im Randbereich der kirchlichen Ordnung[1], und spezielle Literatur zum kirchlichen Auftragswesen ist bisher nicht auszumachen. Seine rechtliche Ausgestaltung stellt in den evangelischen Landeskirchen auch kein eigenes Rechtsgebiet dar. Seine Regelungen sind eingebettet in die Ordnungen zur kirchlichen Finanz- und Vermögensverwaltung und ihr Inhalt wird von Grundsätzen bestimmt, die für die kirchliche Finanz- und Vermögensverwaltung allgemein gelten.

1. Das Auftragswesen als Bestandteil kirchlicher Vermögensverwaltung

Das kirchliche Auftragswesen ist Bestandteil der kirchlichen Vermögensverwaltung. So wie dieser eine dienende Funktion für den Auftrag der Kirche zukommt, so ist das kirchliche Auftragswesen ein Instrument zur Beschaffung der Güter, die benötigt werden, um die kirchlichen Aufgaben zu erfüllen.

a) Die Grundlagen des kirchlichen Auftragswesens

Die Verwaltung des kirchlichen Vermögens ist in den evangelischen Landeskirchen von dem Gedanken bestimmt, die Erfüllung kirchlicher Aufgaben auf Dauer materiell zu sichern. Dabei kommt der kirchlichen Zwecken dienenden Gebäudesubstanz eine besondere Bedeutung zu. Als Kirchengebäude oder kirchliche Krankenhäuser, als Pflegeheime für Arme, Alte oder Gebrechliche, aber auch als Schulen, Aus- und Weiterbildungsstätten sowie als Pfarrhäuser sind kirchliche Gebäude Orte der Verkündigung und Diakonie, für deren Pflege und Erhaltung die evangelischen Landeskirchen verantwortlich sind. Nicht zuletzt gehört zur

1 Kennzeichnend ist insoweit, dass die 1974 von der EKD für den eigenen Verantwortungsbereich und als Richtlinie für ihre Gliedkirchen beschlossene Ordnung für das kirchliche Finanzwesen zur Regelung des kirchlichen Beschaffungswesens zwar auf die Verdingungsordnungen (VOB und VOL) verweist, jedoch erst in der 1999 beschlossenen Fassung dieser Ordnung den Gliedkirchen empfiehlt, die Anwendung der VOB und VOL als grundsätzliche Bestimmung für das kirchliche Finanzwesen aufzunehmen. Vgl. dazu § 30 der Ordnung für das kirchliche Haushalts-, Kassen- und Rechnungswesen vom 11.5.1974, ABl. EKD S. 413 sowie § 34 der Ordnung für das kirchliche Finanzwesen mit Ausführungsbestimmungen vom 29.5.1999, (FO-EKD), ABl. EKD S. 250.

kirchlichen Vermögensverwaltung auch die Pflege und Erhaltung kirchlichen Grundvermögens, dessen Erträge der Finanzierung kirchlicher Aufgaben dienen[2].

Zur Verwaltung des hier beispielhaft angezeigten Vermögens nehmen die evangelischen Landeskirchen und ihre Einrichtungen wie jedermann als Auftraggeber am Rechtsverkehr teil. Soweit sie dabei in ihrem religiösen Anliegen betroffen sind, genießen sie den Schutz des Art. 4 GG und können sich auf die verfassungsrechtliche Gewährleistung des Art. 140 GG/Art. 137 Abs. 3 Satz 1 WRV stützen, die ihnen nicht nur das Recht gewährt, ihre Angelegenheiten im Rahmen des für alle geltenden Gesetzes unabhängig vom Staat selbstständig zu ordnen und zu verwalten[3], sondern ihnen – wie jeder Religionsgemeinschaft in Deutschland – auch die Freiheit gewährt, ihre Aufträge gemäß den ihnen eigenen, spezifisch kirchlichen Ordnungsgesichtspunkten, d.h. auf der Grundlage des kirchlichen Selbstverständnisses, zu erteilen[4]. Diesem Selbstverständnis folgend entscheiden die evangelischen Landeskirchen in Deutschland darüber, welche Aufträge sie erteilen und in welcher Form sie dies tun.

Eine dem kirchlichen Selbstverständnis entsprechende Ordnung und Verwaltung des kirchlichen Vermögens zu gewährleisten, ist Aufgabe der Organe der evangelischen Landeskirchen. Die Synoden und Kirchenleitungen dieser Kirchen beschließen die dazu erforderlichen Kirchengesetze und kirchlichen Ordnungen. Auf deren Grundlage treffen die landeskirchlichen Verwaltungsbehörden nähere Bestimmungen etwa in Verfügungen, Bekanntmachungen oder auch in Richtlinien, um die Durchführung der kirchengesetzlichen Bestimmungen oder Ordnungen zu befördern. Derartige kirchliche Regelungen geben u.a. auch Auskunft darüber, wer in den evangelischen Landeskirchen berechtigt ist, Aufträge Dritten gegenüber zu erteilen.

b) Der kirchliche Auftraggeber

Das Recht, Aufträge zu erteilen, knüpft in den evangelischen Landeskirchen – der staatlichen Rechtsordnung folgend – an der Fähigkeit an, Inhaber von Rechten und Pflichten zu sein. Dieses Recht ist damit grundsätzlich denjenigen kirchlichen Institutionen vorbehalten, die über eine eigene Rechtspersönlichkeit verfügen.

Nach den kirchlichen Ordnungen treten damit als Auftraggeber zunächst die rechtlich selbstständigen, öffentlich-rechtlich organisierten kirchlichen Körper-

---

2 Vgl. hierzu *Chr. Meyer*, Die Vermögensverwaltung und das Stiftungsrecht im Bereich der evangelischen Kirchen, in: HbdStKirchR, Bd. 1, 1994², S. 907 ff.

3 Vgl. anstelle aller *A. v. Campenhausen*, Staatskirchenrecht, 1996³, S. 113 f. sowie *ders.*, in: v. Mangoldt/Klein/Starck, GG, Bd. 3, 2001⁴, zu Art. 137 WRV, Rn. 37 f.

4 Vgl. BVerfGE 70, 139 (165) = KirchE 23, 105 (110) = ZevKR 31 (1986) S. 77 (82).

schaften (Kirchengemeinden, Kirchenkreise oder Kirchenbezirke, deren rechtsfähige Verbände sowie die evangelischen Landeskirchen und ihre Zusammenschlüsse) in Erscheinung[5]. Daneben nehmen juristisch selbstständige kirchliche Anstalten wie auch selbstständige, öffentlich-rechtlich organisierte kirchliche Stiftungen als Auftraggeber am Rechtsverkehr teil. Zur Erfüllung ihrer Aufgaben bedienen sich die evangelischen Landeskirchen jedoch nicht nur öffentlich-rechtlicher Rechtsformen. Sie nehmen ihre Aufgaben auch durch Einrichtungen wahr, die privatrechtlich organisiert sind. So treten neben kirchlichen Genossenschaften insbesondere im Bereich der evangelischen Diakonie eingetragene Vereine, gemeinnützige Gesellschaften mit beschränkter Haftung und Stiftungen des bürgerlichen Rechts als Auftraggeber in Erscheinung[6].

Das Recht zur Verwaltung ihres Vermögens ergibt sich für die kirchlichen Körperschaften, Anstalten, Stiftungen sowie für die kirchlichen privatrechtlich organisierten Einrichtungen aus den jeweiligen für sie geltenden Ordnungen[7]. Zu diesen Ordnungen gehören neben dem kirchlichen Recht auch die autonom gesetzten Satzungen der privatrechtlich organisierten kirchlichen Einrichtungen[8].

---

5 Am 31.12.1999 bestanden in den 24 Gliedkirchen der EKD 17.608 rechtlich selbstständige Kirchengemeinden, die in 520 Aufsichts- bzw. Verwaltungsbezirken zusammengefasst sind, vgl. Statistische Daten der EKD, Informationsblatt der Pressestelle der EKD, Stand März 2002.

6 Ein Eindruck von der Vielfalt und Anzahl solcher Werke, Einrichtungen und Stiftungen vermittelt *P. v. Tiling*, der für das Jahr 1994 auf über 20.000 rechtlich selbstständige und unselbstständige diakonische Einrichtungen in den evangelischen Landeskirchen in Deutschland verweist; *ders.*, Die karitativen Werke und Einrichtungen im Bereich der evangelischen Kirche, in: HbdStKirchR, Bd. 2^2, 1995, S. 810 f. Die aktuelle Einrichtungsstatistik des Diakonischen Werkes der EKD verweist zum 1.1.2000 bundesweit auf 26.205 Einrichtungen und Dienste, vgl. Informationen und Materialien aus dem Diakonischen Werk der EKD Nr. 01/01, S. 4.

7 Zum Ganzen grundlegend *H. Frost*, Strukturprobleme evangelischer Kirchenverfassung. Rechtsvergleichende Untersuchungen zum Verfassungsrecht der deutschen evangelischen Landeskirchen, 1972 sowie *Th. Barth*, Elemente und Typen landeskirchlicher Leitung, Jus Ecclesiasticum Bd. 53, 1995 und die aktuelle zusammenfassende Textsammlung von *D. Kraus* (Hrsg.), Evangelische Kirchenverfassungen in Deutschland, 2001.

8 Die Befugnisse der evangelischen Landeskirchen, ihrer Untergliederungen und Zusammenschlüsse zur Vermögensverwaltung ergeben sich aus den Kirchenverfassungen oder speziellen Kirchengesetzen zur Vermögensverwaltung, so z.B. aus der Ordnung der Ev. Landeskirche in Baden für die Verwaltung des kirchlichen Vermögens vom 22.8.1978 (VwO-Bad), KGVBl. Bad S. 185 i.d.F. vom 24.7.1990, KGVBl. Bad S. 140, aus dem Kirchengesetz der Ev. Kirche in Berlin-Brandenburg über die Verwaltung des Vermögens und die Aufsicht in Finanzangelegenheiten i.d.F. der Bkm. vom 19.2.1998 (VermAG-BB), KABl. BB S. 14, aus dem Kirchengesetz über die Vermögensaufsicht in der Evangelischen Kirche von Kurhessen-

Die kirchlichen Auftraggeber werden durch ihre Organe tätig. Soweit diese Organe solche der öffentlich-rechtlich verfassten kirchlichen Körperschaften, Anstalten und Stiftungen sind, erfolgt ihre Bildung nach Maßgabe des Rechts der jeweiligen evangelischen Landeskirche. Soweit Organe privatrechtlich organisierter kirchlicher Einrichtungen auf der Grundlage des bürgerlichen Rechts zu bilden sind, bestimmen diese Einrichtungen „ihre Leitung im Benehmen mit den Kirchenbehörden", um von diesen als kirchliche Einrichtungen anerkannt zu werden[9].

Die kirchenrechtlichen Regelungen über die Bildung der Vertretungsorgane bestimmen in den evangelischen Landeskirchen in Deutschland grundsätzlich übereinstimmend, dass dem vertretungsberechtigten Organ einer kirchlichen Körperschaft neben dem örtlich zuständigen Geistlichen weitere Kirchenmitglieder angehören, die nach einem kirchengesetzlich bestimmten Verfahren als Älteste (Presbyter) gewählt oder berufen werden[10]. Gewählt oder berufen werden kann, wer getauft ist, ein bestimmtes Alter erreicht hat, die Rechte eines Kirchenmitgliedes nicht verloren hat, sich zur Kirche hält und bereit ist zu geloben, dass er willens ist, dem Bekenntnis seiner Kirche und den kirchlichen Ordnungen zu fol-

---

Waldeck vom 24.11.1997 (VermAG-KW), KABl. KW S. 219 oder aus der Verordnung für die Vermögens- und Finanzverwaltung der Kirchengemeinden, Kirchenkreise und kirchlichen Verbände in der Evangelischen Kirche der Union vom 1.7.1998 (VwO-EKU), ABl. EKD 1999, S. 137. Die Befugnisse der den evangelischen Landeskirchen angeschlossenen privatrechtlich organisierten Einrichtungen ergeben sich aus den Vorschriften des Privatrechts, soweit für sie nicht kirchenrechtliche Bestimmungen zur Anwendung kommen.

9 So bereits das Schreiben des Rates der EKD an die Landeskirchenregierungen vom 14.12.1945, abgedr. in: Die Protokolle des Rates der Evangelischen Kirche in Deutschland, Bd. 1: 1945/46, 1995, S. 222.

10 Vgl. hier nur als Beispiele das Kirchliche Gesetz über die Ordnung der kirchlichen Wahlen der Ev. Kirche in Baden vom 21.10.1994 (KiWO-Bad), KGVOBl. Bad S. 185, das Kirchenvorstandswahlgesetz der Evangelisch-Lutherischen Kirche in Bayern i.d.F. der Bkm. vom 27.1.1994 (KVWG-Bay), KABl. Bay S. 33, geändert am 2.12.1999, KABl. Bay 2000 S. 8, das Kirchengesetz über die Wahl der Ältesten in der Evangelischen Kirche in Berlin-Brandenburg i.d.F. vom 1.7.2000 (KGWO-BB), ABl. EKD S. 352, die hessen-nassauische Kirchengemeindewahlordnung i.d.F. vom 21.4.2002 (KGWO-HN), ABl. HN S. 300, ber. S. 360, das für die Kirchen der Konföderation evangelischer Kirchen in Niedersachsen geltende Kirchengesetz über die Bildung der Kirchenvorstände i.d.F. vom 15.10.2002 (KVBG-Konf), KABl Han S. 239, das Kirchengesetz über die Bildung kirchlicher Gremien und die Beendigung der Mitgliedschaft in kirchlichen Gremien der Nordelbischen Kirche i.d.F. der Bkm. vom 11.2.2002 (WahlG-NEK), GVOBl. NEK S. 107 und § 1 der Wahlordnung der Ev. Kirche der Pfalz vom 10.1.1996 (WO-Pf), ABl. Pf S. 45, zuletzt geändert am 12.11.1998, ABl. Pf S. 187.

gen[11]. Entsprechende Vorgaben gelten grundsätzlich auch für die Bildung und Zusammensetzung der Organe privatrechtlich organisierter kirchlicher Einrichtungen[12].

c) Die kirchenrechtliche Stellung kirchlicher Auftraggeber

Den so gebildeten kirchlichen Vertretungsorganen obliegt die Sorge für die geistlichen, örtlichen und sachlichen Belange in ihrem Zuständigkeitsbereich und deren Vertretung Dritten gegenüber[13]. Im Rahmen ihrer Verantwortung für die

---

11 Vgl. § 12 der Verfassung der Evangelischen Landeskirche Anhalts i.d.F. vom 15.2.2001 (KV-Ah), ABl. Ah 2002, S. 30; § 16 f der Grundordnung der Evangelischen Landeskirche in Baden i.d.F. vom 12.4.2003 (GO-Bad), GVBl. Bad S. 97; § 8 KVWG-Bay; Art. 30 der Grundordnung der Evangelischen Kirche in Berlin-Brandenburg i.d.F. vom 27.4.2002 (GO-BB), ABl. BB S. 98; § 5 KGWO-HN; § 8 KVBG-Konf; Art. 19 der Grundordnung der Evangelischen Kirche von Kurhessen und Waldeck i.d.F. vom 27.11.2002 (GO-KW), ABl. KW 2003 S. 9; § 1 des Kirchengesetzes über die Wahlen zu den Kirchenvorständen vom 22.11.1994 (WO-Li), Ges. u- VOBl. Li Bd. 10 S. 447, zuletzt geändert am 24.11.1998, Ges. u. VOBl. Li Bd. 11 S. 114; § 6 des Kirchengesetzes für die Wahl zu den Gemeindekirchenräten in der Ev.-Luth. Landeskirche Mecklenburgs vom 23.3.1997 (WO-M), KABl. M S. 48; § 30 WahlG-NEK; § 6 WO-Pf; Art. 44 der Kirchenordnung der Pommerschen Evangelischen Kirche i.d.F. vom 14.4.1993 (KO-Pom), ABl. EKD S. 209; § 13 der Verfassung der Evangelisch-reformierten Kirche (Synode der evangelisch-reformierten Kirche in Bayern und Nordwestdeutschland) i.d.F. vom 1.2.2003 (KV-ErK), GVBl. ErK S.107; Art. 84 der Kirchenordnung der Evangelischen Kirche im Rheinland i.d.F. vom 10.1.2003 (KO-Rh), ABl. Rh S. 74; Art. 11 der Grundordnung der Evangelischen Kirchenprovinz Sachsen i.d.F. vom 16.11.2002 (GO-KPS), ABl. KPS S. 161, ber. ABl. KPS 2003, S. 14; § 20 der Verfassung der Evangelisch-Lutherischen Kirche in Thüringen i.d.F. 1.4.2000 (KV-Thü), KABl. Thü S. 86; Art. 36 der Kirchenordnung der Evangelischen Kirche von Westfalen i.d.F. vom 14.11.2002 (KO-Westf), ABl. Westf S. 334, 335, 336.

12 Vgl. hierzu die grundsätzlichen Bestimmungen z.B. der Satzung des Diakonischen Werkes der Evangelischen Kirchen in Deutschland vom 6.6.1975, Anlage zu § 2 des Kirchengesetzes über das Diakonische Werk der EKD vom 6.11.1975, ABl. EKD S. 713, i.d.F. vom 30.10.1979, ABl. EKD S. 557 oder der jüngeren Satzung des Diakonischen Werkes – Innere Mission und Hilfswerk – der Ev.-Luth. Landeskirche in Braunschweig e.V. i.d.F. der Änderungen vom 19.9.2001 und 14.11.2001, KABl. Bswg 2002 S. 37.

13 §§ 15 ff. KV-Ah; § 23 GO-Bad; Art. 21 der Verfassung der Evangelisch-Lutherischen Kirche in Bayern i.d.F. vom 6.4.1995 (KV-Bay), ABl. Bay S. 98; Art. 20 KO-BB; Art. 36 der Verfassung der Evangelisch-lutherischen Landeskirche in Braunschweig i.d.F. vom 22.3.1997 (KV-Bswg), ABl. Bswg S. 103; Art. 45 der Verfassung der evangelisch-lutherischen Landeskirche Hannovers i.d.F. vom 1.7.1971 (KV-Han), KABl. Han S. 189, zuletzt geändert durch Gesetz vom 18.12.2002, KABl. Han 2003, S. 2; Art. 7 der Ordnung der Evangelischen Kirche in

Pflege und Erhaltung des kirchlichen Vermögens und seiner Erträge erteilen sie Bau-, Liefer- und Dienstleistungsaufträge und entscheiden über die Vergabe von Grundvermögen zur Miete oder Pacht[14].

In diesen Entscheidungen sind die kirchlichen Organe nicht frei. Mit ihrer Bindung an das Bekenntnis und die Ordnung ihrer Landeskirche sind sie an Grundsätze gebunden, die sich aus dem Selbstverständnis der evangelischen Landeskirchen in Deutschland ergeben. Diese Bindung kennzeichnet die Auftraggeber als kirchliche und besteht für sie unabhängig von der Rechtsform, in der sie tätig werden.

Für die Rechtstellung der kirchlichen Auftraggeber ist weiter von Bedeutung, ob sie als Kirchengemeinden, Kirchenkreise usw. Teil der öffentlich-rechtlich verfassten evangelischen Landeskirchen und in ihrer Vermögensverwaltung damit unmittelbar der kirchlichen Rechtsordnung unterworfen sind oder ob sie sich zur Erfüllung ihrer Aufgaben autonomer Rechtsformen des Privatrechts mit der Folge bedienen, dass kirchengesetzliche Bestimmungen zur Vermögensverwal-

---

Hessen und Nassau i.d.F. vom 6.12.2002 (KO-HN), ABl. HN 2003, S. 87; Art. 37 KO-KW; Art. 41 der Verfassung der Lippischen Landeskirche i.d.F. vom 17.6.2003 (KV-Li), GVBl. Li, Bd. 13, S. 39; §§ 33, 45 Kirchgemeindeordnung der Ev.-Luth. Landeskirche Mecklenburgs i.d.F. vom 5.4.2003 (KGO-M), KABl. M S. 38; Art. 14 der Verfassung der Nordelbischen Evangelisch-Lutherischen Kirche i.d.F. vom 9.2.2002 (KV-NEK), GVOBl. NEK S. 102; Art. 25 der Kirchenordnung der Evangelisch-Lutherischen Kirche in Oldenburg i.d.F. vom 13.6.2003 (KO-Old), GVBl. Old XXV S. 105; § 13 der Verfassung der Evangelischen Kirche der Pfalz (Protestantische Landeskirche) vom 20.10.1920 (KV-Pf), AKBl. 1921 S. 39, zuletzt geändert am 5.5.1999, ABl. Pf S. 106; Art. 62 und 63 KO-Pom; § 25 KV-ErK; Art. 106 KO-Rh; Art. 25 und 29 KO-KPS; § 11 der Verfassung der Ev.-Luth. Landeskirche Sachsens vom 13.12.1950 (KV-LS), KABl. LS S. A 99, zuletzt geändert am 2.4.1998, KABl. LS S. A 53; Art. 17 der Verfassung der Ev.-Luth. Landeskirche Schaumburg-Lippe vom 18.9.1993 (KV-Sli), KABl. SLi 1994 S. 2; Art. 38 und 30 der Kirchenordnung der Evangelischen Kirche der schlesischen Oberlausitz i.d.F. vom 11.10.1992 (KO-SchlO), ABl. EKD 1993 S. 84; Art. 57 KO-Westf; §§ 18 und 42 des Kirchlichen Gesetzes über die Evangelischen Kirchengemeinden i.d.F. vom 2.3.1989 (KGO-Wü), ABl.-Wü, Bd. 53 S. 696, zuletzt geändert am 29.6.2000, ABl. Wü, Bd. 59 S. 113.

14 Aktuelle Angaben über den Wert der von ihnen erteilten Aufträge liegen nicht vor. Die letzte Finanzstatistik der EKD aus dem Jahr 1988 gibt lediglich Auskunft darüber, dass in den evangelischen Landeskirchen in Deutschland im Jahr 1984 für Baumaßnahmen ca. 690 Millionen DM und dies überwiegend im kirchengemeindlichen Bereich bereitgestellt wurden, vgl. Statistische Beilage Nr. 82 zum ABl. EKD, Heft 7 vom 15.7.1988, S. 43. Entsprechende Angaben für diakonische Einrichtungen stehen nicht zur Verfügung.

tung für sie nicht unmittelbar, sondern nur in dem Maße gelten, das sie in ihrer Privatautonomie bestimmen[15].

Gilt für kirchliche Auftraggeber das kirchlich bestimmte Vermögensrecht, so sind sie in ihrer Vermögensverwaltung und damit auch bei der Vergabe ihrer Aufträge der Aufsicht kirchenleitender Organe[16] unterworfen, die im Bereich der Vermögensverwaltung regelmäßig von den landeskirchlichen Verwaltungsbehörden ausgeübt wird[17].

Einer staatlichen Aufsicht unterliegen kirchliche Auftraggeber grundsätzlich nicht[18].

2. Die Bedeutung der Verdingungsordnungen für das kirchliche Auftragswesen

Die evangelischen Landeskirchen in Deutschland erteilen ihre Aufträge im Rahmen der Privatrechtsordnung. Für die Ausgestaltung ihres Beschaffungswesens bedienen sie sich des Regelwerks der Verdingungsordnungen. Dabei gehen sie durchgängig von der Rechtsnatur dieses Regelwerks aus und respektieren weithin dessen Struktur und Bestand an Bestimmungen.

---

15 Zur Geltung des Kirchenrechts in privatrechtlich organisierten kirchlichen Arbeitsbereichen vgl. nur *J. E. Christoph*, Kirchliche Rechtsetzung im diakonischen Bereich, ZevKR 34 (1989) S. 406 ff.

16 Die Aufsicht kirchlicher Behörden über die Kirchengemeinden, Kirchenkreise oder Kirchenbezirke sowie über ihre Einrichtungen ist in einer Vielzahl kirchlicher Gesetze und Verordnungen geregelt, deren Anliegen primär darin besteht, die Rechte und Pflichten, z.B. der Kirchengemeinden, Kirchenkreise oder Kirchenbezirke zu regeln. Daneben sind kirchliche Aufsichtsrechte Inhalt von kirchenrechtlichen Bestimmungen zur Ordnung kirchlicher Arbeitsbereiche. Nicht zuletzt sind in den kirchlichen Regelungen zur Finanz- und Vermögensverwaltung Aufsichtsrechte verankert. Entsprechende Hinweise in der Literatur sind hilfreich, vgl. in diesem Sinne *W. Koeble*, Architektenrecht, in Kniffka/Koeble (Hrsg.), Kompendium des Baurechts, 2000, 9. Teil, Rn. 31.

17 Zur kirchlichen Aufsicht der Vermögensverwaltung vgl. *E. Dalhoff*, Kirchliche Vermögensaufsicht und Selbstverwaltung in der Evangelischen Kirche im Rheinland, ZevKR 6 (1957/58) S. 365 ff.; *F. Bürgy*, Kirchliche Vermögensaufsicht und Selbstverwaltung in der Evangelischen Landeskirche Badens, ebd. S. 377 ff. sowie *Chr. Meyer*, aaO, S. 925 ff.

18 Vgl. BVerfGE 30, 415 (428) = KirchE 12, 101 (111) = ZevKR 16 (1971) S. 218 (nur LS); BVerfGE 18, 385 (386 f.) = KirchE 7, 172 (173) = ZevKR 11 (1964/65) S. 413 (414) sowie *A. v. Campenhausen*, in: v. Mangoldt/Klein/Starck, GG, aaO, zu Art. 137 WRV, Rn. 7, 24, 223 und 245 mit weiteren Nachweisen.

a) Entstehung und Rechtsnatur der Verdingungsordnungen

Die Verdingungsordnungen sind aus dem Bedürfnis und der Notwendigkeit entstanden, für die Vergabe und Durchführung von Bau- und sonstigen Leistungen der öffentlichen Hand klare und einheitliche Grundsätze und Vorschriften zu schaffen. Nach dem ersten Weltkrieg sind sie unter der geschäftsführenden Leitung des Reichsfinanzministeriums von Vertretern der Reichsverwaltung, der Länderregierungen, der Städte, der Wirtschaft und der Gewerkschaften mit dem Ziel formuliert worden, für die Vergabe von Leistungen und Lieferungen einheitliche Grundsätze für das Reich und die Länder zu schaffen[19]. Seitdem sind sie fortlaufend überarbeitet und neu gefasst worden. Im vorliegenden Zusammenhang sind insbesondere die Verdingungsordnung für Bauwesen (VOB) sowie die Verdingungsordnung für Leistungen – ausgenommen Bauleistungen – (VOL) von Bedeutung[20]. Beide Verdingungsordnungen enthalten jeweils als Teil A allgemeine Bestimmungen zur Vergabe von Leistungen (VOB/A sowie VOL/A) und in einem Teil B allgemeine Vertragsbedingungen für die Ausführung von Leistungen (VOB/B sowie VOL/B)[21].

Allgemein anerkannt ist, dass die Verdingungsordnungen im Grundsatz „weder Gesetz noch Rechtsverordnung" sind[22]. Dem Staat, genauer seinen Haushaltsorganisationen, sind sie Verwaltungsvorschriften, die im Innenverhältnis die Rechte und Pflichten der öffentlichen Auftraggeber bei der Vergabe ihrer Aufträge und bei der Ausgestaltung der Leistungsverträge regeln. Aufgrund ihrer nur innerdienstlichen Verbindlichkeit begründen sie keine unmittelbaren Rechtswirkungen nach außen[23]. Ansprüche auf ihre Anwendung im Ganzen oder einzelner Bestimmungen wie auch auf ihre Nichtanwendung können Bewerber oder Bieter

---

19 Vgl. *K. Vygen*, in: Ingenstau/Korbion, VOB Verdingungsordnungen für Bauleistungen Teile A und B, 2000[14], Einl., Rn. 11; *H. H. Eberstein*, in: Daub/Eberstein, VOL/A, 1985[3], Einf., Rn. 1 ff.; *ders.*, in: Daub/Eberstein, VOL/B, 1998[4], Einf., Rn. 1 ff.

20 Gegenwärtig, und darauf bezieht sich die vorliegende Darstellung, liegen die VOB/A i.d.F. der Bkm. vom 12.9.2002, BAnz. Nr. 202a vom 29.10.2002 sowie die VOL/A i.d.F. der Bkm. vom 17.9.2002, BAnz. Nr. 216a vom 20.11.2002 vor. Zu den einzelnen Fassungen vgl. *K. Vygen* sowie *H. H. Eberstein*, jeweils aaO.

21 Die darüber hinaus bestehenden allgemeinen technischen Vertragsbedingungen für Bauleistungen (VOB/C) haben für die hier zu behandelnden Fragen keine Bedeutung.

22 *K. Vygen*, aaO, Rn. 25; *H. H. Eberstein*, VOL/A, aaO, Rn. 33; *ders.*, VOL/B, aaO, Rn. 10.

23 Vgl. dazu auf die VOB Teil A bezogen: BGH, Urteil vom 21.11.1991 – VII ZR 203/90, NJW 1992, 827.

deshalb gegenüber den öffentlichen Auftraggebern grundsätzlich nicht geltend machen[24].

Gleichwohl kann die Anwendung der Verdingungsordnungen mittelbare Rechtswirkungen begründen. So können, auf eine Ausschreibung gemäß VOB/A oder VOL/A bezogen, „etwa Ansprüche aus Verschulden bei Vertragsabschluss, Ansprüche auf Gleichbehandlung im Rahmen der Grundsätze über die Selbstbindung der Verwaltung oder Konkretisierungen der Grundsätze von Treu und Glauben“ entstehen[25]. Für die Teile B der Verdingungsordnungen gilt, dass diese Rechtswirkungen nach außen erst mit einer wirksamen Vereinbarung zwischen den Vertragspartnern entsprechend den Regelungen über Allgemeine Geschäftsbedingungen gemäß §§ 305 ff. BGB entfalten[26].

b) Die Verdingungsordnungen als Inhalt kirchlicher Grundsatzregelungen

Dem staatlichen Beschaffungsregime folgend sind die Verdingungsordnungen auch den evangelischen Landeskirchen im Grundsatz weder Gesetz noch Rechtsverordnung, und der kirchliche Gesetzgeber folgt dem staatlichen Recht auch mit der rechtstechnischen Verankerung der Verdingungsordnungen als Haushaltsgrundsatz. So wie die Haushaltsordnungen des Bundes und der Länder den öffentlichen Auftraggeber an die Verdingungsordnungen binden[27], so bestimmen die evangelischen Landeskirchen in ihren Ordnungen über die kirchliche Finanz- und Vermögensverwaltung, dass und in welcher Weise die kirchlichen Auftraggeber an die Verdingungsordnungen gebunden sind.

Die Anwendung der VOB und der VOL haben die evangelischen Landeskirchen in Deutschland regelmäßig durch Kirchengesetz, und dies entweder als Empfehlung oder als Verpflichtung, für die kirchlichen Auftraggeber bestimmt. Darüber hinaus bestehen kirchliche Regelungen, die den Inhalt der Verdingungsordnungen modifizieren. Diese sind in Verfügungen der landeskirchlichen Verwaltungsämter[28], in deren Bekanntmachungen[29] oder Richtlinien[30], aber auch in

---

24 *H. H. Eberstein*, VOL/B, aaO.

25 So BGH, Urteil vom 21.11.1991 – VII ZR 203/90, aaO.

26 Vgl. dazu nur *M. Ronellenfitsch*, Wirtschaftliche Betätigung des Staates, in: HStR, Bd. III, § 84, Rn. 30 wie auch *W. Jagenburg*, Die Entwicklung des privaten Bauvertragsrechts seit 1990: VOB-Vertrag, NJW 1991, 2874 (2875).

27 Vgl. § 30 HGrG.

28 So z.B. in den Verwaltungsvorschriften der Ev.-luth. Landeskirche Hannovers für den Neubau und die Instandsetzung von Pfarrhäusern vom 19.4.1995, KABl. Han S. 59.

29 Vgl. die Bkm. der Ev.-Luth. Kirche in Bayern über ortskirchliche Bauausführungen i.d.F. vom 12.6.1990 (BauBek-Bay), KABl. Bay S. 226.

kirchlichen Durchführungsbestimmungen[31], Rechtsverordnungen[32] oder auch in kirchlichen Bauordnungen[33] enthalten.

Inhaltlich stimmen die kirchengesetzlichen Regelungen im Wesentlichen darin überein, dass von den kirchlichen Auftraggebern

> „(b)ei der Vergabe von Aufträgen ... die Verdingungsordnung für Bauleistungen (VOB) sowie die Verdingungsordnung für Leistungen (VOL) angewendet werden (sollen)"[34].

---

30 So z.B. in der Richtlinie der Bremischen Kirche für die Durchführung von Bauunterhaltungsmaßnahmen vom 19.6.1980, GVM-Brm Nr. 2 Z. 6, in der Richtlinie der Nordelbischen Kirche für die Verwaltung des kirchlichen Grundeigentums i.d.F. vom 10.9.1996, GVBl. NEK S. 198 oder in der Richtlinie der Ev. Kirche im Rheinland für die Ausschreibung, Vergabe und Abrechnung von Bauleistungen vom 22.11.1983, KABl. Rh S. 305.

31 Vgl. z.B. die Durchführungsverordnung zum Kirchlichen Gesetz über die Vermögensverwaltung und die Haushaltswirtschaft in der Ev. Landeskirche in Baden i.d.F. vom 2.5.1999 (DVO-KVHG-Bad), KGVBl. Bad S. 112 oder die Verordnung über das Haushalts-, Kassen- und Rechnungswesen der Schaumburg-Lippischen Landeskirche vom 23.2.1990, KABl. SLi S. 2 sowie die Verordnung der Ev. Landeskirche in Württemberg zur Ausführung der Haushaltsordnung vom 23.7.1996, KABl. Wü, Bd. 57, S. 115.

32 Vgl. die Rechtsverordnung über die verwaltungstechnische Abwicklung von Baumaßnahmen der Kirchengemeinden, Dekanate und kirchlichen Verbände der Ev. Kirche in Hessen und Nassau vom 17.3.1981, ABl. HN S. 189 oder die Verordnung der Ev.-ref. Kirche in Bayern und Nordwestdeutschland über die Verpachtung des kirchlichen Grundbesitzes vom 30.3.1987, GVBl ErK, Bd. 15, S. 142.

33 So z.B. in der Bauordnung der Ev. Landeskirche in Baden vom 2.10.1990 (KBO-Bad), KGVBl. Bad S. 213 sowie in der Verwaltungsvorschrift zur Bauordnung der Ev.-Luth. Landeskirche Sachsens vom 10.12.2002 KABl. LS 2003, S. A 21, die Bauordnung daselbst S. A 18.

34 Vgl. dazu § 47 des Kirchlichen Gesetzes über die Vermögensverwaltung und die Haushaltswirtschaft in der Ev. Landeskirche in Baden vom 24.10.2002 (KVHG-Bad), KGVBl. Bad 2003 S. 24; § 36 der Ordnung für das kirchliche Finanzwesen der Ev.-Luth. Kirche in Bayern vom 10.4.2000 (KHO-Bay), KABl. Bay S. 172; § 35 der Ordnung für das kirchliche Haushalts- Kassen- und Rechnungswesen in der Ev. Kirche in Berlin-Brandenburg i.d.F. vom 20.12.1991 (HKRO-BB), KABl. BB S. 182 = ABl. EKD 1992 S. 105; § 2 Abs. 3 S. 2 der Ordnung der Wirtschaftsführung für die Bremische Ev. Kirche und ihre Gemeinden i.d.F. vom 13.5.1998 (WO-Brm), GVM-Brm Nr. 2 Z.1. Für die Ev-luth. Landeskirche Hannovers, die Ev.-luth. Landeskirche in Braunschweig, die Ev.-Luth. Kirche in Oldenburg und deren Einrichtungen vgl. § 28 der Ausführungsverordnung des Rates der Konföderation ev. Kirchen in Niedersachsen über das Haushalts-, Kassen- und Rechnungswesen vom 3.2.1982 (KonfHO), KABl. Han S. 22. Weiter siehe § 30 des Kirchengesetzes über das Haushalts-, Kassen-, Rechnungs- und Prüfungswesen in der Ev.-reformierten Kirche in Nordwestdeutschland vom 28.11.1975 (HO-ErK), GVBl. ErK, Bd. 14, S. 160; § 49 des Kirchengesetzes über die Vermögensverwaltung und das Haushalts-,

Mit dieser allgemeinen Bestimmung wird den kirchlichen Auftraggebern empfohlen, ihre Bau- und Lieferaufträge grundsätzlich nach Maßgabe der Verdingungsordnungen Teil A öffentlich oder beschränkt auszuschreiben oder freihändig zu vergeben sowie die im Teil B der Verdingungsordnungen enthaltenen

---

Kassen- und Rechnungswesen der Ev. Kirche in Hessen und Nassau vom 3.12.1999 (KHO-HN), ABl. HN 2000, S. 145; § 17 Abs. 3 des Kirchengesetzes für das Haushalts-, Kassen- und Rechnungswesen der Ev. Kirche von Kurhessen-Waldeck vom 11.7.1978 (HKRG-KW), KABl. KW S. 86; § 41 Abs. 1 der Ordnung für die Vermögens- und Finanzverwaltung der Kirchengemeinden der Lippischen Landeskirche vom 2.11.1988 (VO-Li), Ges. u. VOBl. Li, Bd. 9, S. 99, zuletzt geändert durch VO vom 10.9.1997, Ges. u. VOBl. Li, Bd. 11, S. 301; § 5 der Verordnung zur Ausführung des Kirchengesetzes über das Haushalts-, Kassen- und Rechnungswesen der Ev.-Luth. Landeskirche Mecklenburgs i.d.F vom 4.12.2001 (HKRVO-M), KABl. M 2002, S. 4; § 1 der Richtlinie für die Ausschreibung, Vergabe und Abrechnung von Bauleistungen im Bereich der Nordelbischen Ev.-Luth. Kirche vom 14.6.1979 (VGR-NEK), GVOBl. NEK S. 217, geändert am 20.11.2001, GVOBl. NEK 2002 S. 25; § 30 des Gesetzes über die Ordnung des Haushalts-, Kassen- und Vermögensrechts in der Ev. Kirche der Pfalz vom 30.11.1978 (HVO-Pf), ABl. Pf 1979 S. 41 sowie § 17 Abs. 3 der Verordnung über das Haushalts-, Kassen- und Rechnungswesen der Schaumburg-Lippischen Landeskirche vom 13.12.2001 (HKRVO-SLi), KABl. SLi 2002, S. 1. Für die Ev. Kirche der Schlesischen Oberlausitz, die Ev. Kirche der Kirchenprovinz Sachsen und die Pommersche Ev. Kirche sowie voraussichtlich künftig auch für die Ev. Landeskirche Anhalts vgl. § 96 der Verordnung für die Vermögens- und Finanzverwaltung der Kirchengemeinden, Kirchenkreise und kirchlichen Verbände in der EKU vom 1.7.1998 (VwO-EKU), Abl. EKD 1999 S. 137. Vgl. weiter § 89 der Verordnung über die Vermögens- und Finanzverwaltung der Kirchengemeinden, Kirchenkreise und deren Verbände in der Ev. Kirche im Rheinland vom 6.7.2001 (VwO-Rh), KABl. Rh S. 235; § 28 der Haushaltsordnung der Ev.-Luth. Landeskirche Sachsens i.d.F. vom 21.11.2000 (HO-LS), ABl. LS A 172; § 89 der Ordnung für die Vermögens- und Finanzverwaltung der Kirchengemeinden, der Kirchenkreise und der Verbände von Kirchengemeinden und Kirchenkreisen in der Ev. Kirche von Westfalen vom 26.4.2001 (VwO-Westf), KABl. Westf S. 137; ähnlich auch Ziff. 24 der Verordnung zur Ausführung der Haushaltsordnung der Ev. Landeskirche in Württemberg vom 23.7.1996 (HOVO-Wü), Abl. Wü, Bd. 57 S. 115. Für die EKD gilt entsprechend § 37 der Haushalts-, Kassen- und Rechnungsordnung für die Evangelische Kirche in Deutschland vom 9.12.1994 (HKRO-EKD), ABl. EKD 1995 S. 1; für die EKU gilt die vorgenannte VwO-EKU und die VELKD wendet das Recht der Konföderation ev. Kirchen in Niedersachen an. Die Ev.-Luth. Kirche in Thüringen hat in ihrer einschlägigen Regelung zwar lediglich auf Durchführungsbestimmungen für die Vergabe von Aufträgen verwiesen, vgl. § 34 des Kirchengesetzes über das kirchliche Haushalts-, Kassen- und Rechnungswesen vom 23.3.2002 (HKR-Thü), ABl. Thü S. 105. Sie beabsichtigt gleichwohl, dort ebenfalls zu regeln, dass die VOB und die VOL für die Vergabe von Aufträgen grundsätzlich zur Anwendung kommen sollen.

Vertragsbedingungen für die Ausführung der Leistungen als Vertragsinhalt zu vereinbaren.

Einzelne evangelische Landeskirchen halten eine Empfehlung zur Anwendung der Verdingungsordnungen nicht für ausreichend. Sie schreiben den kirchlichen Auftraggebern ihres Bereichs deshalb entweder die Anwendung der Verdingungsordnungen zwingend vor[35] oder bestimmen, dass Ausnahmen von deren regelmäßiger Anwendung einer Zustimmung der kirchlichen Aufsichtsbehörde bedürfen[36]. Soweit dem kirchlichen Auftraggeber die Anwendung der Verdingungsordnungen zwingend vorgeschrieben oder für eine abweichende Entscheidung eine kirchenaufsichtliche Genehmigung gefordert ist, entfalten die Verdingungsordnungen über den einzelnen Auftrag hinaus Wirkung zugunsten einer einheitlichen Gestaltung des kirchlichen Beschaffungswesens in der jeweiligen evangelischen Landeskirche.

Eine Auskunft darüber, welche Fassung der wiederholt geänderten Verdingungsordnungen für die kirchliche Auftragsvergabe gelten soll, ist den kirchengesetzlichen Bestimmungen der evangelischen Landeskirchen regelmäßig nicht zu entnehmen. Einen entsprechenden Hinweis enthält jedoch die Bauordnung der Badischen Landeskirche mit ihrem Verweis auf die VOB/A (DIN 1960)[37]. Entsprechendes mag für die Nordelbische Kirche gelten, in deren Rechtssammlung die VOB/A (DIN 1960) und die VOB/B (DIN 1961) jeweils in der Fassung vom Oktober 1979 aufgenommen wurden[38]. Die Bayerische Landeskirche verweist schließlich in ihrer Bekanntmachung über ortskirchliche Bauausführungen i.d.F. von 1990 darauf, dass die VOB in der jeweils aktuellen Fassung gelten soll[39].

In einzelnen evangelischen Landeskirchen sind über die grundsätzliche kirchengesetzliche Regelung hinaus keine weiteren vergaberechtlichen Regelungen getroffen worden[40]. In der Regel haben die evangelischen Landeskirchen zusätzliche Bestimmungen zur Vergabe spezieller Aufträge beschlossen[41]. Eine geson-

---

35 Vgl. § 49 KHO-HN; § 17 Abs. 3 HKR-KW sowie § 41 Abs. 1 VO-Li. So auch § 30 HKRO-EKD, jedoch nicht mit Wirkung für ihre Gliedkirchen.

36 So generell § 36 KHO-Bay und für Baumaßnahmen entsprechend § 20 Abs. 1 der Kirchlichen Bauordnung der Ev. Kirche in Berlin-Brandenburg vom 26.3.1999 (BO-BB), KABl. BB S. 88 und § 17 Abs. 3 HKR-KW.

37 § 42 KBO-Bad.

38 Vgl. Abschnitt VII-730 der Rechtsquellensammlung der Nordelbischen Kirche, Stand Juni 2001.

39 Dieser Hinweis ist der Fußnote zu Ziff. 4e der BauBek-Bay in der Rechtssammlung der Ev.-Luth. Kirche in Bayern, lfd. Nr. 365, Stand Mai 2000 zu entnehmen.

40 So z.B. Bswg, M, Old, Pf, LS, SLi.

41 Dies gilt insbesondere für kirchliche Bauaufträge und für Aufträge im Orgel- und Glockenwesen.

derte, wenn auch nicht umfassende kirchliche Ordnung zum allgemeinen Beschaffungswesen hat allein die Ev. Kirche in Hessen und Nassau erlassen[42].

c) Die Vergabe kirchlicher Aufträge als Haushaltsgrundsatz

Die kirchengesetzliche Grundsatzregelung der einzelnen evangelischen Landeskirchen ist regelmäßig in den kirchlichen Ordnungen über die Finanz- und Vermögensverwaltung und dort als Grundsatz für die Ausführung der Haushaltspläne verankert[43].

Jedoch kennzeichnet nicht allein dieser Umstand das kirchliche Vergaberecht als Haushaltsgrundsatz, denn in einigen Landeskirchen geben vereinzelt kirchenrechtliche Bestimmungen selbst Auskunft über den Zweck der Regelung. So wird die Vergabe kirchlicher Aufträge gemäß VOB und VOL in der Ev. Kirche in Hessen und Nassau mit der Verpflichtung der Kirche begründet, ihr Vermögen nutzbringend und zu günstigen Bedingungen zu verwerten[44], und die Badische Landeskirche stellt auf eine sparsame und wirtschaftliche Verwaltung der Haushaltsmittel ab[45]. Die Nordelbische Landeskirche verweist schließlich zusätzlich darauf, dass das Vergabeverfahren den kirchlichen Gremien einen Überblick über die zu erwartenden Kosten gebe[46], und die Rheinische Kirche erinnert daran, dass die Regelung der Verdingungsordnungen zur Ausgestaltung der Leistungsverträge sowohl den Interessen des Auftraggebers als auch denen des Auftragnehmers Rechnung trage[47].

An dem Verständnis der Vergaberegelungen als Haushaltsgrundsatz hat die Nordelbische Kirche offensichtlich auch angesichts des europarechtlichen Anliegens, durch das Vergaberecht einen grenzüberschreitenden Wettbewerb im Gemeinsamen Markt zu fördern, festgehalten. So hat sie mit einer im Jahr 2001 vorgenommenen Änderung ihrer vergaberechtlichen Regelungen zwar bestimmt, dass die „Grundsätze des Vergaberechts ... aufgrund des Gesetzes gegen Wettbewerbsbeschränkungen ... anzuwenden (sind)“ und damit bestimmt, dass das europarechtlich geprägte Vergaberecht in der Nordelbischen Kirche im Grundsatz zur Anwendung kommen soll. Gleichzeitig hält diese Kirche jedoch an der haus-

---

42 Richtlinie für das Beschaffungswesen in der Ev. Kirche in Hessen und Nassau vom 14.2.1977, (BW-HN), ABl. HN S. 70.

43 Vgl. dazu die vorstehenden Nachweise der landeskirchlichen gesetzlichen Bestimmungen zur Anwendung der VOB und der VOL in der Fn. 34.

44 I. Grundsatz der BW-HN.

45 § 3a DVO-KVHG-Bad.

46 § 1 VGR-NEK.

47 Ziff. I Abs. 2 der Richtlinie für die Ausschreibung, Vergabe und Abrechnung von Bauleistungen vom 22.11.1983 (BRi-Rh), KABl. Rh, S. 305.

haltsrechtlich bestimmten Kommentierung fest, dass „eine Ausschreibung ... notwendig (ist), damit die kirchlichen Gremien vor Baubeginn eine Grundlage für die Auftragserteilung und einen Überblick über die zu erwartenden Kosten erhalten“[48].

3. Die kirchlich modifizierten Verdingungsordnungen

Einige evangelische Landeskirchen haben für ihren Bereich die Bestimmungen der Verdingungsordnungen modifiziert. Diese Modifizierungen sind sowohl für die Vergabebedingungen der VOB/A und der VOL/A wie auch für die Vertragsbedingungen in der VOB/B und der VOL/B vorgenommen worden. Auf letztere bezogen halten sich diese kirchlichen Regelungen im Rahmen der von der VOB/B und der VOL/B vorgesehenen Möglichkeiten. Auf die Vergabebedingungen bezogen beschreiten die evangelischen Landeskirchen in Deutschland teils von der VOB/A und der VOL/A abweichende Wege.

a) Grundlage und Wirkung kirchlich modifizierter Verdingungsregelungen

Mit ihrer Entscheidung, dem kirchlichen Auftraggeber die Anwendung der Verdingungsordnungen als Haushaltsgrundsatz vorzugeben, haben die evangelischen Landeskirchen die Verdingungsordnungen für ihren Bereich als kircheninterne Verwaltungsvorschriften übernommen. Als solche unterliegen sie dem Gestaltungswillen dieser Kirchen. Soweit die evangelischen Landeskirchen ihrem Selbstverständnis folgend von den Verdingungsordnungen abweichende Regelungen getroffen haben, ist deren rechtliche Wirkung von unterschiedlichen Voraussetzungen abhängig. Zu unterscheiden ist, ob sich die abweichende Regelung auf die Vertragsbedingungen (VOB/B und VOL/B) oder auf die Vergabebedingungen (VOB/A und VOL/A) bezieht.

Für die kirchlich modifizierten Vertragsbedingungen gelten die gleichen Grundsätze wie für die Vertragsbedingungen der VOB/B und der VOL/B gemeinhin. Sie binden zunächst nur den Auftraggeber und entfalten Rechtswirkungen darüber hinaus erst mit ihrer wirksamen Vereinbarung gemäß §§ 305 ff. BGB.

Beziehen sich die kirchlichen Modifikationen auf die Vergabebedingungen, so ist für deren rechtliche Wirkung von Bedeutung, dass die evangelischen Landeskirchen solche Regelungen in ihren Amtsblättern bekannt machen. Durch die öffentliche Bekanntmachung (Verkündung) wird der kirchliche Auftraggeber in

48 So § 1 S. 1 VGR-NEK.

die Pflicht genommen, seinen Auftrag nach Maßgabe der kirchlich modifizierten VOB/A oder VOL/A auszuschreiben, und er kann sein von der VOB/A und der VOL/A abweichendes Verhalten mit Hinweis auf diese Bekanntmachung Dritten gegenüber legitimieren.

Der interessierte Bieter kann der kirchlichen Bekanntmachung die von der VOB/A oder der VOL/A abweichenden Vergabebedingungen für kirchliche Ausschreibungen entnehmen und sich darauf einrichten.

Soweit die evangelischen Landeskirchen in Deutschland dem kirchlichen Auftraggeber eine Anwendung der Verdingungsordnungen nur empfehlen, ihn dennoch insoweit an Modifikationen binden, obliegt dem kirchlichen Auftraggeber im Falle einer Ausschreibung klarzustellen, auf welcher Grundlage er seine Aufträge vergibt. Gibt der kirchliche Auftraggeber ohne Hinweis auf die kirchlichen Modifikationen lediglich zu erkennen, dass er sich bei seiner Auftragsvergabe auf die VOB und die VOL stützt, so können dem Bieter Ansprüche aus Verschulden bei Vertragsabschluss, auf Gleichbehandlung im Rahmen der Grundsätze über die Selbstbindung der Verwaltung oder aus Konkretisierungen der Grundsätze von Treu und Glauben entstehen, wenn der kirchliche Auftraggeber dennoch nach den kirchlich modifizierten Vergaberegelungen verfährt.

b) Modifikationen in den kirchlichen Grundsatzbestimmungen

Ein Teil der evangelischen Landeskirchen belässt es innerhalb ihrer grundsätzlichen kirchengesetzlichen Regelungen nicht bei der vorgestellten Formulierung[49], sondern verweist bereits dort ausdrücklich auf „sonstige Vergabebedingungen“[50], die vom kirchlichen Auftraggeber zusätzlich einzuhalten sind, oder speziell auf die Beachtung ausreichender Gewährleistungsfristen[51] oder darauf, dass bei der Vergabe von Aufträgen an ausländische Firmen ein Gerichtsstand im Inland zu vereinbaren ist[52].

Soweit die evangelischen Landeskirchen auf „sonstige Vergabebedingungen“ verweisen, werden damit die kirchlichen Auftraggeber zur Beachtung spezieller landeskirchlicher Regelungen oder Entscheidungen verpflichtet (so z.B. zur Be-

---

49 Siehe Kapitel II. 2. b).

50 So § 36 KHO-Bay; ähnlich § 35 HKRO-BB; § 96 VwO-EKU; § 49 KHO-HN; § 89 VwO-Rh sowie § 89 VwO-Westf.

51 § 28 KonfHO; § 28 HO-LS; § 5 HKRVO-M; §17 HKRVO-SLi.

52 § 5 HKRVO-M sowie § 30 HO-ErK.

achtung von Richtlinien oder Verfügungen der kirchlichen Verwaltungsbehörden usw.[53]).

Der Hinweis auf die Beachtung ausreichender Gewährleistungsfristen verpflichtet den kirchlichen Auftraggeber, gegenüber dem Auftragnehmer auf eine Frist zu drängen, die über eine zweijährige hinausgeht. Spezielle kirchliche Bestimmungen für das kirchliche Bauwesen konkretisieren auf der Grundlage des § 13 Ziff. 4 Abs. 1 VOB/B[54] diese Verpflichtung des kirchlichen Auftraggebers in Richtung auf die Vereinbarung einer Gewährleistungsfrist, die nicht unter fünf Jahren liegen soll[55].

Auch die gelegentlich empfohlene Vereinbarung eines Gerichtsstandes im Inland trifft zunächst allein den kirchlichen Auftraggeber und liegt vor allem in seinem Interesse. Sie soll auf § 18 Ziff. 1 VOB/B oder auf § 19 Ziff. 2 VOL/B[56] gestützt dem kirchlichen Auftraggeber eine angemessene juristische Unterstützung durch seine Landeskirche im Falle einer gerichtlichen Auseinandersetzung gewährleisten.

c) Kirchliche Regelungen zur Auftragsvergabe

aa) Die Verdingungsordnungen kennen als Vergabeverfahren die öffentliche oder beschränkte Ausschreibung von Aufträgen oder deren freihändige Vergabe. Bei einer öffentlichen Ausschreibung werden gemäß VOB/A oder VOL/A eine unbeschränkte Zahl von Unternehmen öffentlich zur Einreichung von Angeboten aufgefordert[57]. Die beschränkte Ausschreibung richtet sich direkt an bestimmte, für die Ausführung des Auftrags geeignet erscheinende Unternehmen[58]. Für die öffentliche und die beschränkte Ausschreibung stellen die VOB/A und die VOL/A

---

53 So z.B. durch die Verfügung des Landeskirchenamts der Ev. Kirche in Bayern über die Ausschreibungsmodalitäten für Aufträge in Abhängigkeit von der Höhe der Auftragswerte vom 11.4.2001, KABl. Bay S. 182.

54 § 13 Ziff. 4 Abs. 1 VOB/B eröffnet die Möglichkeit der Vereinbarung längerer Fristen; vgl. dazu *A. Wirth*, in: Ingenstau/Korbion, zu B § 13 Nr. 3 Rn. 231.

55 Vgl. z.B. § 42 Abs. 3 KBO-Bad; § 6 Abs. 3 der Rechtsverordnung der Ev. Kirche in Hessen und Nassau über die verwaltungstechnische Abwicklung von Baumaßnahmen vom 17.3.1981 ABl. HN S. 189; § 41 Abs. 2 VO-Li; Abschnitt IV Abs. 2 der rheinichen Richtlinie des Landeskirchenamts für die Ausschreibung, Vergabe und Abrechnung von Bauleistungen vom 22.11.1983, KABl. Rh S. 305.

56 § 18 Ziff. 1 VOB/B und § 19 Ziff. 2 VOL/B lassen von der gesetzlichen Regelung abweichende Vereinbarungen zu; vgl. zu § 18 Ziff. 1 VOB/B *E. Joussen*, in: Ingenstau/Korbion, zu B §18 Rn. 29 ff. und zu § 19 Ziff. 2 VOL/B *W. Zdzieblo*, in: Daub/Eberstein, VOL/B, aaO zu § 19, Rn 20 ff.

57 § 3 Ziff. 1 Abs. 1 VOB/A und VOL/A.

58 § 3 Ziff. 1 Abs. 2 VOB/A und VOL/A.

Verfahrensregelungen bereit. Für die freihändige Vergabe von Aufträgen bestehen solche Regelungen in den Verdingungsordnungen nicht; der Auftraggeber wählt hier ohne ein bestimmtes Verfahren den Auftragnehmer nach eigenem Ermessen[59].

Nach der VOB/A und der VOL/A muss eine öffentliche Ausschreibung stattfinden, wenn nicht die Eigenart der Leistung oder besondere Umstände eine Abweichung rechtfertigen[60]. Eine beschränkte Ausschreibung ist zulässig, wenn die öffentliche Ausschreibung zu keinem annehmbaren Ergebnis führt oder im Einzelnen geregelte Voraussetzungen vorliegen[61]. Eine freihändige Vergabe kann erfolgen, wenn die öffentliche oder beschränkte Ausschreibung aus näher bestimmten Gründen unzweckmäßig ist[62].

bb) Einzelne evangelische Landeskirchen lehnen sich in ihren Regelungen zwar deutlich an die VOB/A und VOL/A an und machen die Art der Auftragsvergabe von der Eigenart des Auftrags abhängig[63]. Gleichwohl bestimmen sie die jeweiligen näheren Voraussetzungen der Vergabeverfahren selbstständig.

Dies trifft insbesondere für die Regelungen der Ev. Kirche in Hessen und Nassau zu. Deren Richtlinie für die Beschaffung von Leistungen (außer Bauleistungen) bestimmt in enger Anlehnung an die VOL, dass eine „öffentliche Ausschreibung ... stattfinden (muss), wenn nicht die Natur des Geschäfts, die Eigenart der Leistung oder besondere Umstände eine Abweichung rechtfertigen". Neben besonderen Voraussetzungen für die beschränkte Ausschreibung bestimmt die Richtlinie – wiederum in enger Anlehnung an die Verdingungsordnungen – eine freihändige Vergabe nur dann für zulässig, „wenn die öffentliche oder beschränkte Ausschreibung unzweckmäßig ist"[64]. Für die Durchführung von Baumaßnahmen gilt in dieser Landeskirche, dass Bauleistungen unter Anwendung der VOB, „das heißt grundsätzlich im Wege der öffentlichen oder beschränkten Ausschreibung und nur ausnahmsweise freihändig", vergeben werden sollen[65].

Die näheren Regelungen zu den Voraussetzungen für die einzelnen Vergabeverfahren sind dabei erkennbar von dem Anliegen bestimmt, die Entscheidung für den kirchlichen Auftraggeber, von den Verdingungsordnungen ausgehend, zu vereinfachen. Dies kommt dem Umstand entgegen, dass in den überwiegend ge-

---

59 § 3 Ziff. 1 Abs. 3 VOB/A und VOL/A.

60 § 3 Ziff. 2 VOB/A und VOL/A

61 § 3 Ziff. 3 VOB/A und VOL/A

62 § 3 Ziff. 4 VOB/A und VOL/A

63 So die Ev. Landeskirche in Baden in § 3a DVO-KVHG-Bad sowie in § 42 KBO-Bad; ebenso die Ev. Kirche in Hessen und Nassau in Ziff. 10 ff. BW-HN.

64 Ziff. 10 bis 12 BW-HN.

65 § 6 der Rechtsverordnung über die verwaltungstechnische Abwicklung von Baumaßnahmen..., aaO.

wählten kirchlichen Organen spezifische Kenntnisse des Vergaberechts nicht regelmäßig vorausgesetzt werden können. Soweit die kirchlichen Regelungen die Verdingungsordnungen dabei zwar detailliert, jedoch nur partiell und vereinzelt mit abweichenden Formulierungen übernehmen[66], stellt dies den kirchlichen Auftraggeber vor die zusätzliche Aufgabe, neben den Regelungen der VOB und der VOL das Besondere der kirchlichen Bestimmungen zu erfassen und bei der Auftragsvergabe zu berücksichtigen.

cc) Andere evangelische Landeskirchen haben die Voraussetzungen für eine beschränkte Ausschreibung oder für die freihändige Vergabe abweichend von der VOB/A und der VOL/A von der Höhe der Auftragswerte abhängig gemacht.

So können in der Ev.-Luth. Kirche in Bayern Aufträge im Wert von bis zu 2.500 Euro freihändig, bis zu 5.000 Euro „nach Beiziehung von mindestens zwei Firmenangeboten" und ab einem Wert von 5.000 Euro „nach ordnungsgemäßer Ausschreibung unter mindestens drei Firmen" vergeben werden[67]. Für die kirchlichen Körperschaften der in der Konföderation evangelischer Kirchen in Niedersachsen zusammengeschlossenen Kirchen gilt, dass bei Baumaßnahmen mit einem Wert von mehr als 4.000 Euro vor der freihändigen Vergabe mehrere vergleichbare Angebote eingeholt werden sollen. Die freihändige Vergabe ist im Übrigen bei Bauleistungen mit einem Wert von bis zu 6.000 Euro zugelassen, ansonsten soll der Auftrag nach einer öffentlichen oder beschränkten Ausschreibung vergeben werden[68]. In der Nordelbischen Kirche können Bauaufträge mit einem Wert von bis zu 5.000 Euro nach formlosen Angeboten von Fachfirmen freihändig vergeben werden. Wird dieser Wert überschritten, soll eine beschränkte Ausschreibung erfolgen[69]. Die Württemberger Landeskirche bestimmt schließlich allgemein, dass für Aufträge mit einem Beschaffungswert von über 2.500 Euro mindestens drei Angebote einzuholen sind[70].

Diese Regelungen zielen auf die beschränkte Ausschreibung von Aufträgen und begrenzen die Möglichkeit einer freihändigen Vergabe. Ausdrücklich heben die Bremische Ev. Kirche, die Ev.-luth. Landeskirche Hannovers, die Nordelbische Ev.-Luth. Kirche sowie die Schaumburg-Lippische Landeskirche die beschränkte Ausschreibung als Regelfall hervor[71]. Die Ev. Landeskirche in Baden

---

66 So durch Ziffer 10 bis 12 der BW-HN.

67 Vgl. Ziff. 4e BauBek-Bay sowie die Verfügung des Landeskirchenamts dazu vom 11.4.2001, KABl. Bay S.182.

68 Vgl. § 15 der Durchführungsbestimmung der Konföderation zur Haushaltsordnung für kirchliche Körperschaften i.d.F. vom 4.7.2001, KABl. Han S. 130.

69 § 3 VGR-NEK.

70 Ziff. 24 HOVO-Wü.

71 Ziff. 3 der Richtlinie für die Durchführung von Bauunterhaltungsmaßnahmen vom 19.6.1980, GVM. Brm 1980 Nr. 2 Z. 6; § 11 der Verwaltungsvorschriften für den

konkretisiert die Anwendung der VOB/A und der VOL/A in Ausführungsbestimmungen mit Regelungen zur freihändigen Vergabe und zur beschränkten Ausschreibung von Aufträgen[72]. Die Vergabe im Wege einer öffentlichen Ausschreibung wird in der Bauordnung dieser Kirche lediglich erwähnt, und die freihändige Vergabe von Aufträgen ist hier nur ausnahmsweise zulässig[73]. Bemerkenswert ist schließlich, dass die Nordelbische Ev.-Luth. Kirche mit ihrer bereits erwähnten Regelung aus dem Jahr 2001 zwar an der beschränkten Ausschreibung als Regelfall festhält. Gleichzeitig verweist sie jedoch auf die Grundsätze der §§ 97 ff. GWB und damit auf die öffentliche Ausschreibung als Regelfall[74].

Eine Regelung anderer Art hat die Lippische Landeskirche getroffen. Sie überlässt es generell dem Kirchenvorstand der Kirchengemeinde, im Zusammenwirken mit dem Architekten durch Beschluss festzulegen, in welcher Form die Vergabe von Baumaßnahmen erfolgen soll. Der gleichzeitige Hinweis auf die beschränkte oder öffentliche Ausschreibung lässt dennoch vermuten, dass auch hier die freihändige Vergabe von Aufträgen jedenfalls nicht die Regel sein soll[75].

dd) Die öffentliche Ausschreibung wird in den kirchlichen Regelungen als Möglichkeit lediglich mit Hinweis auf die Verdingungsordnungen erwähnt.

Der Umstand, dass die evangelischen Landeskirchen in Deutschland die öffentliche Ausschreibung in ihren vergaberechtlichen Regelungen lediglich erwähnen, läßt allein keine Rückschlüsse darauf zu, in welchem Umfang sie von dieser Möglichkeit Gebrauch machen. Der Hinweis in den kirchlichen Bestimmungen auf die Verdingungsordnungen reicht jedenfalls aus, den kirchlichen Auftraggebern die erforderlichen Verfahrensregelungen zur Verfügung zu stellen.

Freilich ist angesichts der partiell ausdrücklich hervorgehobenen beschränkten Ausschreibung als Regelfall davon auszugehen, dass die evangelischen Landeskirchen in Deutschland bemüht sind, die freihändige Vergabe von Aufträgen zu begrenzen und eine öffentliche Ausschreibung nur ausnahmsweise durchführen. Über die Gründe kann hier nur spekuliert werden. Anderes gilt für die Begründung der beschränkten Ausschreibung ihrer Aufträge als Regelfall.

Neubau und die Instandsetzung von Pfarrhäusern vom 19.4.1995, KABl. Han S. 59; § 3 VGR-NEK sowie § 17 Abs. 3 HKRVO-SLi.

72 § 3a Abs. 4 und 5 der DVO zum KVHG-Bad i.d.F. 2.5.1995, KGVOBl. Bad S.112.

73 § 42 der Bauordnung der Evangelischen Landeskirche in Baden vom 2.10.1990 (BauO-Bad), KGVBl. Bad S. 213.

74 Vgl. § 1 VGR-NEK.

75 § 41 VO-Li.

d) Die kirchliche Bindung des Bieters und Auftragnehmers

Ein Teil der evangelischen Landeskirchen verpflichtet die kirchlichen Auftraggeber ausdrücklich, bei der Vergabe kirchlicher Aufträge über die in den Verdingungsordnungen geregelten Voraussetzungen der Fachkunde, Leistungsfähigkeit und Zuverlässigkeit[76] hinaus, auch die kirchliche Bindung der Bieter zu berücksichtigen. Diese Bindung kann, muss aber nicht zu der Landeskirche bestehen, in deren Bereich die Ausschreibung erfolgt[77]. Die Bereitschaft und Fähigkeit der kirchlich gebundenen Bieter, den Vergabebedingungen im Übrigen zu entsprechen, setzen diese Regelungen voraus[78].

aa) Entsprechende kirchliche Regelungen sind als historisch überkommene Bestimmungen zunächst für den Bereich der Grundstücksverwaltung festzustellen[79], der außerhalb des Geltungsbereichs der VOB und der VOL liegt. So empfiehlt die Richtlinie der EKD über die Verwaltung des kirchlichen Grundbesitzes, bei einer Vergabe von Kirchengrundstücken in erster Linie Kirchenmitglieder zu berücksichtigen[80]. Dem folgen Regelungen der Ev.-luth. Landeskirche Hannovers über die öffentliche meistbietende Verpachtung[81]. Die Richtlinie für die Verwaltung des kirchlichen Grundeigentums der Nordelbischen Ev.-Luth. Kirche weist ausdrücklich darauf hin, dass eine konfessionelle Eingrenzung des Kreises der Bieter bei einer öffentlich bekanntgegebenen Absicht der Verpachtung zulässig ist[82].

Für die Durchführung von kirchlichen Baumaßnahmen bestehen vergleichbare Regelungen. So wird den Kirchengemeinden der Bremischen Evangelischen Kirche ausdrücklich freigestellt, (nur) Handwerker zur Abgabe von Angeboten aufzufordern, die (Kirchen-)Gemeindeglieder sind[83], und in der Ev.-luth. Lan-

---

76 Vgl. nur § 8 Abs. 3 (1) VOB Teil A.

77 So stellten z.B. die Verwaltungsvorschriften für den Neubau und die Instandsetzung von Pfarrhäusern der Ev.-luth. Landeskirche Hannovers vom 19.4.1995 nur allgemein auf die Zugehörigkeit zu einer christlichen Kirche ab, ebd. § 11.

78 So ausdrücklich § 17 Ziff. 3 der HKRVO-SLi.

79 Im Bereich der kirchlichen Grundstücksverwaltung haben Bestimmungen zur Vergabe von Grundstücken zur Miete oder zur Pacht Tradition. Sie lassen sich bis in das Allgemeine Preußische Landrecht zurückverfolgen. Zur Bedeutung dieser Bestimmungen heute vgl. unter bb).

80 So § 12 Abs. 1 der Richtlinie der Evangelischen Kirche in Deutschland über die Verwaltung des kirchlichen Grundbesitzes i.d.F. vom 11.10.1985 (GbR-EKD), ABl. EKD S. 431.

81 Vgl. Ziff. 2a der Durchführungsbestimmung zum Pachtwesen in der Ev.-luth. Landeskirche Hannovers vom 29.2.1988, KABl. Han S. 34.

82 § 10 Abs. 4 der Richtlinie für die Verwaltung des kirchlichen Grundeigentums vom 20.3.1979, GVBl. NEK S. 147 i.d.F. vom 10.9.1996, GVBl. NEK S. 198.

83 Ziff. 3 BRi-Brm und so auch § 17 Abs. 3 HKRVO-SLi.

deskirche Hannovers soll für den Neubau und die Instandsetzung von Pfarrhäusern zur Abgabe von Angeboten nur aufgefordert werden, wer einer christlichen Kirche angehört[84]. Auch die Nordelbische Ev.-Luth. Kirche lässt sich davon leiten und bestimmt, dass Firmen, deren Inhaber nicht der Kirche angehören, nur dann zur Abgabe von Angeboten aufgefordert werden sollen, wenn dies die einzige Möglichkeit ist, Angebote zu erhalten[85]. Eine Regelung anderer Art sieht die Ev. Landeskirche in Württemberg in diesem Zusammenhang vor. Hier kann das Kirchenmitglied den Zuschlag erhalten, wenn es gleiche Leistungen zu einem gleichen Preis wie andere, nicht der Kirche angehörende Interessenten anbietet[86].

Demgegenüber bestimmen die Ev. Kirche in Hessen und Nassau und die Ev. Kirche im Rheinland in ihren Regelungen, dass bei der Ausschreibung von kirchlichen Bauleistungen eine Beschränkung des Bewerberkreises auf (Kirchen-) Gemeindeangehörige unterbleiben soll[87].

bb) Die kirchlichen Regelungen über die Berücksichtigung der kirchlichen Bindung der Bieter oder darüber, dass eine solche unterbleiben soll, sind nicht Inhalt der grundsätzlichen Bestimmungen der evangelischen Landeskirchen. Sie sind verstreut in vergaberechtlichen Einzelregelungen dieser Kirchen und auch dort nicht durchgängig anzutreffen. Auch wird eine meistbietende Verpachtung kirchlicher Grundstücke in den evangelischen Landeskirchen nur noch ausnahmsweise dort praktiziert, wo sie ortsüblich oder aus kirchengemeindlichen Gründen vertretbar erscheint[88]. Die auf eine kirchliche Bindung der Bieter abhebenden Regelungen machen gleichwohl deutlich, dass zumindest einige evangelische Landeskirchen an dieser Stelle Regelungsbedarf sehen und – soweit sie sich dazu äußern – überwiegend eine Berücksichtigung der kirchlichen Bindung der Bieter als zulässig erachten[89].

---

84 § 11 der Verwaltungsvorschriften für den Neubau und die Instandsetzung von Pfarrhäusern vom 19.4.1995, KABl. Han S. 59.

85 § 3 Abs. 6 VGR-NEK.

86 Vgl. Ziff. 24 der Verordnung zur Ausführung der Haushaltsordnung vom 23.7.1996, Abl. Wü, Bd. 57 S. 115.

87 So § 6 der Rechtsverordnung der Ev. Kirche in Hessen und Nassau, aaO, sowie Abschnitt II (1) der Richtlinie des Landeskirchenamtes der Ev. Kirche im Rheinland vom 22.11.1983, KABl. Rh S. 305.

88 Vgl. GbR-EKD, aaO, sowie Ziff. 2 der Durchführungsverordnung zum Pachtwesen in der Ev.-luth. Landeskirche Hannovers vom 29.2.1998, KABl. Han S. 34. Dazu *B. A. v Garmissen*, Landwirtschaftliches Grundvermögen in kirchlicher Hand, Schriften zum Staatskirchenrecht Bd. 5, (Diss. jur.) 2001, S. 111 m.w.N.

89 Die in den ev. Landeskirchen jeweils bestehenden Regelungen zu gewichten, ist ein wenig aussichtsreiches Unterfangen. Es fällt jedoch auf, dass sich mit der hannoverschen, der hessen-nassauischen, der nordelbischen, der rheinischen und der württembergischen fünf Kirchen zu ausdrücklichen Regelungen entschlossen haben. Diese Kirchen repräsentieren etwa die Hälfte der evangelischen Kirchenmitglieder

Eine Begründung für diese Regelungen ist den Bestimmungen selbst nicht zu entnehmen. In ihrem Hintergrund steht freilich der Grundsatz des kirchlichen Vermögensrechts, dass kirchliches Vermögen „nur zur rechten Ausrichtung des Auftrags der Kirche verwendet werden (darf)“[90] und dass diese Zweckbestimmung das Handeln der kirchlichen Verwalter bindet[91].

Daraus den Schluss zu ziehen, dass dem kirchlichen Auftraggeber die kirchliche Bindung des Bieters und Auftragnehmers nicht gleichgültig sein darf, ist nachvollziehbar[92]. Dieses Anliegen zu stützen, ist der Sinn solcher Regelungen. Ohne sie liefe der kirchliche Auftraggeber Gefahr, seinen Auftrag jedwedem Bieter erteilen zu müssen, weil dieser das günstigste Angebot gemacht hat und auch im Übrigen die Voraussetzungen der Verdingungsordnungen erfüllt. Der kirchliche Auftraggeber wäre damit u.U. gezwungen, mit einem Bieter in ein Vertragsverhältnis zu treten, dem der Zweck seiner Leistung gleichgültig ist.

Ein Vertragsverhältnis mit einem Auftragnehmer nicht eingehen zu müssen, dem der Zweck seiner Leistung gleichgültig ist oder gar widerstrebt, liegt im zulässigen Interesse jedes Auftraggebers und ist somit ein legitimes Teil des Selbstverständnisses der evangelischen Landeskirchen, die dieses Anliegen mit ihren Regelungen für das kirchliche Verwaltungshandeln fruchtbar machen[93].

cc) Derartige Regelungen des kirchlichen Vergaberechts entfalten jedoch Wirkungen über den kirchlichen Bereich hinaus, denn sie sind geeignet, nicht kirchlich gebundene Bieter zu benachteiligen. Als Grundrechtsverpflichtete tre-

---

in Deutschland. Von diesen Kirchen sehen – wiederum grob gerechnet – zwei Drittel die Berücksichtigung der kirchlichen Bindung vor.

90 So § 135 Abs. 1 GO-Bad wie auch entsprechend § 15 Abs. 2 KV-Ah; Art. 79 KV-Bay; Art. 107 GO-BB; Art. 109 KV-Bswg; Art. 16 Abs. 2 KV-Han; Art. 2 Abs. 5 KO-HN; Art. 13 Abs. 4 GO-KW; Art. 40 Abs. 1 Buchst. g KV-Li; Art. 15 KV-NEK; Art. 120 und 121 KO-Old; Art. 4 und 33 Buchst. g KO-SchlO; Art. 5 Abs. 4 KO-Pom; § 25 KV-ErK; Art. 216 KO-Rh; Art. 25 Abs. 2 GO-KPS; Art. 8 Abs. 4, Art. 55 sowie 154 Abs. 1 KO-Westf.

91 Vgl. dazu *H. Liermann*, Deutsches Evangelisches Kirchenrecht, 1933, S. 363 ff; *ders.*, Luther ordnet seine Kirche, in *ders.*, Der Jurist und die Kirche, Jus Ecclesiasticum Bd. 17, 1973, S. 175 ff; *E. Wolf*, Ordnung der Kirche, 1961, S. 670 ff; *W. Maurer*, Verwaltung und Kirchenleitung, in *ders.*, Die Kirche und ihr Recht, Jus Ecclesiasticum Bd. 23, 1976, S. 526 ff.; *O. Friedrich*, Einführung in das Kirchenrecht, 1978², S. 501 ff; *A. Stein*, Evangelisches Kirchenrecht, 1992³, S. 129 f.; *G. Grethlein/H. Böttcher/W. Hofmann/H.-P. Hübner*, Evangelisches Kirchenrecht in Bayern, 1994, S. 3 ff.

92 In diesem Sinne auch *G. Brauser-Jung*, Religionsgewerbe und Religionsunternehmerfreiheit, Studien zum öffentlichen Wirtschaftsrecht Bd. 51 (Diss. jur) 2002, S. 255 ff.

93 Vgl. dazu *W. Maurer*, aaO, S. 562 f.; *O. Friedrich*, aaO, S. 501; *E. Wolf*, aaO, S. 670; *G. Grethlein/H. Böttcher/W. Hofmann/H.-P. Hübner*, aaO, S. 5 f.

ten die evangelischen Kirchen dem Bieter freilich nicht gegenüber, denn sie handeln bei der Vergabe ihrer Aufträge wie Private und sind deshalb nicht zur Wahrung der Grundrechte verpflichtet. Gleichwohl sind die Kirchen in ihrer Vermögensverwaltung und damit auch bei der Vergabe ihrer Aufträge an das Willkürverbot gemäß Art. 3 Abs. 1 GG, an die guten Sitten nach § 138 Abs. 1 BGB und an den ordre public laut Art. 6 EGBGB als das für alle geltende Gesetz gemäß Art. 140 GG/Art. 137 Abs. 3 WRV gebunden[94].

Wenn kirchliche Auftraggeber, dem Selbstverständnis ihrer Landeskirchen folgend, die kirchliche Bindung der Bieter berücksichtigen, so verstoßen sie damit weder gegen den ordre public noch gegen die guten Sitten. Sie verhalten sich nicht anders als diejenigen Auftraggeber, die eine vertrauensvolle Zusammenarbeit mit ihrem Auftragnehmer anstreben, welche nicht allein von gegenseitigen, sondern auch von gemeinsamen Interessen geleitet ist, und das gemeinsame Interesse stellt sich hier als ein solches am geistlichen Auftrag der Kirche dar.

Die kirchlichen Auftraggeber laufen auch nicht Gefahr, mit der Berücksichtigung der kirchlichen Bindung der Bieter das Willkürverbot zu verletzen, soweit sie bei der Ausschreibung ihrer Aufträge in einer für den Bieter erkennbaren Weise darauf hinweisen. Willkürlich handeln sie freilich dann, wenn sie entgegen einer kirchlichen Regelung oder trotz eines anders lautenden Hinweises in der Ausschreibung die kirchliche Bindung der Bieter zum Kriterium für den Zuschlag bei der Auftragsvergabe machen.

Bei einer öffentlichen Ausschreibung kirchlicher Aufträge stellt die Berücksichtigung der kirchlichen Bindung der Bieter den kirchlichen Auftraggeber vor nicht lösbare Probleme, denn in diesem Verfahren werden nach öffentlicher Aufforderung eine unbeschränkte und bezüglich ihrer kirchlichen Bindung unbestimmte Zahl von Unternehmen zur Einreichung von Angeboten aufgefordert. Wollten die kirchlichen Auftraggeber in diesem Verfahren die kirchliche Bindung der Bieter berücksichtigen, ohne das Willkürverbot zu verletzen, dann wären diese Auftraggeber zunächst gehalten, bereits in ihren Ausschreibungsunterlagen auf die kirchliche Bindung als Zuschlagskriterium hinzuweisen.

Daraus ergibt sich die Frage, ob der kirchliche Auftraggeber von bietenden Unternehmen, von deren Inhabern oder Arbeitnehmern die Auskunft über ihre kirchliche Bindung erwarten kann oder darf und wie im Fall einer mangelnden Auskunftsbereitschaft ohne Eingriff in ihre Persönlichkeitsrechte zu verfahren wäre. Der Klärung bedürfte nicht zuletzt, wie mit Angeboten von Kapitalgesellschaften umzugehen wäre, deren kirchliche Bindung nicht bestimmbar ist.

---

94 Vgl. BVerfGE 70, 138 (168) = KirchE 23, 105 (112) = ZevKR 31 (1968) S. 77 (84). Zu den Grenzen kirchlicher Handlungsfreiheit vgl. BVerfGE 102, 370 (390) = ZevKR 46 (2001) S. 224 (230).

Die vergaberechtlichen Regelungen der betroffenen evangelischen Landeskirchen in Deutschland geben auf diese Fragen keine unmittelbare Auskunft. Mittelbar beantworten die kirchlichen Regelungen die Fragen gleichwohl, denn diejenigen evangelischen Landeskirchen, die den kirchlichen Auftraggeber zur Berücksichtigung der kirchlichen Bindung der Bieter verpflichten, regeln gleichzeitig als Regelfall die beschränkte Ausschreibung[95]. In diesem Verfahren entscheidet der Auftraggeber, wen er zur Abgabe eines Angebots auffordert. Hat er dabei die kirchliche Bindung der Bieter zu berücksichtigen, kann er dies durch eine sorgfältige Vorbereitung seiner Auswahl gewährleisten. Gleiches gilt für die freihändige Vergabe kirchlicher Aufträge.

Die in diesem Sinne agierenden evangelischen Landeskirchen gewährleisten damit durch eine Verfahrensregelung, dass der kirchliche Auftraggeber die kirchliche Bindung der Bieter ohne Eingriff in dessen Rechtssphäre berücksichtigen kann.

4. Spezielle kirchliche Vergaberegelungen besonders im Orgel- und Glockenwesen

Bedienen sich die evangelischen Landeskirchen zur Regelung der Vergabe ihrer Bauaufträge und für den Abschluss der darauf bezogenen Leistungsverträge weithin der VOB mit kirchlich vorgenommenen Modifikationen und verweisen sie im Übrigen, wenn auch in der Regel ohne nähere Bestimmung der Leistungsgegenstände, auf die VOL[96], so haben sie für den Bereich ihres Orgel- und Glockenwesens[97] fast durchgängig eigene Regelungen getroffen, um die Auftragsvergabe und den Abschluss von Leistungsverträgen zu ordnen[98]. Nur vereinzelt

95 Die genannten evangelischen Landeskirchen regeln jeweils den Grundsatz der beschränkten Ausschreibung im unmittelbaren Zusammenhang mit der gewünschten kirchlichen Bindung der Bieter; vgl. jeweils die vorgenannten Rechtsquellen.

96 Eine Ausnahme stellt die BW-HN dar, neben die für die Beschaffung von Orgeln und Glocken eine eigene Regelung tritt (vgl. Fn. 98).

97 Zum Glockenwesen allgemein vgl. die vom Beratungsausschuss für das deutsche Glockenwesen herausgegebene und von *K. Kramer* bearbeiteten Beiträge in: Glocken in Geschichte und Gegenwart, Bd. 1, 1986, Bd. 2, 1997.

98 Vgl. Richtlinie für den Orgelbau und die Orgelpflege im Bereich der Evangelischen Kirche der Union vom 11.6.1963 (ORi-EKU), KABl. EKD, S. 480; Verordnung über das Orgel- und Glockenwesen in der Ev. Landeskirche in Baden i.d.F. vom 1.9.1992 (OGVO-Bad), KGVOBl. Bad S. 161; Bkm. der Ev.-Luth. Kirche in Bayern über das Orgel- und Glockenwesen i.d.F. vom 8.9.1999 (OGBek-Bay), KABl. Bay S. 301; Verwaltungsanordnung zur Rechtsverordnung der Ev.-luth. Landeskirche Hannovers über die Orgelpflege und den Orgelbau i.d.F. vom 14.5.1997 (OVA-

verweisen die evangelischen Landeskirchen bezüglich ihres Orgel- und Glockenwesens allgemein auf die Bestimmungen zum Bauwesen[99].

a) Gegenstand der kirchlichen Regelungen im Orgel- und Glockenwesen

Gegenstand der einschlägigen Bestimmungen ist regelmäßig eine umfassende Regelung der mit dem Orgel- und Glockenwesen verbundenen wesentlichen Fragen. An dieser Stelle sind jedoch die kirchlichen Bestimmungen über die Vorbereitung der Unterlagen zur Auftragsbeschreibung, über das Verfahren der Auftragsvergabe mit Abschluss der Leistungsverträge sowie über die Wartung der von den Auftragnehmern erbrachten Leistungen von Interesse.

Die Regelungen der evangelischen Landeskirchen im Bereich des Orgel- und Glockenwesens verpflichten den kirchlichen Auftraggeber, vor dem Erteilen eines Auftrags eine Disposition unter fachlicher Anleitung eines kirchlichen Sach-

---

Han), KABl. Han S. 181 sowie Verfügung des Landeskirchenamtes der Ev.-luth. Landeskirche Hannovers über Glocken und Läuteanlagen vom 27.12.1973 (GVerf-Han), KABl. Han 1974 S. 82; Verwaltungsverordnung der Ev. Kirche in Hessen und Nassau über die Gewährung von Zuweisungen und Darlehen zur Reparatur und Beschaffung von Orgeln und Glocken der Kirchengemeinden vom 20.10.1987 (OG-VO-HN), KABl. HN S. 2; Richtlinie der Ev. Kirche von Kurhessen-Waldeck über die Pflege und Beaufsichtigung von Orgeln vom 6.11.1974 (ORi-KW), KABl. KW S. 331; Allgemeine Verwaltungsanordnung über die Durchführung von Orgelbauvorhaben in der Nordelbischen Ev.-Luth. Kirche i.d.F. vom 11.7.2003 (OVA-NEK), GVOBl. NEK S. 159; Rundschreiben Nr. 8/99 des Synodalrates der Ev.-ref. Kirche, betr. Verfahren bei Orgelbauvorhaben vom 1.4.1999 (ORS-ErK) abgedr. in der Rechtssammlung der Ev.-ref. Kirche, lfd. Nr. 13.27; Ordnung für die Durchführung von Orgelbauvorhaben in der Pommerschen Ev. Kirche, Anlage zur Bkm. des Konsitoriums betr. die Durchführung von Orgelbauvorhaben vom 4.8.1994 (OO-Pom), KABl. S. 138; Ordnung für die Fachaufsicht über die Orgelpflege in der Ev. Kirche im Rheinland vom 22.3.1958 (OO-Rh), KABl. Rh S. 29; Verordnung des Landeskirchenamtes der Ev.-Luth. Landeskirche Sachsen über Pflege, Erhaltung, Schutz, Umbau, Neubau, Erwerb und Veräußerung von Orgeln und Orgelpositiven vom 4.1.1983 (OVO-LS), KABl. LS S. A 14; Richtlinie des Landeskirchenrates der Ev.-Luth. Kirche in Thüringen zur Verfahrensweise bei der Planung von Arbeiten an Orgeln vom 23.11.1993, (ORi-Thü), KABl. S. 2; Richtlinie der Ev. Kirche von Westfalen für den Orgelbau und die Orgelpflege vom 4.10.1963, (ORi-Westf), KABl. Westf S. 165 sowie Bekanntmachung des Landeskirchenamtes der Ev. Kirche von Westfalen über die Wartung von Glockenanlagen mit Armaturen und/oder elektrischen Läutemaschinen vom 16.2.1978 (GBek-Westf), KABl. Westf S. 56; Ordnung der Orgelpflege in der Ev. Landeskirche in Württemberg vom 23.12.1997 (OO-Wü), KABl. Bd. 58 S. 22.

99 So § 43 VwO-Li.

verständigen zu erstellen oder von diesem erstellen zu lassen[100]. Diese Disposition hat, ausgehend vom Bedarf der Kirchengemeinde und auf das Kirchengebäude bezogen, detailliert die klangtechnischen und architektonischen Anforderungen für den zu erteilenden Auftrag zu beschreiben[101]. Darüber hinaus berät der kirchliche Sachverständige den kirchlichen Auftraggeber, welche Orgel- oder Glockenfirmen für die Ausführung der Disposition geeignet sind[102].

Auf der Grundlage der Disposition und der Empfehlung des kirchlichen Sachverständigen entscheidet der kirchliche Auftraggeber darüber, welche Firmen zur Abgabe eines Angebots oder eines Kostenvoranschlags aufgefordert werden sollen. Es sollen zwei, jedoch in der Regel nicht mehr als drei Firmen[103] aufgefordert werden, Kostenvoranschläge vorzulegen oder Angebote einzureichen. In begründeten Fällen[104] kann auf das Einholen von Konkurrenzangeboten verzichtet oder der Auftrag wegen seines geringen Wertes direkt, d.h. freihändig vergeben werden[105].

Die eingehenden Angebote oder Kostenvoranschläge hat der kirchliche Auftraggeber vertraulich zu behandeln. Unzulässig ist gemäß den kirchlichen Regelungen insbesondere, Konkurrenzfirmen Einblick in die eingereichten Baupläne oder Konstruktionsunterlagen zu geben[106]. Die fachliche Prüfung der Kostenvor-

---

100 Vgl. Abschnitt I ORi-EKU; § 4 OGVO-Bad; § 4 OGBek-Bay; Abschnitt IV, Ziff. 1 OVA-Han sowie Abschnitt 2 a GVerf-Han; § 3 OGVO-HN; Abschnitt III, Ziff. 1 ORi-KW; § 43 Abs. 1 VwO-Li; § 2 OVA-NEK; Abs. 2 (zur Verfahrensweise) ORS-ErK; § 2 OO-Pom; Abschnitt C, Ziff. I OO-Rh; § 2 OVO-LS; Ziff. 2 ORi-Thü; Abschnitt I, 1 ORi-Westf.; Abschnitt 4.1.1 OO-Wü.

101 Vgl. nur Abschnitt I, Absatz 4 der ORi-EKU.

102 So ausdrücklich § 6 OGVO-Bad; § 5 Abs. 2 OGBek-Bay; Abschnitt III, 1. ORi-KW; § 7 OVA-NEK; § 7 OO-Pom.

103 So Abschnitt I, Ziff. 6 ORi-EKU; Abschnitt IV, Ziff. 5 OVA-Han; Abschnitt III, Ziff. 1 ORi-KW und Abschnitt I Ziff. 6 ORi-Westf. § 6 OGVO-Bad, § 7 OVA-NEK, § 7 OO-Pom und Ziff. 4.2.1 OO-Wü fordern, dass mindestens drei Orgelwerkstätten zur Abgabe eines Angebots aufgefordert werden, und § 5 Abs. 2 OGBek-Bay spricht allgemein von mehreren vergleichbar leistungsfähigen Firmen. § 1 Abs. 4 Buchst. b OGVO–HN fordert als Voraussetzung für eine landeskirchliche Finanzhilfe eine „mindestens beschränkt öffentliche Ausschreibung", und Ziff. 9, 3 ORi-Thü legt fest, dass der kirchliche Auftraggeber Angebote von drei Firmen einzuholen hat, die von kirchlichen Sachverständigen benannt werden.

104 Ein solcher Fall ist gegeben, wenn wegen einer erforderlichen Spezialisierung für den Auftrag nur ein Betrieb in Frage kommt; vgl. § 7 Abs. 3 OO-Pom.

105 So lässt § 9 OBVO-Bad bei Aufträgen bis 7.500,- DM eine freihändige Vergabe zu, § 5 Abs. 3 OGBek-Bay bei einem Auftragswert von bis zu 10.000,- DM und Ziff. 4 ORi-Thür bei einem Auftragswert bis 3.000,- DM.

106 Vgl. Abschnitt I, Abs. 6 ORi-EKU; Abschnitt IV Ziff. 6 OVA-Han; Abschnitt III, Ziff 5 ORi-KW sowie Abschnitt C, III OO-Rh.

anschläge oder Angebote obliegt dem kirchlichen Sachverständigen[107]. Auf der Grundlage seines Votums entscheidet der kirchliche Auftraggeber, welcher Firma der Auftrag erteilt werden soll[108]. An das kostengünstigste Angebot ist er in seiner Entscheidung nach den kirchlichen Regelungen nicht gebunden[109]. Er soll das Angebot auswählen, welches „eine einwandfreie und termingerechte Ausführung einschließlich Gewährleistung erwarten lässt und das unter Berücksichtigung aller kirchenmusikalischen, architektonischen, technischen und funktionsbedingten sowie wirtschaftlichen Gesichtspunkte als das annehmbarste erscheint"[110].

Die Entscheidung des kirchlichen Auftraggebers bedarf der Genehmigung der dafür zuständigen kirchlichen Aufsichtsbehörde. Der Auftrag darf erst erteilt werden, wenn die Genehmigung dem kirchlichen Auftraggeber vorliegt[111].

Für den Abschluss des Leistungsvertrages empfehlen die evangelischen Landeskirchen, auf Musterverträge zurückzugreifen[112]. Darüber hinaus stehen für die Errichtung von Glocken- und Läuteanlagen Vertragsbedingungen mit dem Formular eines Leistungsverzeichnisses zur Verfügung, die der Beratungsausschuss für das Deutsche Glockenwesen erstellt hat[113]. Für Orgelvorhaben stellt der Bund

---

107 Abschnitt I Abs. 8 ORi-EKU; § 7 OGVO-Bad; § 6 Abs. 1 OGBek-Bay; Abschnitt IV Ziff. 8 OVA-Han; § 1 Abs. 4 Buchst. b) OGVO-HN; Abschnitt III, Ziff. 3 ORi-KW; § 43 Abs. 3 S. 2 VwO-Li; § 10 OVA-NEK; Abschnitt: Verfahrensweise, Abs. 2 Ors-ErK; § 10 OO-Pom; Abschnitt C III S. 2 OO-Rh; Ziff. 9 3 ORi-Thü; Abschitt I, Ziff. 8 ORi-Westf.; Ziff. 4.3.1 OO-Wü.

108 Abschnitt I, Abs. 8 Buchst. a ORi-EKU; § 5 OGVO-Bad; § 6 Abs. 2 OGBek-Bay; Abschnitt IV, Ziff. 8 OVA-Han; § 1 Abs. 4 Buchst. a OGVO-HN; Abschnitt III, Ziff. 3 ORi-KW; § 43 Abs. 3 Ziff. 1 VwO-Li; § 11 OVA-NEK; § 11 OO-Pom; Abschnitt C, III OO-Rh; Ziff. 9 3. Anstrich ORi-Thür; Abschnitt I, Ziff. 9 ORi-Westf.; Ziff. 4.2.1 OO-Wü.

109 So ausdrücklich § 7 OGVO-Bad wie auch § 6 Abs. 2 S. 4 OGBek-Bay.

110 So ausdrücklich § 6 Abs. 2 S. 2 OGBek-Bay.

111 So ausdrücklich Abschnitt I, Abs. 8 ORi-EKU; § 8 OGBek-Bay; § 43 Abs. 3 VwO-Li; § 13 OVA-NEK; § 13 S. 1 OO-Pom; Abschnitt C IV OO-Rh; Ziff. 9 ORi-Thü und Abschnitt I Ziff. 8 ORi-Westf. Gemäß § 9 Abs. 2 OBVO-Bad muss die Genehmigung nicht zeitlich vorausgehen, freilich steht auch dort der vom kirchlichen Auftraggeber geschlossene Vertrag unter dem Vorbehalt der Genehmigung durch die kirchliche Aufsichtsbehörde und wohl auch nach § 1 Abs. 4 Buchst. c OGVO-HN, während § 13 S. 3 OO-Pom hervorhebt, dass neben dem Vergabebeschluss des kirchlichen Auftraggebers auch der abzuschließende Vertrag der kirchenaufsichtlichen Genehmigung bedarf.

112 Derartige Musterverträge werden in einzelnen evangelischen Landeskirchen vorgegeben, so z.B. das von der Ev. Kirche im Rheinland im Amtsblatt veröffentliche Muster eines Liefervertrages in Orgelbauangelegenheiten, KABl. Rh 1976 S. 220.

113 Vertragsbedingungen für Glocken- und Läuteanlagen sind abgedruckt in: Glocken in Geschichte und Gegenwart, Bd. 2, aaO, S. 611. Zusammen mit dem Leistungsver-

Deutscher Orgelbaumeister Allgemeine Geschäfts-, Liefer- und Zahlungsbedingungen mit der Empfehlung zur Verfügung, diese im Geschäftsverkehr mit Auftraggebern zu verwenden[114].

Nicht zuletzt im Interesse längerer Gewährleistungsfristen[115] soll der kirchliche Auftraggeber die Pflege der Orgeln oder der Glockenanlagen vertraglich absichern[116]. Für neu errichtete oder rekonstruierte Anlagen empfehlen die evangelischen Landeskirchen, den Wartungsvertrag mit der Herstellerfirma abzuschließen[117].

Die vorgestellten Regelungen der evangelischen Landeskirchen für das Orgel- und Glockenwesen beziehen sich auf die Neuerrichtung von Orgeln, sollen entsprechend jedoch auch für die Neubeschaffung von Glocken zur Anwendung kommen. Darüber hinaus sollen die kirchlichen Auftraggeber diese Regelungen auch bei einer Rekonstruktion oder Instandsetzung von Orgeln oder Glocken beachten[118].

b) Das Verhältnis der Orgel- und Glockenregelungen zur VOB und zur VOL

In der kirchlichen Praxis ist umstritten, ob Orgel- und Glockenaufträge nach der VOB oder der VOL zu behandeln sind[119]. Den Regelungen der evangelischen Landeskirchen sind dazu regelmäßig keine Hinweise zu entnehmen. Lediglich

---

zeichnis (Stand August 2001) sind sie abrufbar unter der Internetadresse: www.glocken-online.de.

114 Allgemeine Geschäfts-, Liefer- und Zahlungsbedingungen (Stand November 1983), abrufbar beim Bund Deutscher Orgelbauer (BDO).

115 Die Allgemeinen Geschäfts-, Liefer- und Zahlungsbedingungen des BDO sehen die sorgfältige Pflege und Stimmung als Voraussetzung einer Gewährleistungsfrist von zehn Jahren bei Abschluss eines Pflege- und Stimmvertrages mit dem Orgelerbauer als erfüllt an; vgl. Abschnitt IX, Ziff. 1 dieser Bedingungen.

116 Vgl. Abschnitt IV, Abs. 30 ORi-EKU; § 12 OGVO-Bad; Abschnitt III, Ziff. 5 OVA-Han; § 1 Abs. 2 OGVO-HN; Abschnitt II, Ziff. 2 ORi-KW; § 43 Abs. 2 VwO-Li; § 16 OVA-NEK wie auch ausdrücklich § 6 der Verwaltungsanordnung für die Behandlung von Glockenangelegenheiten in der Nordelbischen Ev.-Luth. Kirche i.d.F. vom 19.11.1991, (GO-NEK), GVOBl. NEK S. 97. So auch Abschnitt B, V der OO-Rh und Abschnitt IV Ziff. 30 der ORi-Westf.

117 So § 10 Abs. 3 OGBek-Bay wie auch § 16 OO-Pom.

118 Vgl. nur § 20 OGVO-Bad; § 14 OGBek-Bay; Abschnitt V, A, 1. OVA-Han; § 2 OO-Pom.

119 Die Rechtssprechung behandelt Orgeln und Glocken als Zubehör eines Kirchengebäudes. Dies spräche für eine Anwendung der VOL. Sie sind jedoch regelmäßig mit dem Kirchengebäude fest verbunden und bilden nach kirchlichem Verständnis eine Einheit. Dies legt die Anwendung der VOB nahe. Nachweise bei *R. Mainusch*, Die öffentlichen Sachen der Religions- und Weltanschauungsgemeinschaften, Jus Ecclesiasticum Bd. 54, 1995, S. 147 und 148.

das Vertragsmuster des Beratungsausschusses für Glocken und Läuteanlagen sowie die Lippische Landeskirche verweisen ausdrücklich auf die VOB[120].

Soweit in den evangelischen Landeskirchen spezielle Regelungen zur Vergabe von Aufträgen im Orgel- und Glockenwesen bestehen, sind diese wie die VOB oder die VOL interne Verwaltungsvorschriften und haben als spezielle Vorschriften Vorrang vor den allgemeinen der VOB oder der VOL. Dieses Verständnis vermeidet nicht zuletzt eine Konkurrenz der speziellen Regelungen mit dem Regelwerk der Verdingungsordnungen, die anderenfalls aufgrund der von der VOB und der VOL abweichenden Regelungen zu Unverträglichkeiten führen würden.

So findet die dominierende Stellung des kirchlichen Sachverständigen bei der Vergabe von Aufträgen im Bereich des Orgel- und Glockenwesens keine Stütze in der VOB/A. Die kirchlichen Regelungen knüpfen erkennbar an der Mitwirkung von Sachverständigen gemäß § 6 VOL/A an. Sie gehen jedoch darüber hinaus, denn nur vereinzelt treffen die kirchlichen Regelungen Vorkehrungen, um gemäß § 6 Ziff. 3 VOL/A zu vermeiden, dass der Sachverständige an der betreffenden Vergabe unmittelbar beteiligt ist. In diese Richtung weist zumindest die Nordelbische Kirche mit der Regelung, dass der Kirchenvorstand über die Beauftragung der Firma in Abwesenheit des Sachverständigen beschließt[121]. In der Regel sind die kirchlichen Bestimmungen jedoch geradezu darauf gerichtet, den kirchlichen Sachverständigen in jede Beratungs- und Entscheidungsphase des kirchlichen Auftrags einzubinden.

Auch die kirchlichen Regelungen über den Umgang mit den eingereichten Angeboten oder Kostenvoranschlägen finden eher in der VOL als in der VOB eine Stütze, soweit überhaupt eine Regelung zur Eröffnung der eingegangenen Angebote vorliegt. Die von der Württemberger Landeskirche getroffene Regelung, dass die „Öffnung der Angebote ... im Beisein von drei Personen (erfolgt)“ [122], gibt zu erkennen, dass hierzu weder ein zuvor bestimmter Termin noch die Anwesenheit der Bieter erforderlich ist. Ein solches Verfahren ist zwar gemäß § 22 Ziff. 2 Abs. 3 VOL/A zulässig, wird jedoch durch § 22 Ziff. 1 VOB/A ausgeschlossen.

Ausdrücklich bestimmt die Thüringer Landeskirche schließlich, dass der kirchliche Auftraggeber „die anderen Bewerber über die anderweitige Vergabe des Auftrages“ zu benachrichtigen hat[123].

---

120 So § 43 Abs. 1 VwO-Li und die Vertragsbedingungen für Glocken und Läuteanlagen des Beratungsausschusses für das deutsche Glockenwesen, aaO.

121 § 11 der OVA-NEK, so auch § 11 OO-Pom.

122 Ziff. 4.2.1 OO-Wü.

123 Siehe nur Ziff. 9, 4. Anstrich, Absatz 7 ORi-Thür.

c) *Die beschränkte Ausschreibung als Regelfall im Orgel- und Glockenwesen*

Einige evangelische Landeskirchen formulieren in ihren Regelungen, dass die Vergabe von Aufträgen im Bereich des Orgel- und Glockenwesens freihändig auf der Grundlage zuvor erbetener Kostenvoranschläge zu erfolgen hat[124]. Überwiegend bezeichnen die evangelischen Landeskirchen die Vergabe ihrer Orgel- und Glockenaufträge als beschränkte Ausschreibung und sprechen nicht von Kostenvoranschlägen, sondern ausdrücklich von Angeboten, die einzuholen sind[125].

Die von den Landeskirchen jeweils für das Orgel- und Glockenwesen getroffenen Vergaberegelungen unterscheiden sich jedoch kaum in Inhalt und Umfang. Sie enthalten regelmäßig die für ein geordnetes Verfahren erforderlichen Bestimmungen, so dass die unterschiedliche Bezeichnung allein keine Rückschlüsse auf ein mehr oder weniger formalisiertes kirchliches Verfahren zulässt.

Die Abgrenzung der freihändigen Vergabe von der begrenzten Ausschreibung erfolgt in den Verdingungsordnungen nicht zuletzt dadurch, dass die begrenzte Ausschreibung einem geordneten Verfahren unterliegt, während die freihändige Vergabe auch dann an kein bestimmtes Verfahren gebunden wird, wenn zuvor Kostenvoranschläge eingeholt werden. Da die evangelischen Kirchen für die Vergabe von Orgel- und Glockenaufträgen regelmäßig ein geordnetes, vom kirchlichen Auftraggeber einzuhaltendes Verfahren bestimmen, handelt es sich in der Sache um eine beschränkte Ausschreibung auch dann, wenn die Landeskirchen selbst von einer freihändigen Vergabe mit zuvor eingeholten Kostenvoranschlägen sprechen. Anderes gilt freilich, wenn an dem Verfahren lediglich ein Bieter beteiligt ist.

d) *Werkstätten für Behinderte und Umweltschutz*

Neben den vorgestellten speziellen Regelungen der evangelischen Landeskirchen zur Vergabe von Orgel- und Glockenaufträgen ist zumindest zu erwähnen, dass in der Badischen Landeskirche in Anlehnung an § 56 Schwerbehindertengesetz eine gesonderte Regelung für die Auftragsvergabe an Werkstätten für Behinderte und an Blindenwerkstätten[126] sowie eine Regelung für die Beschaffung umwelt-

---

124 So z.B. Abschnitt III, Ziff. 1 ORi-KW.

125 So z.B. Abschnitt I, Ziff. 6 ORi-EKU oder § 6 OGVO-Bad.

126 Vgl. dazu § 56 des Gesetzes zur Sicherung der Eingliederung Schwerbehinderter in Arbeit, Beruf und Gesellschaft (Schwerbehindertengesetz) i.d.F. vom 24.3.1997, BGBl. I S. 594 sowie dazu die Bkm. des Bundesministers für Wirtschaft und Technologie über die Richtlinie für die Berücksichtigung von Werkstätten für Behinderte und Blindenwerkstätten bei der Vergabe öffentlicher Aufträge vom 10.5.2001, GMBl. S. 694.

verträglicher Produkte[127] besteht[128]. Diese Regelungen eröffnen dem kirchlichen Auftraggeber die Möglichkeit, einen Mehrpreis zu akzeptieren und fördern damit gezielt die Vergabe von Aufträgen an die genannten Werkstätten und die Beschaffung umweltverträglicher Produkte.

Als Kriterium für den Zuschlag zur Beschaffung umweltverträglicher Produkte bestimmt diese Regelung: "Grundsätzlich ist bei Beschaffung unter den am Markt befindlichen Erzeugnissen das Produkt zu bevorzugen, das bei der Herstellung, im Gebrauch und/oder in der Entsorgung die geringste Belastung hervorruft. Der unter Umständen höhere Preis eines umweltverträglichen Produktes ist für die Beschaffung kein Hindernis, sofern er ... als wirtschaftlich angesehen werden kann"[129].

5. Der europarechtliche Einfluss auf die Verdingungsordnungen

Die der staatlichen Rechtsordnung entlehnte Praxis der evangelischen Landeskirchen in Deutschland, das Beschaffungswesen als haushaltsrechtliche Materie zu ordnen und die Verdingungsordnungen als interne Verwaltungsvorschriften anzuwenden, hat der Staat selbst zwischenzeitlich partiell aufgegeben. Soweit er noch daran festhält, sieht er sich einer grundsätzlichen Kritik ausgesetzt. Von dieser Entwicklung sind die vergaberechtlichen Regelungen der evangelischen Landeskirchen weithin unberührt geblieben.

a) Das staatliche Beschaffungswesen als Instrument des Wettbewerbs

Der Schwerpunkt der Funktion des staatlichen Auftragswesens hat sich erkennbar von einem Instrument zur Ausführung des Haushaltsplanes hin zu einem solchen zur Förderung des Wettbewerbs verlagert.

Anlässlich des 50-jährigen Bestehens der VOB verwies *P. Oltmanns* darauf, dass die Verdingungsordnungen vorwiegend bestimmt seien, die besonderen Verpflichtungen zu erfüllen, die der öffentlichen Hand obliegen, wenn sie als Partner am Markt auftritt. Diese Verpflichtungen sah er in der Beachtung zweier Grundsätze. Zum einen müsse der Staat wirtschaftlich einkaufen. Dazu sei er

---

127 Ablehnend dazu *M. Brenner*, Umweltschutz als Zuschlagskriterium im Verfahren der öffentlichen Auftragsvergabe, in: *Marburger u.a.* (Hrsg.), Jahrbuch des Umwelt- und Technikrechts, Schriftenreihe des Instituts für Umwelt- und Technikrechts der Universität Trier, 1997, S. 141 (162 f.), nunmehr dazu EuGH, Urteil vom 17.9.2002, Rs. C-513/99 Conkordia Bus Finnland, NVwZ 2002, 1356.

128 § 3a Abs. 3 und 8 DVO-KVHG-Bad.

129 § 3a Abs. 3 DVO-KVHG-Bad.

haushaltsrechtlich verpflichtet. Zum anderen sei er verpflichtet, in vollem Umfang den freien und gleichen Wettbewerb sicherzustellen[130]. Diese Bemerkung vereinnahmte bereits 1976 die Verdingungsordnungen als staatliche Instrumente zur Förderung des Wettbewerbs.

Das „öffentliche Auftragswesen für den gemeinschaftsweiten Wettbewerb zu öffnen“[131] ist das Programm einer bisher nicht abgeschlossenen Entwicklung, die sich in der staatlichen Gesetzgebung seit 1993 vollzieht. Motor dieser Entwicklung sind die europarechtlichen Vorgaben für die rechtliche Regelung des nationalen staatlichen Beschaffungswesens[132] und die Rechtsprechung des EuGH dazu[133]. Sie haben die Rechtsstellung des Bieters gegenüber dem staatlichen Auftraggeber grundsätzlich verändert.

Hatte der Bundesgesetzgeber die Stellung des Bieters 1993[134] noch haushaltsrechtlich mit der ausdrücklichen Absicht bestimmt, „individuelle, einklagbare Rechtsansprüche der Bieter nicht entstehen zu lassen“[135], so sah er sich 1998[136] aufgrund der Kritik der EG-Kommission und der Rechtsprechung des EuGH[137] gezwungen, dem Bieter einen Anspruch darauf zu gewähren, „dass der Auftraggeber die Bestimmungen über das Vergabeverfahren einhält“[138], und im Vergabeverfahren Rechtsschutz zu gewähren[139]. Den bis dahin als Verwaltungsvor-

---

130 *P. Oltmanns*, 50 Jahre VOB, in: Deutsche Gesellschaft für Baurecht e.V. (Hrsg.), 50 Jahre VOB (Schriftenreihe der Deutschen Gesellschaft für Baurecht e.V.) Bd. 8, 1976, S. 22.

131 So die Begründung des Gesetzes zur Änderung der Rechtsgrundlagen für die Vergabe öffentlicher Aufträge (Vergaberechtsänderungsgesetz), BT-Drucks. 13/9340, S. 12. Zum Ganzen vgl. *P. M. Huber*, Kampf um den öffentlichen Auftrag. Vom Hoflieferantenprivileg zum europäischen Auftragsvergaberecht (Schriften der Juristischen Studiengesellschaft Jena e.V.) Bd. 2, 2002.

132 Im Einzelnen dazu *P. M. Huber*, aaO, S. 8.

133 Hier insbesondere EuGH, Rs. C-433/93 Kommission gegen Deutschland, Slg. 1994, I, 4635.

134 Vgl. das zweite Gesetz zur Änderung des Haushaltsgrundsätzegesetzes vom 26.11.1993 (HGrG), BGBl. I S. 1928.

135 So die Begründung des zweiten Gesetzes zur Änderung des HGrG, vgl. BT-Ducks. 12/4636, S. 12.

136 Gesetz zur Änderung der Rechtsgrundlagen für die Vergabe öffentlicher Aufträge vom 26.8.1998 (Vergaberechtsänderungsgesetz), BGBl. I, 2512.

137 Vgl. insbesondere EuGH, Rs. C-433/93, Rn. 19.

138 Vgl. BT-Drucks. 13/9340, S. 12. sowie nunmehr § 97 Abs. 7 des Gesetzes gegen Wettbewerbsbeschränkungen i.d.F. der Bkm. vom 26.8.1998 (GWB), BGBl. I S. 2546.

139 §§ 107 ff. GWB.

schrift geltenden Verdingungsordnungen hat der Gesetzgeber dazu „Rechtssatzqualität“ [140] zuerkannt.

Zwar kann der Bieter die grundsätzliche Änderung seiner Rechtsstellung nach der bestehenden Rechtslage nur in den Verfahren der staatlichen Auftragsvergabe geltend machen, die den europarechtlichen Vorgaben genügen müssen[141]. Gleichwohl hat diese Änderung die Diskussion um die Rechtsstellung jeglicher Bieter gegenüber dem staatlichen Auftraggeber befördert.

Diese Diskussion[142] konzentriert sich auf die Pflichten des Staates als Auftraggeber. Sie geht vom anerkannten Recht der Bieter auf Gleichbehandlung durch den Staat aus. In ihr wird geltend gemacht, dass der Staat gemäß Art. 1 Abs. 3 GG einer umfassenden Bindung an die Grundrechte unterliegt, „die sich nicht dadurch relativieren lässt, dass man die Vergabe öffentlicher Aufträge aus dem Bereich der vollziehenden Gewalt auszuklammern versucht“[143]. Diese Auffassung stützt sich nicht zuletzt auf den Vorrang des Gemeinschaftsrechts; hier auf das im Vertrag zur Gründung der Europäischen Gemeinschaft verankerte Diskriminierungsverbot (Art. 12 EGV), auf die Freiheit des Warenverkehrs (Art. 23 EGV) und auf die Dienstleistungsfreiheit (Art. 49 EGV)[144].

Damit sind weit reichende Konsequenzen verbunden. Zunächst begegnet die unterschiedliche Rechtsstellung der Bieter im öffentlichen Auftragswesen nach der bestehenden Rechtslage verfassungsrechtlichen Bedenken. Des Weiteren

---

140 So BGH, Urteil vom 17.2.1999, NJW 2000, 137 (138), zustimmend *W. Jagenburg/W. Brück*, Die Entwicklung des privaten Bauvertragsrechts seit 1998: VOB Teil A und Vergabefragen, NJW 2000, 2242 (2245); nunmehr vgl. §§ 4 - 6 der Verordnung über die Vergabe öffentlicher Aufträge vom 9.1.2001, BGBl. I S. 110 i.d.F. vom 7.11.2002 (VgV), BGBl. I S. 4338.

141 Vgl. § 127 GWB i.V.m. § 2 VgV.

142 Die Diskussion im Einzelnen darzustellen und zu würdigen, sprengt den Rahmen der vorliegenden Arbeit. Die Diskussion fordert eine konsequente Umsetzung des Europarechts im öffentlichen Auftragswesen und wendet sich insbesondere gegen die nach wie vor haushaltsrechtlich bestimmte Stellung eines Bieters bei Aufträgen, die von den europarechtlichen Vergaberegelungen nicht erfasst werden. Vgl. hier insbesondere die Beiträge zum Staat als Wirtschaftssubjekt und Auftraggeber sowie die Diskussion dazu auf der Tagung der Vereinigung der Deutschen Staatsrechtslehrer 2000, VVDStRL 60 (2001) S. 416 ff.

143 Vgl. dazu *A. Boesen*, Vergaberecht, 2000, Rn. 86 zur Einl.; *D. Ehlers*, Verwaltung in Privatrechtsform, 1984, S. 216; *Chr. Gusy*, Die Bindung privatrechtlichen Verwaltungshandelns an das öffentliche Recht, DÖV 1984, 872 (879); *W. Höfling* in: Sachs (Hrsg.), Grundgesetz, 1999^2 zu Art. 1, Rn. 95; *F. Niebuhr*, in: Niebuhr/Kulartz/Kus/Portz (Hrsg.), Kommentar zum Vergaberecht, 2000, zu § 97 GWB, Rn. 241 f.; *J. Pietzcker*, Rechtsschutz bei der Vergabe öffentlicher Aufträge, NVwZ 1983, 121, jeweils m.w.N.

144 Vertrag zur Gründung der Europäischen Gemeinschaft i.d.F. vom 26.2.2001 (EGV), BGBl. 2001 II S. 1667.

steht das staatliche Vergaberecht nicht allein vor der Aufgabe, das Verhältnis zwischen einem grundrechtsgebundenen Staat und dem Bieter als zweiseitiges Rechtsverhältnis zu ordnen. Es hat gleichermaßen die Rechte des konkurrierenden Bieters zu wahren[145]. Vor diesem Hintergrund wird schließlich einer haushaltsrechtlichen Einordnung des staatlichen Vergaberechts endgültig eine Absage erteilt[146].

b) Die Änderung der Verdingungsordnungen

Die aufgezeigte Entwicklung hat auch die Verdingungsordnungen erfasst. Das belegt nicht nur die Diskussion darüber, ob die Vertragsbedingungen ausgewogen sind oder den Staat als Vertragspartner begünstigen[147]. Hier interessiert jedoch vor allem die Umgestaltung der Vergabebedingungen der VOB/A und der VOL/A.

Unmittelbar fällt auf, dass die Regelungen der VOB/A und der VOL/A unterteilt sind. So werden zunächst die Bestimmungen ausgeführt, die für jegliche Auftragsvergabe gelten (sogenannte Basisparagraphen). Daneben treten die Regelungen für diejenigen Aufträge, die europarechtlichen Vorgaben zu entsprechen haben[148]. Diese formale Unterteilung kann hier dahingestellt bleiben. Von größerem Gewicht für den auf die Verdingungsordnungen verweisenden kirchlichen Gesetzgeber ist die Änderung des § 3 der VOB/A und VOL/A, die bereits 1984 vorgenommen wurde.

In ihrer bis 1984 geltenden Fassung bestimmen die §§ 3 der VOB/A und der VOL/A, „dass eine öffentliche Ausschreibung erfolgen soll, wenn nicht die Eigenart der Leistung oder besondere Umstände eine Abweichung rechtfertigen". Daneben wurde auch die beschränkte Ausschreibung als Soll-Vorschrift und die freihändige Vergabe als Kann-Vorschrift geregelt[149]. Diese Regelungen wurden 1984 dahin geändert, dass eine öffentliche Ausschreibung erfolgen „muss, wenn

145 So sieht *P. M. Huber* die öffentliche Auftragsvergabe als Verteilungsentscheidung im multipolaren Verwaltungsrechtsverhältnis, *ders.*, aaO, S. 28.

146 Ebd., S. 36.

147 Zuletzt dazu *H. Kiesel*, Die VOB 2002 – Änderungen, Würdigungen, AGB-Problematik, NJW 2002, 2064 sowie zugespitzt *K. D. Kapellmann*, Die neue VOB/B – ist unangemessene Benachteiligung schlimm?, NJW-Editional, Heft 29/2002.

148 Es handelt sich hierbei um Aufträge öffentlicher Auftraggeber ab bestimmten Auftragswerten sowie um die Aufträge der sogenannten Sektorenbeauftragten, die im vorliegenden Zusammenhang keine Bedeutung haben. Zu den erstgenannten Auftraggebern vgl. Kap. III.

149 Vgl. jeweils § 3 Nr. 3 der VOB/A und der VOL/A (DIN 1960).

nicht die Eigenart der Leistung oder besondere Umstände eine Abweichung rechtfertigen"[150].

Unverändert soll dagegen eine beschränkte Ausschreibung stattfinden (alt) oder zulässig sein (neu), „wenn die Leistung nach ihrer Eigenart nur von einem beschränkten Kreis von Unternehmen in geeigneter Weise ausgeführt werden kann, besonders wenn außergewöhnliche Zuverlässigkeit oder Leistungsfähigkeit (z.B. Erfahrung, technische Einrichtungen oder fachkundige Arbeitskräfte) erforderlich ist"[151]. Die geltende Fassung der VOB/A und der VOL/A verlangt jedoch darüber hinaus, dass einer so begründeten beschränkten Ausschreibung ein öffentlicher Teilnehmerwettbewerb vorausgehen muss[152].

Diese Änderungen der Vergaberegelungen drängen im Interesse des Wettbewerbs die beschränkte Ausschreibung zugunsten einer öffentlichen zurück. Zwar machte *W. Daub* bereits 1976 den Vorrang der öffentlichen Ausschreibung geltend und wehrte sich entschieden gegen die Vorstellung, dass „die einzelnen Vergabearten mehr oder weniger gleichwertig nebeneinander" stünden[153]. Diese Kommentierung offenbart jedoch, dass es offensichtlich nicht möglich war, den Vorrang der öffentlichen Ausschreibung mittels einer Soll-Bestimmung durchzusetzen. Die nunmehr geltende Fassung des § 3 der VOB/A und der VOL/A läßt dagegen am Vorrang der öffentlichen Ausschreibung keinen Zweifel mehr zu.

Der geänderte § 3 VOB/A und VOL/A gehört zu den Basisparagraphen. Die Änderung belegt, dass nicht nur die europarechtlich bestimmten Regelungen, sondern die Verdingungsordnungen als Ganzes von der Verlagerung ihrer Funktion erfasst werden. Ihre Aufgabe, den Wettbewerb zu fördern, überlagert zunehmend die haushaltsrechtliche Funktion der Verdingungsordnungen.[154]

c) Der Vorrang der öffentlichen Ausschreibung und der kirchliche Grundsatz der beschränkten Ausschreibung

Bisher ist kein Anlass gesehen worden, die Verlagerung der Funktion der Verdingungsordnungen im Blick auf kirchliche Auftraggeber zu problematisieren.

---

150 Vgl. nunmehr § 3 Nr. 2 der VOB/A und der VOL/A.

151 Vgl. vormals § 3 Nr. 4 a VOB/A und VOL/A und nunmehr § 3 Nr. 3 Abs. 2 a VOB/A und VOL/A.

152 § 3 Nr. 3 Abs. 2 a VOB/A und VOL/A.

153 *Daub*, in: Daub/Meierrose (Hrsg), Kommentar zur VOL/A, 1976^2, S. 109. Vgl. dazu auch *R. Riedl*, in Heiermann/Riedl/Schwab (Hrsg.), Handkommentar zur VOB, 1979^2, zu § 3 Nr. 3 VOB/A.

154 So auch *J. Byok*, Die Entwicklung des Vergaberechts seit 1999, NJW 2001, 2295 sowie *E. Pache*, Der Staat als Kunde – System und Defizite des neuen deutschen Vergaberechts, DVBl. 2001, 1781.

Die evangelischen Landeskirchen erscheinen als stille Nutznießer[155] einer von ihnen nicht beeinflussten Entwicklung.

Richtig ist daran, dass das Zurückdrängen der beschränkten Ausschreibung in den Verdingungsordnungen den kirchlichen Grundsatz der beschränkten Ausschreibung nicht berühren muss. Die Kirchen sind frei, in ihren Ordnungen zur Modifizierung der Verdingungsordnungen an diesem Grundsatz festzuhalten. Freilich schwindet die Legitimation dieses Grundsatzes durch die Verdingungsordnungen selbst. Diese Entwicklung kann den kirchlichen Gesetzgeber veranlassen, sich der Frage zuzuwenden, ob er den kirchlichen Auftraggeber an Verdingungsordnungen binden will, die zunehmend vom Wettbewerbszweck überlagert werden.

Diese Frage liegt nicht fern, denn die evangelischen Landeskirchen haben weder die Möglichkeit, „im vollen Umfang den freien und gleichen Wettbewerb sicherzustellen" (*P. Oltmanns*), noch gehört dies zu ihren Aufgaben. Andererseits bleibt der effektive Einsatz kirchlicher Finanzmittel zur nachhaltigen Sicherung des Verkündigungsauftrags der Kirche ein legitimes Mittel kirchlicher Vermögensverwaltung. Dass dazu ein vom Wettbewerbsgedanken überlagertes Auftragswesen aus wirtschaftlicher Sicht eher förderlich ist, ist nicht zu bestreiten. Freilich erschöpft sich darin nicht die Aufgabe der kirchlichen Vermögensverwaltung[156].

Formal steht es dem kirchlichen Gesetzgeber freilich frei, den kirchlichen Auftraggeber wie bisher an die Verdingungsordnungen als kircheninterne Verwaltungsvorschriften zu binden. Ebenso entscheidet er selbstständig, ob die Verdingungsordnungen in ihrer jeweils geltenden[157] oder in einer bestimmten Fassung[158] zur Anwendung kommen sollen. Schließlich hat der kirchliche Gesetzgeber – wie im Orgel- und Glockenwesen praktiziert – auch die Möglichkeit, für die Vergabe kirchlicher Aufträge ein eigenes, kirchliches Verfahren zu bestimmen.

---

155 So z.B. bei *R. Weyand*, mit seiner Bemerkung, es liege „im eigenen Interesse der Religionsgemeinschaften ..., die Vorteile zu nutzen, welche die VOB" biete; so *ders.*, Religionsgesellschaften und Vergaberecht, BauR 1996, 780 (782).

156 Vgl. dazu die vorstehenden Ausführungen unter 3 d sowie zum Ganzen *Chr. Meyer*, Die Vermögensverwaltung und das Stiftungsrecht im Bereich der evangelischen Kirchen, aaO, S. 909 ff.

157 So in einer Fußnote zu Ziff. 4 e der BauBek-Bay.

158 So § 42 KBO-Bad. Dabei ist nicht zu übersehen, dass die Anwendung einer gemeinhin nicht mehr in Geltung stehenden Fassung der Verdingungsordnungen die bisherige Verbindung des kirchlichen und des staatlichen Vergaberechts beendet und ein eigenständiges kirchliches Vergaberecht schafft. Die damit verbundenen Probleme seien hier dahingestellt.

Gleichwohl kann eine kirchliche Regelung nicht überzeugen, die am Grundsatz der beschränkten Ausschreibung festhält und den kirchlichen Auftraggeber gleichzeitig an die Grundsätze des vierten Teils des GWB und damit an den Grundsatz der öffentlichen Ausschreibung bindet[159]. Nicht zuletzt bedarf das verbreitete Schweigen der kirchlichen Ordnungen über die Fassung der vom kirchlichen Auftraggeber anzuwendenden Verdingungsordnungen einer Korrektur.

6. Zusammenfassung

a) Als kirchliche Auftraggeber vergeben die evangelischen Landeskirchen in Deutschland sowie ihre rechtsfähigen Untergliederungen und angeschlossenen Einrichtungen jeweils eigenständig Aufträge im Rahmen ihrer Vermögensverwaltung.

b) Das Recht der Auftragsvergabe ist in den evangelischen Landeskirchen in Deutschland von den Verdingungsordnungen (VOB und VOL) geprägt. Als Haushaltsgrundsatz wird den kirchlichen Auftraggebern die Anwendung der VOB und der VOL in den kirchlichen Ordnungen entweder empfohlen oder verbindlich vorgeschrieben.

c) Als interne Verwaltungsvorschriften haben die evangelischen Landeskirchen in Deutschland den Inhalt der VOB und der VOL regelmäßig ihrem Selbstverständnis folgend modifiziert. Soweit sie die Berücksichtigung der kirchlichen Bindung der Bieter vorsehen, haben sie die beschränkte Ausschreibung kirchlicher Aufträge als Regelfall bestimmt.

d) Die Geltung der Modifikationen im kirchlichen Vergaberecht ist an die Voraussetzungen gebunden, die für die Verdingungsordnungen als Instrument des staatlichen Haushaltsrechts gemeinhin gelten.

e) Für Orgel- und Glockenaufträge haben die evangelischen Landeskirchen eigene Regelungen getroffen, die als spezielle Bestimmungen den Verdingungsordnungen vorgehen. Diese Regelungen sehen in der Sache und im Grundsatz eine beschränkte Ausschreibung von Orgel- und Glockenaufträgen vor.

f) Die Bindung kirchlicher Auftraggeber an die Verdingungsordnungen hat zu berücksichtigen, dass ihre ursprünglich haushaltsrechtliche Begründung zunehmend von Anliegen des Wettbewerbs überlagert wird.

---

159 So § 1 VGR-NEK durch die Änderung vom 20.11.2001, GVOBl. NEK 2000, S. 25.

III. Das staatliche Vergaberecht und der kirchliche Auftraggeber

Die Verdingungsordnungen kennen keine Definition des Auftraggebers. Ihr traditionelles Anliegen besteht darin, jedwedem Auftraggeber ein in den Interessen ausgewogenes Instrument zur Verfügung zu stellen, um einen Auftragnehmer zu verdingen. Bedient sich der Staat der Verdingungsordnungen als verwaltungsinternes Instrument zur Erfüllung haushaltsrechtlicher Verpflichtungen, so definiert er sich als Auftraggeber über das staatliche Haushaltsrecht. Im Übrigen bestimmt ein Auftraggeber selbst, ob er bereit ist, die Verdingungsordnungen anzuwenden oder in seinem Verantwortungsbereich anwenden zu lassen.

Anderes gilt für die Regelungen über öffentliche Aufträge, deren Wert eine bestimmte Höhe erreicht oder überschreitet (Schwellenwerte)[1]. Um solche Aufträge sollen sich Unternehmen europaweit bewerben können[2]. Deshalb stecken auf der Grundlage der im Vertrag zur Gründung der Europäischen Gemeinschaft verankerten Freiheit des Warenverkehrs, der Dienstleistungsfreiheit und des Diskriminierungsverbots[3] Richtlinien den Rahmen für die Vergabe solcher Aufträge ab und bestimmen, wer als öffentlicher Auftraggeber das in den Richtlinien vorgegebene Verfahren einzuhalten hat.

Diese Richtlinien der Europäischen Gemeinschaft sind mit dem vierten Teil des Gesetzes gegen Wettbewerbsbeschränkungen[4] in die nationale Rechtsordnung umgesetzt worden[5]. Dort definiert der Bundesgesetzgeber in Anlehnung an die europarechtliche Definition seinerseits den öffentlichen Auftraggeber[6] und

1 Vgl. § 100 Abs. 1 des Gesetzes gegen Wettbewerbsbeschränkungen i.d.F. der Bkm. vom 26.8.1998 (GWB), BGBl. I S. 2546. Grob vereinfacht gilt für Dienstleistungs- und Lieferaufträge der Wert ab 200.000,- Euro und für Bauaufträge der Wert ab 5 Millionen Euro; vgl. dazu § 2 der Verordnung über die Vergabe öffentlicher Aufträge (VgV) vom 9.1.2001, BGBl. I S. 110 i.d.F. vom 7.11.2002, BGBl. I S. 4338.

2 Vgl. jeweils Art. 1 Buchstabe a) der Richtlinie 93/37/EWG des Rates vom 14.6.1993 zur Koordinierung der Verfahren zur Vergabe öffentlicher Bauaufträge (BKR), ABl. der EG Nr. L 199, S. 45, der Richtlinie 92/50/EWG des Rates vom 18.6.1992 über die Koordinierung der Verfahren zur Vergabe öffentlicher Dienstleistungsaufträge (DKR), ABl. der EG Nr. L 209, S. 1, der Richtlinie 93/36/EWG des Rates vom 14.6.1993 über die Koordinierung der Verfahren zur Vergabe öffentlicher Lieferaufträge (LKR), ABl. der EG Nr. L 199, S. 1 sowie den 6. Erwägungsgrund zur BKR, Art. 7 Abs. 1 DKR und den 10. Erwägungsgrund zur LKR.

3 Art. 28, 49 und 12 des Vertrages zur Gründung der Europäischen Gemeinschaft i.d.F. vom 26.2.2001 (EGV), BGBl. 2001 II S. 1667.

4 §§ 97 ff GWB.

5 Vgl. dazu die Begründung zum Entwurf eines Gesetzes zur Änderung der Rechtsgrundlagen für die Vergabe öffentlicher Aufträge in Anlage 1 zur BT-Drucks. 13/9340, S. 12 ff.

6 § 98 GWB.

gewährt den bietenden Unternehmen einen Anspruch darauf[7], dass der Auftraggeber die Bestimmungen über das Vergabeverfahren in den Verdingungsordnungen einhält[8].

Diese Ausgestaltung des Vergaberechts hat für den an das staatliche Haushaltsrecht gebundenen Auftraggeber zur Folge, dass er unterhalb der Schwellenwerte an das in den Verdingungsordnungen geregelte Vergabeverfahren als verwaltungsinterne Regelung gebunden bleibt. Erreichen seine Aufträge jedoch die vorgegebenen Schwellenwerte, so ist er als öffentlicher Auftraggeber Dritten gegenüber an die Regelungen der Verdingungsordnungen als Rechtsnormen gebunden.

Ob die evangelischen Landeskirchen in Deutschland mit ihren Aufträgen, welche die Schwellenwerte erreichen oder überschreiten, den Bestimmungen des vierten Teil des Gesetzes gegen Wettbewerbsbeschränkungen und damit den Verdingungsordnungen als staatliche Rechtsnormen unterworfen sind, ist von den Tatbestandsmerkmalen[9] abhängig, die in den Richtlinien der Europäischen Gemeinschaft und vom Bundesgesetzgeber zur Definition des öffentlichen Auftraggebers bestimmt sind.

1. Die Definition des öffentlichen Auftraggebers im europarechtlich bestimmten Vergaberecht

In seiner Definition des öffentlichen Auftraggebers ist der Bundesgesetzgeber an das Ziel der Richtlinien der Europäischen Gemeinschaft gebunden[10], durch eine Angleichung der nationalen Vergaberegelungen das öffentliche Beschaffungswesen für Aufträge ab bestimmter Schwellenwerte grenzüberschreitend für den Wettbewerb im Gemeinsamen Markt zu öffnen[11]. Aus dieser Bindung folgt nach der Rechtsprechung des EuGH die Berechtigung des Einzelnen, sich gegenüber dem Mitgliedstaat auf die europarechtliche Definition des öffentlichen Auftraggebers berufen zu können[12]. Vor diesem Hintergrund ist ebenso die europarecht-

---

7 § 97 Abs. 7 GWB.

8 Vgl. §§ 4-6 der VgV.

9 So auch *J. Dietlein*, Der Begriff des „funktionalen" Auftraggebers nach § 98 Nr. 2 GWB, NZBau 2002, 136 (137).

10 Vgl. Art. 94 i.V.m. Art. 249 Abs. 3 EGV.

11 So bereits der Erwägungsgrund 1 der BKR von 1971. Vgl. dazu auch *H.-J. Prieß*, Handbuch des europäischen Vergaberechts. Gesamtdarstellung der EU/EWR-Vergaberegeln mit Textausgabe, 2001^2, S. 87.

12 EuGH Rs. 31/87 Beentjes gegen Niederlande, Slg. 1988, 4635, Rn. 40, ständ. Rspr.

liche wie auch die bundesdeutsche Regelung zur Definition des öffentlichen Auftraggebers von Bedeutung.

Abweichend vom traditionell haushaltsrechtlichen Verständnis des Vergaberechts erfasst die europarechtliche Definition des öffentlichen Auftraggebers nicht allein die an das staatliche Haushaltsrecht gebundenen, sondern alle dem Staat funktional zuzuordnenden Auftraggeber[13]. Sie gelten auch dann als öffentliche Auftraggeber, wenn sie „nicht förmlich in die staatliche Verwaltung eingegliedert sind"[14]. Diese Erweiterung des personellen Geltungsbereichs markiert den Wandel vom institutionellen zum funktionalen Verständnis des öffentlichen Auftraggebers[15].

Die Richtlinien der Europäischen Gemeinschaft zur Koordinierung der Verfahren zur Vergabe öffentlicher Bau-, Dienstleistungs- und Lieferaufträge (EG-Vergaberichtlinien) definieren den öffentlichen Auftraggeber wörtlich übereinstimmend. Danach

> „gelten als öffentliche Auftraggeber der Staat, Gebietskörperschaften, Einrichtungen des öffentlichen Rechts und Verbände, die aus einer oder mehreren dieser Körperschaften oder Einrichtungen bestehen"[16].

Diese Definition bestimmt zunächst ohne weitere Kennzeichnung den Staat und die Gebietskörperschaften als öffentliche Auftraggeber. Darüber hinaus werden sogenannte „Einrichtungen des öffentlichen Rechts" dem Geltungsbereich der Richtlinien unterstellt. Diese werden durch drei Merkmale näher bestimmt. Die Einrichtung des öffentlichen Rechts muss – zunächst kumulativ –

---

13 Grundlegend *I. Seidel*, Zur Wandlung des Begriffsinhaltes „öffentlicher Auftraggeber" im EG-Vergaberecht vom institutionellen zum funktionellen Begriff sowie zu aktuellen Anwendungsfragen des erweiterten Begriffs, in: FS W. Heiermann zum 60. Geburtstag, 1995, S. 293 = ZfBR 1995, 227 sowie *K. Hailbronner*, Der Begriff des öffentlichen Auftraggebers nach den EG-Richtlinien zur Vergabe öffentlicher Aufträge, EWS 1995, 285 und *H.-J. Prieß*, Handbuch des europäischen Vergaberechts, aaO, S. 87 ff. So auch *R. Bechthold*, KartellG; GWB; Kommentar, 1999², zu § 98 GWB, Rn. 1; *A. Boesen*, Vergaberecht-Kommentar zum 4. Teil des GWB, 2000, zu § 98 GWB, Rn. 5 ff.; *K. Eschenbruch*, in: Niebuhr/Kulartz/Portz (Hrsg.), Kommentar zum Vergaberecht, 2000, zu § 98 GWB, Rn. 13 ff.; *F. Marx*, in: Motzke/Prietzcker/Prieß (Hrsg.) Beck'scher VOB-Kommentar, 2001, zu § 98 GWB, Rn. 1 ff.; und *M. Müller-Wrede*, in: Ingenstau/Korbion, VOB Verdingungsordnungen für Bauleistungen Teile A und B, 2001¹⁴ (Nachtrag), zu § 98 GWB, Rn. 3; *Th. Stickler*, in: Reidt/Stickler/Glahs (Hrsg.) Vergaberecht Kommentar, 2000, zu § 98 GWB, Rn. 3 sowie *J. Dietlein*, aaO, S. 136.

14 Grundlegend EuGH Rs. 31/87, aaO, Rn. 11.

15 Zu den Motiven vgl. insbesondere *H.-J. Prieß*, Handbuch des europäischen Vergaberechts, aaO.

16 Jeweils Art. 1 Buchstabe b) Unterabschnitt 1 der BKR, LKR und der DKR.

zu dem besonderen Zweck gegründet worden sein, im Allgemeininteresse liegende Aufgaben zu erfüllen, die nicht gewerblicher Art sind, und Rechtspersönlichkeit besitzen

sowie – nunmehr alternativ –

entweder überwiegend vom Staat, von Gebietskörperschaften oder von anderen Einrichtungen des öffentlichen Rechts finanziert werden

oder hinsichtlich ihrer Leitung der Aufsicht durch letztere unterliegen,

oder deren Verwaltungs-, Leitungs- oder Aufsichtsorgan muss mehrheitlich aus Mitgliedern bestehen, die vom Staat, den Gebietskörperschaften oder anderen Einrichtungen des öffentlichen Rechts ernannt worden sind.[17]

Die so bestimmte Einrichtung definiert ihrerseits selbst Einrichtungen als solche des öffentlichen Rechts. Dies erfolgt dann, wenn eine Einrichtung des öffentlichen Rechts die Finanzierung, die Aufsicht oder die Zusammensetzung der Organe einer weiteren rechtsfähigen Einrichtung dominiert, die ebenfalls mit eigener Rechtspersönlichkeit zu dem Zweck gegründet wurde, im Allgemeininteresse liegende Aufgaben zu erfüllen, die nicht gewerblicher Art sind. Dann gilt die so dominierte Einrichtung ebenfalls als Einrichtung des öffentlichen Rechts[18].

Darüber hinaus fasst die Definition den Staat und die Gebietskörperschaften unter den Begriff der Körperschaft zusammen und bestimmt, dass Verbände, die aus Körperschaften oder aus Einrichtungen des öffentlichen Rechts bestehen, ebenfalls als öffentliche Auftraggeber gelten. Gleiches gilt für Verbände, an denen solche Körperschaften ebenso wie auch Einrichtungen des öffentlichen Rechts beteiligt sind[19].

Die EG-Vergaberichtlinien stellen neben der vorgenannten Definition der Einrichtung des öffentlichen Rechts Verzeichnisse zur Verfügung, welche unter Mitwirkung der EG-Mitgliedstaaten von der Kommission der Europäischen Gemeinschaft geführt und als Anhang zu den Richtlinien veröffentlicht sind[20]. In

---

17 Jeweils Art. 1 Buchstabe b) Unterabschnitt 2 der BKR, LKR und der DKR.

18 Diese weitreichende Konsequenz ergibt sich daraus, dass Inhalt der Regelung nicht allein die Definition der „Einrichtung des öffentlichen Rechts" ist, sondern dass darüber hinaus die definierte Einrichtung selbst als Definitionsmerkmal für das Beherrschungsmerkmal herangezogen wird; so der Text: „..., die überwiegend ... von anderen Einrichtungen des öffentlichen Rechts finanziert wird oder ...", vgl. Art. 1 Buchstabe b), Unterabschnitt 2, 3. Anstrich BKR, DKR und LKR.

19 So Art. 1 Buchstabe b) Unterabschnitt 1, letzter Halbsatz der BKR, DKR und LKR.

20 Vgl. Art. 1 Buchstabe b) letzter Unterabsatz DKR mit Hinweis auf Anhang I der BKR (1971) sowie Art. 1 Buchstabe b) 3. Unterabsatz LKR mit Hinweis auf Anhang I der BKR und Art. 5 Abs. 1 Buchstabe a) 2. Anstrich LKR mit Hinweis auf Anhang I der LKR sowie Art. 1 Buchstabe b) letzter Unterabsatz BKR mit Hinweis auf Anhang I der BKR.

diesen Verzeichnissen werden „so vollständig wie möglich“[21] diejenigen Einrichtungen in den EG-Mitgliedstaaten aufgeführt, welche die Kriterien der EG-Vergaberichtlinien erfüllen. Von Bedeutung ist hier insbesondere das „Verzeichnis der Einrichtungen und Kategorien von Einrichtungen öffentlichen Rechts nach Artikel 1 Buchstabe b)“ im Anhang I der BKR.

In diesem Anhang werden öffentliche Auftraggeber nach EG-Mitgliedstaaten gegliedert aufgeführt. Für die Bundesrepublik Deutschland verweist der Anhang zum einen auf die „bundes-, landes- und gemeindeunmittelbaren Körperschaften...“[22] sowie für die Anstalten und Stiftungen des öffentlichen Rechts zum anderen auf „die der staatlichen Kontrolle unterliegenden und im Allgemeininteresse tätig werdenden Einrichtungen nichtgewerblicher Art“[23].

Daneben nennt Anhang I der BKR als Einrichtungen des öffentlichen Rechts auch juristische Personen des Privatrechts. Als solche werden die „der staatlichen Kontrolle unterliegenden und im Allgemeininteresse tätig werdenden Einrichtungen nichtgewerblicher Art, einschließlich der kommunalen Versorgungsunternehmen“ ausgewiesen[24].

Die im Anhang genannten Einrichtungen des öffentlichen Rechts werden schließlich Bereichen zugeordnet, in denen die Einrichtungen tätig sind, so z.B. dem Bereich wissenschaftlicher Hochschulen, Kultur-, Wohlfahrts- und Hilfsstiftungen sowie den Bereichen Gesundheitswesen, Kultur und Soziales, Bildung, Friedhofs- und Bestattungswesen und Entwicklungshilfe, um nur solche Bereiche zu nennen, in denen auch die evangelischen Landeskirchen in Deutschland tätig sind.

Das Verzeichnis für Deutschland enthält jedoch weder ausdrücklich noch in der Form einer allgemeinen Umschreibung einen Hinweis auf die evangelischen Landeskirchen oder allgemein auf Religionsgemeinschaften. Anderes gilt für Belgien. Unter den dort aufgeführten Einrichtungen und Kategorien werden u.a. auch Kirchenämter genannt[25].

Der Bundesgesetzgeber lehnt sich in seiner Definition des öffentlichen Auftraggebers im vierten Teil des Gesetzes gegen Wettbewerbsbeschränkungen weitgehend an die EG-Vergaberichtlinien an. Wenn auch abweichend von der Systematik dieser Richtlinien[26], bestimmt er doch inhaltlich übereinstimmend mit

21 So jeweils Art. 1 Buchstabe b) letzter Unterabsatz der LKR, DKR und der BKR.
22 Ziff. 1 Abschnitt III im Anhang I der BKR.
23 Ziff. 1.2 Abschnitt III im Anhang I der BKR.
24 Ziff. 2 Abschnitt III im Anhang I der BKR.
25 Vgl. Abschnitt I, letzter Anstrich im Anhang I der BKR.
26 *Th. Stickler*, aaO, zu § 98 GWB, Rn. 1.

ihnen zunächst die „Gebietskörperschaften sowie deren Sondervermögen" als öffentliche Auftraggeber[27].

Zur weiteren Definition des öffentlichen Auftraggebers nimmt der Bundesgesetzgeber die Kriterien auf, die den europarechtlichen Begriff der „Einrichtung des öffentlichen Rechts" bestimmen. Um die Schwierigkeit einer Subsumtion juristischer Personen des Privatrechts unter den Richtlinienbegriff der „Einrichtung des öffentlichen Rechts" zu vermeiden, verzichtet der Bundesgesetzgeber auf diesen Begriff und definiert in § 98 Nr. 2 GWB als weitere öffentliche Auftraggeber „juristische Personen des öffentlichen und des privaten Rechts", soweit diese die europarechtlich vorformulierten Kriterien erfüllen. Im Übrigen erstreckt der Bundesgesetzgeber übereinstimmend mit den EG-Vergaberichtlinien seine Definition auch auf Einrichtungen, die von einer Stelle beherrscht werden, die ihrerseits selbst die Kriterien eines öffentlichen Auftraggebers erfüllt, und definiert Verbände der Vorgenannten ebenfalls als öffentliche Auftraggeber[28].

In seiner Definition verzichtet der Bundesgesetzgeber im Übrigen auch auf das Merkmal der Rechtspersönlichkeit als eigenständiges Kriterium[29], und zur Charakterisierung der Abhängigkeit bei der Zusammensetzung der Organe hebt er nicht darauf ab, dass die Organmitglieder der Einrichtung „ernannt", sondern dass sie „bestimmt" worden sind[30]. Ein Verzeichnis öffentlicher Auftraggeber legt der Bundesgesetzgeber seiner Regelung nicht bei.

2. *Die Definition des öffentlichen Auftraggebers in der Literatur und Rechtsprechung*

Die Definition des öffentlichen Auftraggebers im europarechtlichen und im bundesdeutschen Regelwerk wird in der Literatur zum Teil kontrovers diskutiert und ist durch die Rechtsprechung bisher nur partiell geklärt worden[31].

a) Der Staat und seine Gebietskörperschaften als öffentliche Auftraggeber

aa) Soweit Art. 1 Buchstabe b) Unterabsatz 1 der EG-Vergaberichtlinien zunächst den Staat und die Gebietskörperschaften als öffentliche Auftraggeber ausweist, knüpft der Bundesgesetzgeber mit seiner Formulierung: „Gebietskör-

---

27 § 98 Nr. 1 GWB.
28 § 98 Nr. 3 GWB.
29 § 98 Satz 2 GWB.
30 Vgl. § 98 Nr. 2, Schlussteil des Satzes 1 GWB.
31 Vgl. dazu nur *A. Vetter*, Das Recht der Vergabe öffentlicher Aufträge 1999 und 2000, NVwZ 2001, 745 (747 f.).

perschaften und deren Sondervermögen" in § 98 Nr. 2 GWB daran an und nimmt sachlich übereinstimmend mit Anhang I zur BKR die bundes-, landes- und gemeindeunmittelbaren Körperschaften, Anstalten und Stiftungen des öffentlichen Rechts als öffentliche Auftraggeber in seine Definition auf[32].

Der Bundesgesetzgeber nutzt damit zur Kennzeichnung dieser öffentlichen Auftraggeber erkennbar eine haushaltsrechtliche Abgrenzung. Er wählt ein der deutschen Rechtsordnung vertrautes Abgrenzungskriterium und macht deutlich, dass die an den staatlichen Haushaltsgrundsatz der Ausschreibung von Aufträgen gebundenen Auftraggeber ihre Aufträge mit Erreichen oder Überschreiten der Schwellenwerte nach Maßgabe des vierten Teils des Gesetzes gegen Wettbewerbsbeschränkungen auszuschreiben haben[33].

bb) In der Literatur wird dementsprechend einmütig der Standpunkt vertreten, dass mit den so gekennzeichneten öffentlichen Auftraggebern der Kreis der traditionellen, an das staatliche Haushaltsrecht des Bundes und der Länder gebundenen Auftraggeber umschrieben ist. Es sind dies die institutionellen oder auch die „klassischen öffentlich-rechtlichen Auftraggeber"[34].

Der EuGH hat in seiner bisherigen Rechtsprechung zum Vergaberecht insoweit lediglich klargestellt, dass zum Staat und den Gebietskörperschaften[35] auch Parlamente[36] und die Justiz[37] gehören, d.h.: Bei diesen öffentlichen Auftraggebern handelt es sich um „alle dem Staat formal eingegliederten Stellen einschließlich seiner regionalen und lokalen Untergliederungen"[38].

cc) Gleichwohl wird in der Literatur die Ansicht vertreten, zumindest aber der Eindruck erweckt, als seien die öffentlich-rechtlich verfassten Religionsgemeinschaften in Deutschland vergaberechtlich wegen ihrer Rechtsform als Körperschaften des öffentlichen Rechts dem Staat, seinen Gebietskörperschaften oder den bundes-, landes- und gemeindeunmittelbaren Körperschaften zuzurechnen.

---

32 Vgl. Ziff. 1 Abschnitt III im Anhang I der BKR. Der Rückgriff des Bundesgesetzgebers auf das „Verzeichnis der Einrichtungen und Kategorien von Einrichtungen des öffentlichen Rechts nach Art. 1 Buchstabe b)" – so die Überschrift des Anhangs – ändert in der Sache nichts, da die „Einrichtungen des öffentlichen Rechts" ebenso öffentliche Auftraggeber sind, wie die im Unterabschnitt 1 des Art. 1 Definierten.

33 So auch *A. Boesen*, aaO, zu § 98 GWB, Rn. 7.

34 So übereinstimmend *R. Bechthold*, aaO, zu § 98 GWB, Rn. 5; *A. Boesen*, aaO, zu § 98 GWB, Rn. 20 ff.; *Th. Stickler*, aaO, zu § 98 GWB, Rn. 7; *K. Eschenbruch*, aaO, zu § 98 GWB, Rn. 17; *F. Marx*, aaO, zu § 98, Rn. 4 und *M. Müller-Wrede*, aaO, zu § 98 GWB, Vorbem. zu Rn. 4.

35 EuGH Rs. 103/88, Fratelli Constanzo gegen Stadt Mailand, Slg. 1989, 1839, 1870.

36 EuGH Rs. C-323/96, Kommission gegen Belgien, Slg. 1998, I-5063, 5083, Rn. 27.

37 EuGH Rs. 222/84, Johnston gegen Chief Constable, Slg. 1986, 1651, 1682.

38 So *H.-J. Prieß*, Handbuch des Europäischen Vergaberechts, aaO, S. 90, mit Hinweis auf die Rechtsprechung des EuGH.

So ist mit Hinweis auf das EuGH-Urteil in der Rs. *Forster*[39] geltend gemacht worden, das Europarecht erkenne nur einen Bereich des Privaten und einen des Öffentlichen an, und die öffentlich-rechtlich verfassten Kirchen und Religionsgemeinschaften seien deshalb gemeinschaftsrechtlich im Grundsatz den Mitgliedstaaten mit der Folge zuzurechnen, dass sie wie diese an die Richtlinien der Europäischen Gemeinschaft gebunden seien[40]. Die Geltung des europarechtlichen Vergaberechts für diese Kirchen scheitere lediglich an der konstitutiven Wirkung des Anhangs I zur BKR, der die Kirchen nicht erwähne[41].

Dieser Ansicht ist in der Literatur zutreffend mit Hinweis auf die ständige Rechtsprechung des Bundesverfassungsgerichts widersprochen worden[42], weil – dieser Rechtsprechung folgend – die Kirchen in der Bundesrepublik Deutschland durch ihren Körperschaftsstatus gemäß Art. 140 GG/Art. 137 Abs. 5 WRV nicht in den Staat organisatorisch eingebunden sind[43]. Dieses auch in der staatskirchenrechtlichen Literatur anerkannte Verständnis des kirchlichen Körperschaftsstatus[44] nimmt die Vergabekammer Nordbayern auf. Sie verneint mit der gleichen Begründung und ohne Hinweis auf den Anhang I zur BKR, dass die Kirchen wegen ihres Körperschaftsstatus vergaberechtlich wie der Staat oder seine Gebietskörperschaften zu behandeln seien[45]. Nicht zuletzt bedarf bereits die dem EuGH-Urteil von *M. Vachek* entnommene Prämisse einer näheren Prüfung, da sie vom europarechtlichen Vergaberecht nicht bestätigt wird[46].

Aus einer ähnlich betont grundsätzlichen europarechtlichen Perspektive heraus ist darüber hinaus in der Literatur die Frage aufgeworfen worden, ob die steuererhebenden Kirchen mit eigener Gerichtsbarkeit, eigenen Gesetzen und Dienstherrenfähigkeit nicht insgesamt „ein solches Maß an eigener Staatsqualität

39 EuGH Rs. C-188/89, Forster, Slg. 1990, I-3313.

40 So *M. Vachek*, Das Religionsrecht der EU im Spannungsfeld zwischen mitgliedschaftlichen Kompetenzreservaten und Art. 9 EMRK, Studien und Materialien zum öffentlichen Recht, Bd. 11 (Diss. jur.), 2000, S. 294 ff.; offen gelassen von *H. Weber*, Geltungsbereiche des primären und sekundären Europarechts für die Kirchen, ZevKR 47 (2002) S. 221 (226).

41 *M. Vachek*, ebd., S. 299.

42 Vgl. *M. Triebel*, Rez. zu *M. Vachek*, ZevKR 47 (2002) S. 114 (116 f.).

43 Vgl. nur BVerfGE 18, 385 (386); 30, 415 (428); 42, 312 (321 f., 332); 53, 366 (387); 66, 1 (19 f.); 102, 370 (387 f., 390).

44 Vgl. anstelle aller *A. Hollerbach*, Grundlagen des Staatskirchenrechts, in: HStR, Bd. VI, 2001^2, § 138, Rn. 124 ff.

45 VK Nordbayern, Beschluss vom 24.7.2001, 320.VK-3194-21/01 (unveröffentlicht), S. 7; sowie deren Beschluss vom 29.10.2001, 320 VK-3194-35/01 (unveröffentlicht) S. 7. Dazu zustimmend *H. Schröder*, Vergaberechtliche Bindungen öffentlich-rechtlicher Religionsgemeinschaften, NZBau, 2002, 259 (260).

46 Vgl. dazu die Ausführungen über die überwiegend subventionierten Aufträge Dritter in Kapitel IV.

besitzen, dass sie deshalb i.S. des EG-Vergaberechts als staatliche Einrichtung zu beurteilen" seien[47].

Soweit ersichtlich, ist diese Frage bisher ungehört verhallt. Als „noch nicht entschiedene Frage"[48] erhebt sie auch nicht den Anspruch, geltendes Recht auszulegen. Danach entscheiden freilich nicht allgemeine Erwägungen darüber, wer öffentlicher Auftraggeber ist, sondern die in den EG-Vergaberichtlinien und in § 98 GWB bestimmten Tatbestandsmerkmale, die im Einzelnen zu prüfen sind.

In diesem Sinne ist, obwohl in der Literatur und Rechtsprechung bisher nicht thematisiert, darauf hinzuweisen, dass die Evangelischen Landeskirchen in der Bundesrepublik Deutschland keine Gebietskörperschaften i.S. der vergaberechtlichen Bestimmungen sind. Ihnen fehlt der Charakter einer Gebietskörperschaft nach dem staatlichen Recht. Dies gilt auch dann, wenn sie sich territorial organisieren. Zutreffend hat das Bundesverfassungsgericht dazu angemerkt, dass die Landeskirchen keine Macht haben, jemanden, der in ihr Gebiet eintritt, einseitig ohne Rücksicht auf seinen Willen sich einzugliedern: „Vielmehr hat schon die Weimarer Reichsverfassung ihre territoriale Grundlage durch eine reine Personalgrundlage ersetzt."[49]

Somit ist zunächst festzuhalten, dass die evangelischen Landeskirchen in Deutschland trotz ihrer Verfassung als Körperschaft des öffentlichen Rechts und unabhängig von ihrer territorialen Organisation weder Staat noch Gebietskörperschaft i.S. der staatlichen Rechtsordnung sind.

b) Der dominierte öffentliche Auftraggeber

Vereinfacht dargestellt, unterscheidet der Bundesgesetzgeber übereinstimmend mit Art. 1 Buchstabe b) der EG-Vergaberichtlinien den Staat und seine Gebietskörperschaften als öffentliche Auftraggeber von denjenigen Auftraggebern, die zwar weder Staat noch Gebietskörperschaften sind, von diesen jedoch dominiert oder beherrscht werden[50]. Die Art und Weise des dominierenden Einflusses bleibt in den Vergaberegelungen nicht unbestimmt. Sie wird in den EG-Vergaberichtlinien wie im Gesetz gegen Wettbewerbsbeschränkungen überein-

---

47 *I. Seidel*, aaO, FS, S. 305 f. = ZfBR 1995, 233.

48 Ebd., FS, S. 304 = ZfBR, S. 232.

49 BVerfGE 19, 206 (217).

50 Angesichts der vielfältigen Möglichkeiten der Definition des öffentlichen Auftraggebers auch durch diesen selbst und durch Verbände, an denen er beteiligt ist, ist es hilfreich, diese Abgrenzung im Auge zu behalten, weil anderenfalls die Gefahr besteht, dass die Konturen des öffentlichen Auftraggebers undeutlich werden.

stimmend durch drei Kriterien bestimmt, die gleichzeitig erfüllt sein müssen[51]. Die Funktion dieser Kriterien besteht darin, dem Staat die Möglichkeit zu nehmen, sich durch eine formale Ausgliederung von Aufgabengebieten der Verpflichtung zur Ausschreibung seiner öffentlichen Aufträge zu entziehen[52].

aa) Der dominierte öffentliche Auftraggeber wird zunächst durch seine Aufgaben bestimmt. Danach muss er zu dem besonderen Zweck gegründet worden sein, im Allgemeininteresse liegende Aufgaben zu erfüllen, die nichtgewerblicher Art sind.

(1) Das Kriterium der im Allgemeininteresse liegenden Aufgaben wird in der Literatur gemeinhin als das wichtigste, aber auch als das umstrittenste Tatbestandsmerkmal angesehen[53], welches abschließend nicht bestimmt werden könne[54]. Es wird mit dem deutschen verwaltungsrechtlichen Begriff des öffentlichen Interesses in Verbindung gebracht[55] und als „bewußt vage“[56], „pragmatisch“[57], „nicht schlüssig“[58] oder als Merkmal „ohne erforderliche Trennschärfe“[59] kommentiert.

Die Rechtsprechung kennzeichnet die im Allgemeininteresse liegenden Aufgaben als genuin staatliche Aufgaben[60] oder auch als Aufgaben, die in enger Verbindung mit der öffentlichen Ordnung und dem institutionellen Funktionieren des Staates stehen[61], sowie als Aufgaben, die der Staat selbst erfüllen oder bei denen er einen entscheidenden Einfluss behalten möchte[62].

Ob die Religionsgemeinschaften in Deutschland derartige Aufgaben wahrnehmen, wird in der Literatur kontrovers beurteilt. Insbesondere mit Hinweis auf die im Anhang I zur BKR ausgewiesenen Bereiche wird die Meinung vertreten,

---

51 Dies ergibt sich bereits unzweideutig aus der Formulierung der Regelung; bestätigend EuGH Rs. C-44/96 Mannesmann Anlagenbau Austria, WuW/E Verg 23, Rn. 21.

52 Vgl. *R. Bechhold*, aaO, zu § 98 GWB, Rn. 6; *A. Boesen*, aaO, zu § 98 GWB, Rn. 29; *Th. Stickler*, aaO, Rn. 9; *K. Eschenbruch*, aaO, Rn. 24.

53 So *R. Bechthold*, aaO, zu § 98 GWB, Rn. 10 wie auch *K. Eschenbruch*, aaO, zu § 98 GWB, Rn. 34.

54 So *A. Boesen*, aaO, zu § 98 GWB, Rn. 43.

55 So u.a. durch *K. Eschenbruch*, aaO, zu § 98 GWB, Rn. 35.

56 So *K. Hailbronner*, aaO, S. 287.

57 So *I. Seidel*, aaO, FS, S. 296 = ZfBR 1995, 228.

58 *H.-J. Prieß*, Religionsgemeinschaften ..., aaO, S. 248.

59 *A. Boesen*, aaO, zu § 98 GWB, Rn. 48.

60 VÜA Bund, Verg AB 27 ff.

61 EuGH Rs. C-44/96, aaO, Rn. 24.

62 EuGH Rs. C-360/96 Gemeente Arnhem, WuW/E Verg 161, Rn. 51. Vgl. auch EuGH Rs. C-373/00 Trule, EuZW 2003,315 sowie EuGH Rs. C-470/99 Universale – Bau AG, EuZW 2003, 147.

auch Religionsgemeinschaften seien öffentliche Auftraggeber, weil und insoweit sie in den Bereichen tätig seien, auf die der Anhang I zur BKR verweise[63]. Dagegen wird zutreffend geltend gemacht, dass die Kirchen auch dann originär kirchliche Aufgaben wahrnähmen, wenn sie im Allgemeininteresse tätig seien[64].

Auch die Rechtsprechung beurteilt unterschiedlich, ob die Kirchen dieses Tatbestandsmerkmal eines öffentlichen Auftraggebers erfüllen. So geht ein Beschluss des Vergabeüberwachungsausschusses des Landes Hessen aus dem Jahr 1996 davon aus, dass eine kirchliche Stiftung des öffentlichen Rechts im Allgemeininteresse liegende Aufgaben i.S. des Vergaberechts erfüllt[65]. Zwei Entscheidungen der Vergabekammer Nordbayern vertreten dagegen den Standpunkt, dass eine öffentlich-rechtlich verfasste Ordensgemeinschaft und eine kirchliche Einrichtung des öffentlichen Rechts auch dann nicht zu dem Zweck gegründet worden seien, Aufgaben im Sinne des § 98 Nr. 2 GWB zu erfüllen, wenn sie in Bereichen tätig seien, die der Anhang I zur BKR benenne[66].

Die Auffassung, dass religiös begründete Aufgaben dem Staat zuzurechnen sind, wenn diese im Allgemeininteresse liegen, muss angesichts der in der Bundesrepublik Deutschland bestehenden staatskirchenrechtlichen Ordnung Widerspruch hervorrufen. Staatsaufgaben nehmen die Kirchen nicht wahr[67], und dem Staat ist um seiner weltanschaulich-religiösen Neutralität[68] willen verwehrt, reli-

---

63 So *H.-J. Prieß*, Religionsgemeinschaften ..., ebd.; *F. Marx*, aaO, zu § 98, Rn. 35; *M. J. Werner*, in: Byok/Jaeger (Hrsg.), Kommentar zum Vergaberecht, 2000, zu § 98 GWB, Rn. 319 und *M. Müller-Wrege*, aaO, zu § 98 GWB, Rn 71.

64 So *K. Hailbronner*, aaO, S.290; *A. Boesen*, aaO, zu § 98 GWB, Rn. 88. So wohl auch *Th. Stickler*, aaO, zu § 98 GWB, Rn. 36; *K. Eschenbruch*, aaO, zu § 98 GWB, Rn. 75 sowie *J. Dietlein*, aaO, S. 136 und *H. Schröder*, Vergaberechtliche Bindungen öffentlich-rechtlicher Religionsgemeinschaften, NZBau 2002, 259 (261 f.). In diesem Sinne auch *O. Dörr* mit dem Hinweis, dass die Organisationen der freien Wohlfahrtspflege allgemein dem öffentlichen Wohl verpflichtet seien, „ohne sich von vornherein auf das staatlich definierte und regulierte Allgemeininteresse zu beschränken"; *ders.*, Die vergaberechtliche Einbindung der freien Wohlfahrtspflege, Recht der Jugend und des Bildungswesens 2002, S. 349 (357).

65 Der Vergabeüberwachungsausschuss des Landes Hessen führt zur Begründung aus, dass eine karitativ tätige kirchliche Stiftung des öffentlichen Rechts „zu dem besonderen Zweck gegründet wurde, im Allgemeininteresse liegende Aufgaben nichtgewerblicher Art zu erfüllen", vgl. VÜA des Landes Hessen, Beschluss vom 10.6.1996, VÜA 2/96, ZVgR 1998 S. 452 (454) m. Anm. von *F. P. Ohler*, ebd. S. 456.

66 VK Norbayern, Beschluss vom 24.7.2001, S. 5 sowie vom 29.10.2001, S. 7. Auch hierzu zustimmend, *H. Schröder*, aaO, S. 260 f.

67 Vgl. nur BVerfGE 102, 370 (387 f.).

68 Vgl. BVerfGE 19, 206 (216); ständ. Rspr.

giös begründete Aufgaben wahrzunehmen. Dies bedarf freilich einer näheren Begründung[69].

(2) Die Charakterisierung der im Allgemeininteresse liegenden Aufgaben als nichtgewerbliche dient im Übrigen dem EuGH als Korrektiv, um das Merkmal des Allgemeininteresses zu begrenzen[70]. So unterliegen nach seiner Rechtsprechung z.B. Einrichtungen ohne Gewinnerzielungsabsicht dann nicht dem Vergaberecht, wenn sie in einem Umfeld tätig sind, das durch den Wettbewerb geprägt ist[71].

Dass Kirchen allgemein und die evangelischen Landeskirchen in der Bundesrepublik Deutschland im Besonderen nichtgewerbliche Aufgaben i.S. des Vergaberechts wahrnehmen und ihre Tätigkeit nicht darauf gerichtet ist, Gewinne zu erzielen[72], wird in der vergaberechtlichen Literatur gemeinhin vorausgesetzt[73].

bb) Das zweite Kriterium der Einrichtung des öffentlichen Rechts gemäß Art. 1 Buchstabe b) 2. Unterabschnitt der EG-Vergaberichtlinien ist die eigene Rechtspersönlichkeit des Auftraggebers. In § 98 Nr. 2 GWB ist dieses Kriterium durch die Kennzeichnung des öffentlichen Auftraggebers als juristische Person des öffentlichen und privaten Rechts inhaltlich aufgenommen worden, denn die Kennzeichnung des öffentlichen Auftraggebers als juristische Person setzt die Zuerkennung einer eigenen Rechtsfähigkeit voraus.

Gerade darauf hebt der EuGH in seiner Rechtsprechung jedoch nicht ab. Für ihn ist nicht die formal zuerkannte Rechtsfähigkeit, sondern unabhängig davon lediglich das Recht der Einrichtung entscheidend, öffentliche Aufträge erteilen zu können[74]. So hat er einer nicht rechtsfähigen niederländischen Flurbereinigungskommission die Eigenschaft als öffentlicher Auftraggeber zuerkannt, da diese berechtigt war, derartige Aufträge zu vergeben[75].

Für die kirchlichen Auftraggeber in der Bundesrepublik Deutschland erscheint der Literatur und Rechtsprechung dieses Kriterium unproblematisch. Es wird nicht thematisiert. Dies verwundert nicht, knüpfen die geltenden kirchlichen

---

69 Siehe dazu die näheren Ausführungen in Kapitel III, 3.

70 EuGH, Rs. C-360/96, Rn. 32. So auch *H.-J. Prieß*, Handbuch des europäischen Vergaberechts, aaO, S. 92.

71 EuGH Rs. C-223/99 u.a., Agora, Rn. 43, WuWE Verg. 443, dazu *H. Schröder*, Messegesellschaften als öffentliche Auftraggeber nach § 98 Nr. 2 GWB, DÖV 2002, 335 ff.

72 Das schließt nicht aus, dass einzelne kirchliche Einrichtungen Gewinne erzielen, die freilich bestimmt sind, die gemeinnützige Tätigkeit der Kirchen zu unterstützen.

73 Vgl. ausführlich dazu *O. Dörr*, aaO, S. 355 ff. sowie anstelle aller anderen *Th. Stickler*, aaO, zu § 98 GWB, Rn. 36 m.w.N.

74 So auch *J. Dietlein*, aaO, S. 138.

75 EuGH Rs 31/87, aaO, Rn. 8 und 13.

Ordnungen das Recht der Auftragsvergabe doch regelmäßig an die Rechtsfähigkeit des kirchlichen Auftraggebers[76].

cc) Das dritte Kriterium, welches den öffentlichen Auftraggeber auszeichnet, ist der Tatbestand seiner Beherrschung. Akteure der Beherrschung sind der Staat, seine Gebietskörperschaften oder sonstige öffentliche Auftraggeber[77]. Die Regelungen in Art. 1 Buchstabe b) 2. Unterabschnitt der EG-Vergaberichtlinien sowie § 98 Nr. 2 GWB kennzeichnen den Beherrschungstatbestand alternativ in drei Formen. Von einer Beherrschung des Auftraggebers wird ausgegangen, wenn er entweder durch öffentliche Auftraggeber überwiegend finanziert wird oder wenn er deren Aufsicht unterliegt oder wenn ein öffentlicher Auftraggeber die Bildung oder Zusammensetzung der Organe des Auftraggebers dominiert.

(1) Das Beherrschungsmerkmal der überwiegenden Finanzierung einer Einrichtung ist zunächst strikt zu trennen von der Regelung über die überwiegend finanzierten Aufträge gemäß Art. 2 BKR und § 98 Nr. 5 GWB[78]. In Art. 1 Buchstabe b) EG-Vergaberichtlinien und § 98 Nr. 2 GWB steht nicht der einzelne Auftrag im Vordergrund, sondern der Auftraggeber selbst[79].

Vergaberechtlich relevant ist eine überwiegende Finanzierung der Einrichtung dann, wenn diese zu mehr als der Hälfte[80] durch den Staat, durch Gebietskörperschaften oder durch sonstige öffentliche Auftraggeber erfolgt. Finanzieren diese „einzeln oder gemeinsam durch Beteiligungen oder auf sonstige Weise“[81] eine Einrichtung überwiegend, so gilt diese Einrichtung als öffentlicher Auftraggeber. Die Formulierung der Finanzierung „auf sonstige Weise“ in § 98 Nr. 2 GWB soll verdeutlichen, dass es auf die Art und Weise oder die Rechtsform der Finanzierung nicht ankomme. Entscheidend sei, dass durch die überwiegende Finanzierung eine wirtschaftliche Abhängigkeit des Auftraggebers bestehe[82].

Erfasst werden gesellschaftsrechtliche Kapitalbeteiligungen in allen möglichen Formen, Subventionen, Zuwendungen, Darlehen[83], die Finanzierung über

---

76 Vgl. Kapitel II, 1 b.

77 Vgl. *H.-J. Prieß*, Handbuch des europäischen Vergaberechts, aaO, S. 93 und *A. Boesen*, zu § 98 GWB, Rn. 32.

78 Dazu vgl. Kapitel IV.

79 Nicht frei von möglichen Missverständnissen ist insoweit die Formulierung in § 98 Nr. 2 GWB, die so gelesen werden kann, als ginge es um die überwiegende Finanzierung der im Allgemeininteresse liegenden Aufgaben.

80 So EuGH, Rs. C-380/98, The University of Cambridge, LS 2, WuW/E Verg 371 = NZBau 2001, 218.

81 § 98 Nr. 2 GWB.

82 *K. Eschenbruch*, aaO, zu § 98 GWB, Rn. 63.

83 *F. Marx*, aaO, zu § 98 GWB, Rn. 10; speziell zur Subvention zustimmend *J. Dietlein*, aaO, S. 140.

Eigen- oder Fremdkapital, über Sachleistungen, wie z.B. Materiallieferungen[84] – jegliche wirtschaftliche Abhängigkeit also, die durch aktive Alimentation wie auch durch passive Inhaberschaft der Kapitalmehrheit besteht[85].

Durch die Rechtsprechung des EuGH ist freilich geklärt, dass für eine Berechnung des Anteils der öffentlichen Finanzierung zwar alle Mittel der Einrichtung zu berücksichtigen sind. Jedoch bleiben Zahlungen außer Betracht, die im Rahmen eines Vertrages über Dienstleistungen oder als Gegenleistung für Dienstleistungen erbracht werden. Diese stellen keine Finanzierung i. S. der EG-Vergaberichtlinien dar[86].

Speziell die Kirchensteuer wird in der vergaberechtlichen Literatur zum Anlass genommen, eine staatliche Finanzierung der Kirchen zu thematisieren[87], denn bei der Kirchensteuer handele es sich um eine staatliche Steuer[88] oder zumindest um eine Steuer, die der staatlichen Kontrolle unterliege[89]. Dagegen wird geltend gemacht, dass die Kirchensteuer keine vom Staat, sondern von den Kirchen erhobene Abgabe sei[90], dass die Kirchensteuer die finanzielle Unabhängigkeit der Kirche vom Staat begründe und von den Mitgliedern der Religionsgemeinschaft stamme[91], die sich ihrer Steuerpflicht durch Austritt entziehen könnten[92].

In der Sache folgt auch die Vergabekammer Nordbayern dieser Auffassung, wenn sie die überwiegend staatliche Finanzierung einer Ordensgemeinschaft oder einer kirchlichen Einrichtung des öffentlichen Rechts gemäß § 98 Nr. 2 GWB – freilich ohne nähere Begründung – verneint[93].

Die Auffassung, dass kirchliche Auftraggeber nicht überwiegend vom Staat, von anderen Gebietskörperschaften oder von sonstigen öffentlichen Auftraggebern finanziert werden, ist zutreffend. Sie hat jedoch neben der Kirchensteuer auch andere Finanzierungsquellen der evangelischen Landeskirchen zu berück-

---

84 *Th. Stickler*, aaO, zu § 98 GWB, Rn. 23.
85 *A. Boesen*, aaO, zu § 98 GWB, Rn. 66.
86 EuGH, Rs. C-380/98, Rn. 26 sowie LS 1.
87 So *R. Bechthold*, aaO, zu § 98 GWB, Rn. 18.
88 So *H.-J. Prieß*, Religionsgemeinschaften, aaO, S. 249.
89 So *F. P. Ohler*, Zum Begriff des öffentlichen Auftraggebers im Europäischen Vergaberecht, Europäische Hochschulschriften, Reihe II, Bd. 3115 (Diss. jur.) 2001, S. 180 f.
90 So *A. Boesen*, aaO, zu § 98 GWB, Rn. 87.
91 *Th. Stickler*, aaO, zu § 98 GWB, Rn. 37.
92 *K. Eschenbruch*, aaO, zu § 98 GWB, Rn. 72; *F. Marx*, aaO, zu § 98 GWB, Rn. 35.
93 VK Nordbayern, Beschluss vom 24.7.2001, aaO, S. 7 sowie Beschluss vom 29.10.2001, S. 8.

sichtigen, die den Kirchen zum Teil unmittelbar aus dem Staatshaushalt zufließen[94].

(2) Ein Auftraggeber gilt weiter dann als beherrscht, wenn dessen Leitung der Aufsicht öffentlicher Auftraggeber unterliegt.

Dieser Beherrschungstatbestand kann auf der Grundlage zivilrechtlicher Verträge, z.B. durch konzernrechtliche Leitungsmacht, bestehen oder auch öffentlich-rechtlich in Unterstellungs- oder Abhängigkeitsverhältnissen begründet sein. Entscheidend ist, dass die Aufsicht geeignet sein muss, die Entscheidung über die Auftragsvergabe maßgebend zu beeinflussen"[95]. Gemeinhin, jedoch nicht ohne Widerspruch, wird in der Literatur und Rechtsprechung zur Erläuterung dieser Form der Beherrschung auf die Grundsätze zu § 17 AktG verwiesen[96].

Eine „Rechtsaufsicht, die keinen inhaltlichen Einfluss auf die Tätigkeit der Institution (nimmt), sondern (nur darauf) achtet, dass die Institution den Rechtsrahmen, innerhalb dessen sie agieren darf und muss, nicht verlässt", wird als nicht ausreichend angesehen[97]. Auch sei fraglich, ob allein die Aufsicht von Rechnungsprüfungsämtern ausreiche, um von einer Beherrschung auszugehen[98]. Eine Fachaufsicht[99] wird dagegen als ausreichend angesehen, um eine Beherrschung anzunehmen[100].

Eine beherrschende Aufsicht des Staates über die Leitung kirchlicher Auftraggeber wird in der Literatur im Zusammenhang mit dem Beschluss des Vergabeüberwachungsausschusses des Landes Hessen von 1996 thematisiert. Dieser bejahte (auch) wegen der staatlichen Rechtsaufsicht über eine kirchliche Stiftung des öffentlichen Rechts deren Eigenschaft als öffentlicher Auftraggeber[101]. Die Literatur hat diesen Beschluss teils ohne eigene Stellungnahme zur Kenntnis genommen[102], teils wird ihm mit Hinweis auf den Beschluss des Vergabeüberwachungsausschusses Rheinland-Pfalz von 1997[103] eine über den Einzelfall hinaus-

---

94 Siehe dazu die näheren Ausführungen in Kapitel III, 4.

95 Vgl. EuGH Rs. C-237/99 Kommission gegen Frankreich, NZBau 2001, 215, Rn. 48 ff. sowie *K. Eschenbruch*, aaO, zu § 98 GWB, Rn. 65.

96 Vgl. *R. Bechthold*, aaO, zu § 98, Rn. 15; *A. Boesen*, aaO, zu § 98 GWB, Rn. 68; *Th. Stickler*, aaO, zu § 98 GWB, Rn. 26; *K. Eschenbruch*, aaO, zu § 98 GWB, Rn. 56 ff., jeweils mit Nachweis der Rechtsprechung.

97 So EuGH Rs. C-237/99, Rn. 55 wie auch *F. Marx*, aaO, zu § 98 GWB, Rn. 11.

98 *K. Eschenbruch*, ebd.

99 Zur nicht unproblematischen Abgrenzung der Rechtsaufsicht von der Fachaufsicht vgl. *Th. Groß*, Was bedeutet „Fachaufsicht"?, DVBl. 2002, 739 ff.

100 So *F. Marx*, aaO, zu § 98 GWB, Rn. 11 wie auch *J. Dietlein*, aaO, S. 141.

101 VÜA des Landes Hessen, Beschluss vom 10.6.1996 – VÜA 2/96, aaO, S. 452 (454).

102 So *R. Bechthold*, aaO, zu § 98 GWB, Rn. 18.

103 Beschluss des VÜA Rheinland-Pfalz, VÜA 7/96 vom 25.8.1997, EzEG-VergR IV Nr. 11.5.

gehende Bedeutung nicht zuerkannt[104], oder er wird aus den vorgenannten Gründen ablehnend kommentiert[105]. Die vorgenannten Beschlüsse der Vergabekammern Nordbayern schließen eine Beherrschung kirchlicher Einrichtungen durch staatliche Aufsicht aus[106].

Dem ist zu folgen, denn insbesondere Art. 137 Abs. 1 WRV beinhaltet den Verfassungsauftrag, die im Rahmen des landesherrlichen Kirchenregiments bis 1919 bestehende staatliche Aufsicht zu beenden, und Art. 140 GG/Art. 137 WRV verbietet dem Staat der Bundesrepublik Deutschland, die Kirchen über eine gegenständlich beschränkte Rechtsaufsicht[107] hinaus etwa einer „besonderen Kirchenhoheit oder gesteigerten Staatsaufsicht"[108] zu unterwerfen. Besondere Aufmerksamkeit verdient die in der staatskirchenrechtlichen Literatur[109] anerkannte Rechtsprechung, weil sie speziell die öffentlich-rechtlich verfassten Kirchen im Blick hat. Im Ergebnis schließen Literatur und Rechtsprechung damit zwar die staatliche Rechtsaufsicht über eine kirchliche Einrichtung im Einzelfall nicht aus[110], jedoch übereinstimmend eine allgemeine und insbesondere eine beherrschende staatliche Aufsicht[111], die geeignet wäre, das Verhalten eines kirchlichen Auftraggebers bei der Auftragsvergabe zu beeinflussen. Für kirchliche Stiftungen gilt nichts anderes; dies auch dann, wenn sie einer staatlichen Rechtsaufsicht unterliegen[112].

---

104 So kommentiert *K. Eschenbruch* mit Hinweis auf den Beschluss des VÜA Rheinland-Pfalz vom 25.8.1997 wie folgt: „Fehlt indessen die staatliche Aufsicht und eine Finanzierung durch den Staat – etwa weil das Stiftungsvermögen aus früheren selbständigen kirchlichen Stiftungen stammt –, fehlt es an der öffentlichen Auftraggeberschaft"; *ders.*, aaO, zu § 98 GWB, Rn. 75.

105 So *A. Boesen*, aaO, zu § 98 GWB, Rn. 87.

106 Zustimmend auch hier *H. Schröder*, aaO, S. 261 f.

107 *Th. Maunz*, in: Maunz/Dürig, GG, zu Art. 140, Rn. 25 (1973).

108 BVerfGE 18, 385 (387); ständ. Rspr.

109 So neben *A. v. Campenhausen*, in: v. Mangoldt/Klein/Starck, GG, Bd. III, 2001⁴, zu Art. 137 WRV, Rn. 7, 24, 223 und 245 auch *A. Hollerbach*, aaO, Rn. 123; *D. Ehlers*, in: Sachs (Hrsg.), GG-Kommentar, 1999², zu Art. 140 GG/Art. 137 WRV, Rn. 19 und *M. Morlok*, in: Dreier (Hrsg.), GG, Bd. III, 2000, zu Art. 140 GG/Art. 137 WRV, Rn.17.

110 So z.B. über kirchliche Schulen im Rahmen der allgemeinen staatlichen Schulaufsicht. Zu weiteren Beispielen vgl. *A. v. Campenhausen*, in: v. Mangoldt/Klein/Starck, GG, aaO., Rn. 245, Fn. 105.

111 BVerfGE 102, 370 (388).

112 Vgl. *A. v. Campenhausen*, in: Seifart/v. Campenhausen (Hrsg.), Handbuch des Stiftungsrechts, 1999², § 28, Rn. 2. Lediglich angemerkt werden soll in diesem Zusammenhang, dass kirchliche Stiftungen auch einer Rechtsaufsicht des Staates nur dann unterliegen, wenn diese Aufsicht nicht nach kirchlichem Recht und durch die Kirchen selbst wahrgenommen wird, was ihnen insbesondere die neueren Landesstiftungsgesetze ermöglichen, vgl. dazu *A. v. Campenhausen*, ebd. mit Nachweisen.

(3) Eine Beherrschung des Auftraggebers sehen die vergaberechtlichen Regelungen schließlich auch dann als gegeben an, wenn mehr als die Hälfte der Mitglieder der Geschäftsführung des Auftraggebers oder seines Aufsichtsorgans von öffentlichen Auftraggebern bestimmt worden sind[113], oder wenn das Verwaltungs-, Leitungs- oder Aufsichtsorgan mehrheitlich aus Mitgliedern besteht, die von öffentlichen Auftraggebern ernannt worden sind[114].

Die unterschiedliche Formulierung dieser dritten Beherrschungsmöglichkeit in den EG-Vergaberichtlinien einerseits und in § 98 Nr. 2 GWB andererseits wird in der Literatur nicht weiter thematisiert[115]. Entscheidend sei die abstrakte Gefahr, dass die so ernannten oder bestimmten Organmitglieder des Auftraggebers der ernennenden oder bestimmenden Stelle so nahe stehen, dass Entscheidungen von deren Interessen bestimmt würden[116]. Ein konkreter Einfluss auf das Vergabeverhalten müsse nicht festgestellt werden[117]. Andererseits reiche allein die Möglichkeit, die Mehrheit der Organmitglieder des Auftraggebers zu bestellen, nicht aus[118].

Die Zusammensetzung der Organe kirchlicher Auftraggeber wird in der vergaberechtlichen Literatur nicht thematisiert. Man darf vermuten, dass das Recht der Religionsgemeinschaften gemäß Art. 140 GG/Art. 137 Abs. 3 Satz 2 WRV, „ihre Ämter ohne Mitwirkung des Staates oder der bürgerlichen Gemeinde" zu verleihen, die Prüfung unnötig erscheinen lässt, ob die Bildung oder Zusammensetzung kirchlicher Organe durch den Staat oder durch sonstige öffentliche Auftraggeber beherrscht werden können, die aus kirchlichen Amtsträgern und aus Personen bestehen, die zum Amt eines Ältesten (Presbyter) befähigt sind.

Bestätigt wird diese Vermutung durch die bereits vorgestellten kirchenrechtlichen Regelungen zur Bildung und Zusammensetzung der Organe in den evangelischen Landeskirchen[119], die von den gesetzgebenden Organen der Landeskirchen nach Maßgabe ihrer Verfassung beschlossen werden. Auf den Inhalt dieser kirchlichen Ordnungen nimmt der Staat keinen Einfluss, solange durch sie eine ordnungsgemäße vermögensrechtliche Vertretung der kirchlichen Organe gewährleistet ist. Eine darüber hinausgehende Einflussnahme auf die Bildung und

113 § 98 Nr. 2 letzte Alternative GWB.

114 Art. 1 Buchstabe b) 2. Unterabschnitt, letzte Alternative BKR, DKR und LKR.

115 Lediglich *Th. Stickler* verweist auf die Unterschiede in den Formulierungen, sieht darin jedoch nur ein redaktionelles Versehen des bundesdeutschen Gesetzgebers, das „(i)m Wege der richtlinienkonformen Auslegung" zu überwinden sei, *ders.*, aaO, zu § 98 GWB, Rn. 29.

116 *Th. Stickler*, aaO, zu § 98 GWB, Rn. 28.

117 *K. Eschenbruch*, aaO, zu § 98 GWB, Rn. 66.

118 So *F. Marx*, aaO, zu § 98 GWB, Rn. 12.

119 Vgl. die Ausführungen in Kapitel II, 1 b).

Zusammensetzung der Organe kirchlicher Auftraggeber ist dem Staat durch Art. 140 GG/Art. 137 Abs. 3 WRV verwehrt, und die kirchlichen Ordnungen lassen dies auch nicht zu.

In der Praxis stellt sich gleichwohl die Frage nach der Zusammensetzung der Organe privatrechtlich organisierter Einrichtungen, die von Kirchen und Diakonie gemeinsam mit kommunalen Gebietskörperschaften, z.B. im Bereich des Gesundheits- und Sozialwesens, betrieben werden. Werden deren Organe paritätisch zusammengesetzt, so ist nicht auszuschließen, dass bei einer Beteiligung mehrerer Kommunen an der Einrichtung einer Kirchengemeinde die kommunalen Vertreter in der Mehrzahl sind, was im Einzelfall zu prüfen wäre.

dd) Ausgehend von den vorgenannten Tatbestandsmerkmalen geben die EG-Mitgliedstaaten der Kommission Mitteilung darüber, welche Auftraggeber die Kriterien einer Einrichtung des öffentlichen Rechts gemäß Art. 1 Buchstabe b) der BKR erfüllen[120]. Die so gewonnenen und die eigenen Erkenntnisse der EG-Kommission[121] bestimmen darüber, wer neben dem Staat und seinen Gebietskörperschaften als „Einrichtung des öffentlichen Rechts“ in den Anhang I der BKR aufgenommen wird.

In der bundesdeutschen vergaberechtlichen Literatur wird bereits die Bezeichnung der Einrichtungen als solche des öffentlichen Rechts mit Zurückhaltung aufgenommen. Tatsächlich verwirren die im Anhang I zur BKR aufgeführten Stellen angesichts der in der bundesdeutschen Rechtsordnung bestehenden strikten Trennung von öffentlichem und privatem Recht. So werden für Deutschland z.B. Genossenschaften nicht etwa als privatrechtliche Personenvereinigungen[122], sondern als dem öffentlichen Recht zuzuordnende Körperschaften, und juristische Personen im Bereich des Friedhofs- und Bestattungswesen generell als solche des Privatrechts ausgewiesen, obwohl das Friedhofswesen nach deutscher Rechtslage dem öffentlichen Recht zuzuordnen ist[123]. Dies erklärt die in der Lite-

---

120 So Art. 35 Abs. 1 BKR.

121 Das Recht der EG-Kommission, von sich aus Auftraggeber als Einrichtungen des öffentlichen Rechts zu klassifizieren, ergibt sich unmittelbar aus Art. 35 Abs. 1 BKR. Danach wird die Kommission zwar „insbesondere aufgrund der Mitteilungen der Mitgliedstaaten“, jedoch gemäß Art. 35 Abs. 3 BKR nicht allein daraufhin tätig. Die Mitwirkung eines EG-Mitgliedstaates ist insoweit auf das Recht begrenzt, dass „sein Standpunkt im Protokoll (des Beratenden Ausschusses) festgehalten wird“, so Art. 35 Abs. 3 BKR.

122 Vgl. nur *O. Werner*, Art. „Genossenschaften“, in: Deutsches Rechtslexikon, Bd. 2, 2001^3, S. 1877.

123 Vgl. nur *A. v. Campenhausen*, Art. „Friedhofswesen“, in: Deutsches Rechtslexikon, Bd. 1, 2001^3, S. 1727.

ratur vertretene Auffassung, dass die Kennzeichnung der Einrichtung als eine solche des „öffentlichen Rechts" kein Tatbestandsmerkmal sei[124].

Diese Auffassung ist zutreffend, denn sie kann sich zum einen unmittelbar auf die europarechtliche Definition des öffentlichen Auftraggebers und zum anderen auf die Rechtsprechung des EuGH berufen. Beide nehmen keinen Bezug auf die Rechtsform des öffentlichen Auftraggebers nach nationalem Recht bzw. unterstreichen, dass es auf die Rechtsform des Auftraggebers nicht ankomme[125]. Der Bundesgesetzgeber ist dem gefolgt und hat in § 98 Nr. 2 GWB richtlinienkonform ebenso juristische Personen des Privatrechts wie auch solche des öffentlichen Rechts als Normadressaten bestimmt.

Gleichwohl drängt sich die Vermutung auf, dass die mangelnde Übereinstimmung einzelner Angaben im Anhang I zur BKR mit der deutschen Rechtssystematik die Diskussion in der Literatur belebt, ob der Anhang eine konstitutive oder eine nur erläuternde Bedeutung hat. So wird – wie bereits erwähnt – einerseits eine Ausschreibungspflicht der Kirchen wegen der „konstitutiven Wirkung des Anhangs I" zur BKR verneint[126]; überwiegend wird in der Literatur jedoch davon ausgegangen, dass der Anhang eine nur erläuternde Bedeutung oder einen erklärenden Charakter habe[127]. Dem stehen jedoch die Mitwirkung der EG-Mitgliedstaaten und die Verantwortung der Kommission für den Inhalt des Verzeichnisses entgegen. Der EuGH hält sich insoweit bedeckt[128], unterstreicht lediglich den nicht abschließenden Charakter des Anhangs I[129].

Hinreichend klar und nicht bestritten ist jedoch der Umstand, dass im Anhang I der BKR für Deutschland neben den bundes-, landes- und gemeindeunmittelbaren Körperschaften nur solche Auftraggeber aufgeführt werden, die einer staatlichen Kontrolle unterliegen. Das Kriterium der staatlichen Kontrolle gilt für die dort aufgeführten Anstalten und Stiftungen[130] ebenso wie auch für die dort bezeichneten juristischen Personen des Privatrechts[131]. Einer solchen Kontrolle unterliegen kirchliche Auftraggeber – wie dargelegt – freilich nicht.

Im Übrigen belegt der Anhang I zur BKR, dass die (einheitliche) europarechtliche Definition des öffentlichen Auftraggebers für die einzelnen EG-Mitglied-

124 So *H.-J. Pries*, Handbuch des europäischen Vergaberechts, aaO, S. 90 f.

125 Aus europarechtlicher Sicht vgl. dazu *W. Skouris*, Der Einfluß des Europäischen Gemeinschaftsrechts auf die Unterscheidung zwischen Privatrecht und Öffentlichem Recht, EuR 2/1998, S. 111 (115). Zur Rechtsprechung vgl. nur EuGH, Rs C-360/96, LS 2.

126 So *M. Vachek*, aaO, S. 299.

127 Vgl. nur *M. Müller-Wrede*, aaO, zu § 98 GWB, Rn. 11.

128 Vgl. EuGH Rs. 380/98, Rn. 8 ff.

129 Vgl. nur EuGH Rs. 373/00, Rn. 37 – 39.

130 Vgl. Abschnitt II, Ziff. 1.2. im Anhang I zur BKR.

131 Vgl. Abschnitt II, Ziff. 2. im Anhang I zur BKR.

staaten zu unterschiedlichen Ergebnissen führt. Dies spricht zwar nicht gegen die Erwartung eines gleichmäßigen Erfassens der öffentlichen Auftraggeber im Anhang[132]. Gleichwohl bleibt deutlich, dass – zumal grenzüberschreitend – dem Anhang I zur BKR selbst keine Kriterien für die Bestimmung öffentlicher Auftraggeber entnommen werden können.

Die im Anhang aufgeführten öffentlichen Auftraggeber sind das Ergebnis der in den EG-Mitgliedstaaten anhand von Art. 1 Buchstabe b) BKR jeweils vorgenommenen Prüfung, nicht der Prüfungsmaßstab selbst. Deshalb sagt der Umstand, dass für Belgien im Anhang I zur BKR auch „Kirchenämter" als öffentliche Auftraggeber ausgewiesen werden[133], nichts über den vergaberechtlichen Status der evangelischen Landeskirchen in Deutschland aus[134].

c) *Zwischenergebnis*

Als Zwischenergebnis ist somit zunächst festzuhalten, dass die evangelischen Landeskirchen in Deutschland weder dem Staat noch seinen Gebietskörperschaften zuzurechnen sind. Sie verfügen zwar gemeinhin – wie der öffentliche Auftraggeber – über eine eigene Rechtspersönlichkeit. Jedoch werden sie weder vom Staat oder von seinen Gebietskörperschaften oder von sonstigen öffentlichen Auftraggebern durch deren Aufsicht beherrscht, noch haben diese Einfluss auf die Bildung und Zusammensetzung der Organe kirchlicher Auftraggeber.

Dass auch die religiös begründeten Aufgaben der Kirchen oder ihre Finanzierung nicht geeignet sind, kirchliche Auftraggeber als öffentliche zu charakterisieren, wurde bereits angemerkt. Bevor dies näher begründet wird, ist als Zwischenergebnis noch darauf zu verweisen, dass die bisherigen Ausführungen auch vom Verzeichnis der öffentlichen Auftraggeber im Anhang I zur BKR gestützt werden.

---

132 Dies auch dann, wenn im Anhang I zur BKR öffentliche Auftraggeber der EG-Mitgliedsstaaten teils detailliert, teils nur allgemein zusammenfassend umschrieben werden. So beschränken sich z.B. die Angaben zu Griechenland auf die Information, dass zu der Kategorie der öffentlichen Auftraggeber sonstige juristische Personen des öffentlichen Rechts gehören, deren öffentliche Bauaufträge der staatlichen Kontrolle unterliegen, vgl. Abschnitt IV im Anhang I zur BKR.

133 So als Kategorie in Abschnitt I. im Anhang I zur BKR.

134 Diese Feststellung bestätigt ein Vergleich der unterschiedlichen Beziehungen von Staat und Kirche in Belgien und Deutschland. Dabei wird deutlich, dass abweichend von Deutschland die Kirchen in Belgien weithin unmittelbar aus dem Staatshaushalt finanziert werden; so *R. Torfs*, Staat und Kirche in Belgien, in *G. Robbers* (Hrsg.), Staat und Kirche in der Europäischen Union, 1995, S. 15 (32 f.) sowie *H. Marré*, Die Systeme der Kirchenfinanzierung in den Ländern der Europäischen Union und in den USA, ZevKR 42 (1997) S. 338 (339 f.).

3. *Die im Allgemeininteresse liegenden Aufgaben der evangelischen Landeskirchen in Deutschland*

Die Literatur zum staatlichen Vergaberecht sieht – vom europarechtlich definierten öffentlichen Auftraggeber ausgehend – insbesondere in den sozialen Aktivitäten der Religionsgemeinschaften die Vermutung begründet, diese erfüllten i. S. des staatlichen Vergaberechts im Allgemeininteresse liegende Aufgaben nicht gewerblicher Art und seien deshalb oder zumindest insoweit an das staatliche Vergabeverfahren gebunden[135].

a) *Das Kriterium der im Allgemeininteresse liegenden Aufgaben nicht gewerblicher Art*

Das Kriterium der im Allgemeininteresse liegenden Aufgaben nicht gewerblicher Art dient dem staatlichen Vergaberecht als Merkmal der Auftraggeber, die unmittelbar oder mittelbar dem Staat zuzurechnen sind. Es soll neben dem Staat[136] ohne Ausweichmöglichkeit auch solche Einrichtungen als öffentliche Auftraggeber definieren, die zwar solche Aufgaben erfüllen, „jedoch nicht förmlich in die staatliche Verwaltung eingegliedert sind“[137].

Tatsächlich dokumentiert dieses Merkmal in den europarechtlichen und bundesdeutschen Bestimmungen die vollzogene Abkehr von der zuvor geltenden Regelung, dass eine Ausschreibung grundsätzlich (nur) dann zu erfolgen hat,

---

135 So *H.-J. Prieß*, Religionsgemeinschaften, aaO; *F. Marx/H.-J. Prieß*, in: Th. Jestaedt/K. Kemper/F. Marx/H.-J. Prieß (Hrsg.), Das Recht der Auftragsvergabe, 1999, S. 42; *F. Marx*, in Beck'scher VOB-Kommentar, aaO, zu § 98 GWB, Rn. 35; *M. J. Werner*, aaO, zu § 98 GWB, Rn. 319; *M. Müller-Wrede*, aaO, zu § 98 GWB, Rn. 71; *M. Vachek*, aaO, S. 297 f.; *R. Bechthold*, aaO, zu § 98 GWB, Rn. 18; *F. P. Ohler*, aaO, S. 182 ff (186) und so wohl auch *H. Thieme/C. Corell*, Deutsches Vergaberecht zwischen nationaler Tradition und europäischer Integration, DVBl. 1999, S. 884 (889); differenzierend *Th. Stickler*, aaO, zu § 98 GWB, Rn. 37; *K. Eschenbruch*, aaO, zu § 98, Rn. 76 sowie *O. Dörr*, aaO, S. 11 f. A.A.: *K. Hailbronner*, aaO, S. 290; *R. Weyans*, Religionsgesellschaften und Vergaberecht, BauR 1996, 780 (780); *A. Boesen*, aaO, zu § 98 GWB, Rn. 88; *J. Dietlein*, aaO, S. 139.

136 Die Bezeichnungen variieren, ohne dass diesem Umstand im vorliegendem Zusammenhang Bedeutung zukommt. So sprechen die EG-Richtlinien übereinstimmend vom „Staat, Gebietskörperschaften, Einrichtungen des öffentlichen Rechts und Verbänden, die aus einer oder mehreren dieser Körperschaften oder Einrichtungen bestehen“; vgl. jeweils Art. 1 Buchst. b) der BKR, DKR und LKR. In § 98 Nr. 1 GWB spricht der Bundesgesetzgeber dagegen an dieser Stelle nur von „Gebietskörperschaften sowie deren Sondervermögen“.

137 Grundlegend EuGH Rs. 31/87, Rn. 11; dazu vgl. *H.-J. Prieß*, Handbuch des Vergaberechts, aaO, S. 88 m.w.N.

wenn der Auftrag von einer staatlichen Haushaltsorganisation zu erteilen war[138]. Dieses Merkmal ist allerdings mit der Schwierigkeit verbunden, dass weder das Recht der Europäischen Gemeinschaft noch das bundesdeutsche Recht definiert, was unter den im Allgemeininteresse liegenden Aufgaben nicht gewerblicher Art zu verstehen ist[139].

Dieses Merkmal steht in der vergaberechtlichen Definition des öffentlichen Auftraggebers freilich nicht für sich allein. Es definiert den öffentlichen Auftraggeber verbunden mit weiteren Voraussetzungen, welche die Staatsnähe des öffentlichen Auftraggebers ausweisen[140]. Jedoch nährt die Betrachtung dieses Merkmals allein in Verbindung mit den im Anhang I zur BKR genannten Bereichen[141] die Vermutung, auch Religionsgemeinschaften – und so auch die evangelischen Landeskirchen in Deutschland – könnten Aufgaben wahrnehmen, die dem Staat zuzurechnen seien, soweit diese im Allgemeininteresse lägen. Eine nähere Prüfung belegt freilich, dass die genannte Vermutung unbegründet ist.

b) Die Aufgaben der evangelischen Landeskirchen in der Geschichte

Die Aufgaben der evangelischen Landeskirchen in Deutschland werden durch den Auftrag bestimmt, zu dem die Kirche gestiftet ist. Dieser Auftrag umfasst die Verkündigung des Evangeliums und den Dienst an den Menschen als ständiges Angebot in Gottesdiensten, in der Seelsorge und in sozialen Nöten. Das Angebot richtet sich an Personen aller Altersgruppen und klammert keinen Bereich ihrer Existenz aus[142]. Seine Begründung findet dieser Dienst in der Botschaft des

---

138 Vgl. § 30 HGrG.

139 Soweit unbestritten, vgl. nur *K. Hailbronner*, aaO, S. 286 f.

140 Dazu zählen die staatliche Finanzierung, die staatliche Aufsicht sowie der staatliche Einfluss auf die Zusammensetzung des Leitungsorgans des Auftraggebers; vgl. jeweils Art. 1 Buchst. b) der BKR, DKR und der LKR sowie § 98 Nr. 2 des GWB sowie EuGH Rs. C-237/99, Rn. 49.

141 Dieser Anhang weist als öffentliche Auftraggeber u.a. die einer staatlichen Kontrolle unterliegenden Kultur-, Wohlfahrts- und Hilfsstiftungen wie auch Versorgungsanstalten sowie ebenfalls der staatlichen Kontrolle unterliegende Einrichtungen der Kultur, des Gesundheits-, des Sozial-, des Bildungs- und des Friedhofswesens sowie eben solche Einrichtungen aus, die der Zusammenarbeit mit den Entwicklungsländern dienen; vgl. Abschnitt III, Ziff. 1.2 und 2 des Verzeichnisses der Einrichtungen und Kategorien von Einrichtungen des öffentlichen Rechts nach Art. 1 Buchst. b), Anhang I der BKR.

142 Zum Ganzen vgl. *S. Grundmann*, Art. „Ev. Kirche", in: RGG, Bd. 3, 1959[3], Sp. 1323 ff.; *E. Fahlbusch*, Art. „Kirche, 1. Gegenstand, Aufgaben und Probleme der Ekklesiologie", in: EKL, Bd. 2, 1989[3], Sp. 1046 ff.; *W. Härle*, Art. „Kirche. Dogmatisch", in: TRE, Bd. 18, 1989, S. 277 sowie *H. M. Müller*, Diakonie in Deutschland, ZevKR 47 (2002) S. 475 ff.

Evangeliums. Diese Botschaft verweist die Kirche an die Welt. Demgemäß ist der Dienst der Verkündigung vom Dienst am Menschen nicht zu trennen. Verkündigung ohne Zuwendung an den Menschen machte die Kirche weltlos; der Dienst am Menschen ohne Verkündigung machte sie gottlos[143]. Ihrem Auftrag bleiben die Kirchen auf Dauer verpflichtet, seine äußeren Gestaltungsformen unterliegen den Bedingungen von Ort und Zeit[144].

Vor der Säkularisation der Staatszwecke[145] war die Erfüllung kirchlicher Aufgaben selbstverständlicher Teil des religiös determinierten staatlichen Gemeinwohls[146]. In dem *einen* geistlich-weltlichen Gemeinwesen des mittelalterlichen Sozialmodells der respublica christiana hat die Lehre der protestantischen Reformation von den Zwei Reichen[147] im 16. Jahrhundert Glaube und Werke, Gesetz und Evangelium, Welt und Christenheit, Person und Amt, christliche und bürgerliche Freiheit unterschieden und damit das mittelalterliche Modell der Einheit der Rechtsordnung sowie die Gemeinsamkeit der Strukturen, Prinzipen und Kategorien in der Kirche einerseits und im weltlichen Recht andererseits in Frage gestellt. Mit der Forderung nach einer je eigenen Begründung leitete diese geistliche Bewegung in Deutschland die Unterscheidung von Staat und Kirche, von staatlichen und kirchlichen Aufgaben ein[148].

Mit dem Augsburger Religionsfrieden von 1555[149] verzichtete das Reich auf die von ihm bis dahin in Anspruch genommene Entscheidung der religiösen Wahrheitsfrage, und der Westfälische Friede von 1648[150] führte zu dem rechtlich gesicherten Nebeneinander verschiedener religiöser Bekenntnisse in Deutschland. Zwar nahmen daraufhin in den konfessionell geschlossenen Territorialstaa-

---

143 So prägnant zur Erläuterung des Verhältnisses von Caritas und Kirche: *J. Isensee*, Die karitative Betätigung der Kirchen und der Verfassungsstaat, in: HbdStKirchR, Bd. II, 1995², S. 665 (666).

144 Grundlegend *J. Heckel*, Lex charitatis. Eine juristische Untersuchung über das Recht in der Theologie M. Luthers, 1973², S. 207 ff (Der Christ im irdischen Rechtsleben); *H. Frost*, Zur Methodenproblematik des evangelischen Kirchenrechts, Ausgewählte Schriften zum Staats- und Kirchenrecht, Jus Ecclesiasticum Bd. 65, 2001, S. 260.

145 Zum Ganzen *Chr. Link*, Herrschaftsordnung und bürgerliche Freiheit, 1979; *E.-W. Böckenförde*, Die Entstehung des Staates als Vorgang der Säkularisation, in: *ders.*, Recht, Staat Freiheit. Studien zur Rechtsphilosophie, Staatstheorie und Verfassungsgeschichte, 1991, S. 92 ff.; *M. Heckel*, Zur Entwicklung des deutschen Staatskirchenrechts von der Reformation bis zur Schwelle der Weimarer Verfassung, ZevKR 12 (1966/67) S. 1 ff. = GS Bd. I, S. 366 ff.

146 Dazu *M. Stolleis*, Art. „Gemeinwohl", in: EvStL, 1987³, Sp. 1061 ff.

147 Dazu *M. Honecker*, Art. „Zwei-Reiche-Lehre", in: EvStL, 1987³, Sp. 4112.

148 So zum Ganzen *M. Heckel*, Zur Entwicklung des deutschen Staatskirchenrechts, aaO, ZevKR S. 2 = GS Bd. I, S. 367.

149 Vgl. *M. Heckel*, Art. „Augsburger Religionsfrieden", in: EvStL, 1987³, Sp. 111 ff.

150 Vgl. *K. Schlaich*, Art. „Westfälischer Frieden", in: EvStL, 1987³, Sp. 3970 ff.

ten die Landesherren – gestützt auf die Theorien des Episkopal-, des Territorial- und des Kollegialsystems[151] – das landesherrliche Kirchenregiment[152] wahr. Der sich im ausgehenden 18. Jahrhundert herausbildende paritätische Staat unterschied jedoch bereits scharf die staatlichen Aufsichtsrechte des Landesherrn kraft seiner Souveränität gegenüber jeder Religionsgemeinschaft im Lande (iura circa sacra) von den kirchenregimentlichen Rechten, die dem Landesherrn seit der Reformation aufgrund besonderer Rechtstitel übertragen waren (iure in sacra)[153]. Unter dem Einfluss des aufgeklärten Absolutismus wurde diese Funktionstrennung auch äußerlich in der Unterscheidung von staatlichem und kirchlichem Recht vollzogen, und der bis dahin religiös determinierte Staatszweck wich der irdischen Bestimmung als Wahrung der äußeren Ruhe, Sicherheit, Wohlfahrt und Toleranz[154].

In Deutschland bekämpfte der so säkularisierte Staat die Kirchen nicht wie die Französische Revolution[155]. Er erkannte die Kirchen als Korporationen mit öffentlichen Aufgaben an[156] und gewährleistete ihnen das Eigentum und andere Rechte an ihren für Kultus-, Unterrichts- und Wohltätigkeitszwecke bestimmten Anstalten, Stiftungen und sonstigen Vermögen[157]. Diese staatskirchenrechtliche Konstruktion trennte den säkularisierten Staat nun auch institutionell von den Kirchen und verband beide in den gemeinsam interessierenden Angelegenhei-

---

151 Vgl. *M. Heckel*, Art. „Episkopalsystem“, in: EvStL, 1987³, Sp. 728 ff; *ders.*, Art. „Territorialsystem“, ebd., Sp. 3600 ff. sowie *K. Schlaich*, Art. „Kollegialsystem“, ebd., Sp. 1810 ff.

152 Vgl. *H. Liermann*, Art. „Landesherrliches Kirchenregiment“, in: EvStL, 1987³, Sp. 1925 ff.

153 *M. Heckel*, Art. „Ius circa sacra“, in: EvStL, 1987³, Sp. 1408 (1410).

154 *M. Heckel*, Zur Entwicklung des deutschen Staatskirchenrechts, aaO, ZevKR, S. 18 f. = GS Bd. I, S. 382 f.

155 Zu den staatskirchenrechtlichen Folgen der Französischen Revolution von 1789 vgl. *M. Heckel*, Das Auseinandertreten von Staat und Kirche in Deutschland seit der Mitte des 19. Jahrhunderts, ZevKR 45 (2000) S. 173 (174 ff.).

156 Vgl. dazu die bereits im Preußischen Allgemeinen Landrecht von 1794 (ALR) vorgenommene Unterscheidung zwischen den öffentlich aufgenommenen Kirchengesellschaften, welche „die Rechte priviligierter Corporationen (haben)“, so § 17 im Elften Titel des 2. Teils des ALR, und den geduldeten Religionsgesellschaften, denen „die freye Ausübung ihres Privat-Gottesdienstes verstattet (ist)“, so ebd. § 22. Zur weiteren Entwicklung über Preußen hinaus vgl. *A. Endrös*, Entstehung und Entwicklung des Begriffs „Körperschaft des öffentlichen Rechts, 1985, S. 96 ff.

157 Zum Ganzen vgl. an Stelle der Verfassungen der Einzelstaaten die für das Staatskirchenrecht des 19. Jahrhunderts signifikanten Regelungen der Frankfurter Nationalversammlung, die wie ein Brennglas bereits bestehende entsprechende Regelungen (z.B. Bayern) aufnahmen und spätere Regelungen in den deutschen Nationalstaaten bestimmten, abgedr. bei *Huber/Huber*, Staat und Kirche im 19. und 20. Jahrhundert, Bd. 2, 1990², S. 33 f. mit Anmerkungen dazu.

ten[158]. Die Weimarer Reichsverfassung schließlich bestimmte mit dem Verbot der Staatskirche[159] einerseits und mit der Gewährleistung der selbstständigen Ordnung und Verwaltung kirchlicher Aufgaben[160] andererseits den bis heute geltenden Rahmen für das gleichzeitige Wirken von Staat und Kirche in der Gesellschaft[161].

c) Die kirchlichen Aufgaben heute

Unter dem Grundgesetz unterhalten die evangelischen Landeskirchen in Deutschland z.B. eigene Kindergärten[162], Schul- und Bildungsstätten[163], Krankenhäuser[164], eigene stationäre und ambulante Einrichtungen der Jugend-, Familien-, Behinderten- Alten-, und Sozialhilfe[165], eigene Friedhöfe[166], Museen, Bibliotheken und Archive[167], eigene Versorgungseinrichtungen[168] und eigene Einrichtun-

---

158 *M. Heckel*, Das Auseinandertreten von Staat und Kirche, aaO, S. 173 (179 f.).

159 Art. 137 Abs. 1 WRV.

160 Art. 137 Abs. 3 WRV.

161 Die aufgezeigte Entwicklung verläuft auch in Deutschland nicht gradlinig, sondern ist durch manche Verwerfung, z.B. im Kulturkampf, gezeichnet; vgl. dazu neben *M. Heckel*, Das Auseinandertreten von Staat und Kirche, aaO, S. 178 ff. auch *Huber/Huber*, aaO, Bd. 2, S.395 ff.

162 *B. Kämper*, Kindergärten in kirchlicher Trägerschaft (Diss. jur. 1990), Staatskirchenrechtliche Abhandlungen Bd. 20, 1991; *A. Elgeti*, Rechtsprobleme bei Kindergärten in kirchlicher Trägerschaft, ZevKR 34 (1989) S. 144 ff.; *P. Müller*, Zur Rechtslage kirchlicher Kindergärten nach Einräumung eines Rechtsanspruchs auf einen Kindergartenplatz, ZevKR 34 (1998) S. 145 ff.

163 *W. Loschelder*, Kirche als Schulträger, in: HbdStKirchR Bd. 2, 1995^{2}, S. 511 ff.; *M. Baldus*, Kirchliche Hochschulen, in: HbdStKirchR, ebd. S. 601 (611 f.); *B. Losch*, Erwachsenenbildung und Akademien, in: HbdStKirchR, ebd. S. 639 ff.

164 *O. Depenheuer*, Finanzierung und Organisation der kirchlichen Krankenhäuser, in: HbdStKirchR, Bd. 2, aaO, S. 757.

165 *P. von Tiling*, Die karitativen Werke und Einrichtungen im Bereich der evangelischen Kirche, in: HbdStKirchR, Bd. 2, aaO, S. 809 (810 ff.).

166 *J. Gaedke*, Handbuch des Friedhofs- und Bestattungsrechts, 2000^{8}, S. 15 ff.; *H. Engelhardt*, Bestattungswesen und Friedhofsrecht, in: HbdStKirchR, Bd. 2, aaO, S. 105 ff.

167 *H. Krüger*, Kirchliches Archivwesen, in: HbdStKirchR, Bd. I, 1994^{2}, S. 743 ff.; im Übrigen *Chr. Meyer*, Die Vermögensverwaltung und das Stiftungsrecht im Bereich der evangelischen Kirche, ebd., S. 907 (908).

168 Vgl. z.B. die Satzung der Evangelischen Ruhegehaltskasse in Darmstadt vom 21.10.1970/25.1.1971 i.d.F. vom 5.10.2000, ABl. EKD 2001 S. 413 sowie die Satzung der Kirchlichen Zusatzversorgungskasse Darmstadt vom 1.1.1967, zuletzt geändert durch Beschluss des Verwaltungsrates vom 6.6.2001, ABl. EKD S. 78, ber. S. 243.

gen zur Unterstützung von Kirchen in Entwicklungsländern[169]. Als Träger und Eigentümer umfangreichen Kunst- und Kulturgutes sind sie nicht zuletzt auch selbstständig im Bereich der Kultur- und Denkmalpflege[170] tätig[171].

Diese Aufgaben werden von – jeweils mit eigener Rechtsfähigkeit ausgestatteten – öffentlich-rechtlich organisierten Kirchengemeinden, Kirchenkreisen, Landeskirchen und deren Zusammenschlüssen wahrgenommen[172], ebenso von mit ihnen verbundenen privatrechtlich organisierten diakonischen und anderen kirchlichen Werken[173] wie auch von kirchlichen Kultur-, Wohlfahrts- oder Hilfsstiftungen[174] sowie von juristisch unselbstständigen kirchlichen Einrichtungen[175]. Die Vielfalt der Rechtsformen in den deutschen evangelischen Landeskirchen auch innerhalb der einzelnen Aufgabenfelder[176] erklärt sich aus der Entstehungsgeschichte der jeweiligen Aufgabe[177].

---

169 Vgl. nur Kirchengesetz über die Mitarbeit der Evangelischen Kirche in Deutschland in der Ökumene vom 6.11.1966, ABl. EKD S. 525.

170 *M. Heckel*, Staat, Kirche, Kunst – Rechtsfragen kirchlicher Kunstdenkmäler, Tübinger Rechtswissenschaftliche Abhandlungen, Bd. 22, 1968, S. 125 ff.; *B. M. Kremer*, Denkmalschutz und Denkmalpflege im Bereich der Kirchen, in: HbdStKirchR, Bd. 2, aaO, S. 77 ff.

171 Diese beispielhafte Zusammenstellung kirchlicher Einrichtungen orientiert sich an den für Deutschland genannten Kategorien im Anhang 1 zur BKR.

172 *H. Frost*, Strukturprobleme evangelischer Kirchenverfassung – Rechtsvergleichende Untersuchungen zum Verfassungsrecht der deutschen evangelischen Landeskirchen, 1972, S. 102 ff; *O. v. Campenhausen*, Die Organisationsstruktur der evangelischen Kirche, in: HbdStKirchR, Bd. 1, aaO, S. 383 ff.

173 Unter kirchlichen Werken werden hier – in Anlehnung an *G. Wasse* – kirchliche Arbeitsbereiche mit eigener Rechtsfähigkeit und überwiegend gliedschaftlicher Organisationsstruktur verstanden. Zum Ganzen vgl. *ders*, Die Werke und Einrichtungen der evangelischen Kirche, 1954 sowie *ders.*, Die Werke und Einrichtungen der evangelischen Kirche, ZevKR 4 (1955) S. 74 ff. Zur Diakonie vgl. *A. v. Campenhausen/H.-J. Erhardt*, Kirche – Staat – Diakonie. Zur Rechtsprechung des Bundesverfassungsgerichts im diakonischen Bereich, 1982; *P. von Tiling*, aaO, S. 809 (810 ff.).

174 *A. v. Campenhausen*, Kirchliche Stiftungen, Handbuch des Stiftungsrechts, aaO, S. 473 ff; *Chr. Meyer*, aaO, S. 930 ff.

175 Juristisch unselbstständige Einrichtungen bestehen in den evangelischen Landeskirchen in vielfältigen Zusammenhängen als Anstalten, Stiftungen oder zweckbestimmte Sondervermögen. Ein typisches Beispiel sind die kirchlichen Friedhöfe, die – abgesehen von kirchlichen Zentralfriedhöfen in Großstädten – regelmäßig unselbstständige Einrichtungen (Anstalten) der Kirchengemeinden sind, vgl. als Beispiel nur § 2 der Richtlinie für Friedhöfe in kirchlicher Trägerschaft in der Nordelbischen Ev.- Luth. Kirche vom 29.8.2000, GVOBl. NEK S. 166.

176 Zu einer verbreiteten Erscheinung innerhalb der evangelischen Landeskirchen in Deutschland gehört z.B., dass kirchliche Kindergärten ebenso in der Verantwortung der öffentlich-rechtlich organisierten Kirchengemeinden wic auch von der privat-

d) *Die evangelischen Landeskirchen als Grundrechtsträger*

Mit ihren Aufgaben richten die evangelischen Landeskirchen in Deutschland nunmehr im Rahmen der Ordnung des Grundgesetzes „ein Stück Auftrag der Kirche in dieser Welt“ aus[178]. Sie nehmen dabei keine staatlichen Aufgaben wahr, sondern das Grundrecht auf Glaubens- und Bekenntnisfreiheit und auf ungehinderte Religionsausübung in Anspruch. Beide Gewährleistungen schützen die kirchlichen Aufgaben vor einer Entkirchlichung durch den Staat[179].

aa) Das Grundrecht auf Glaubens- und Bekenntnisfreiheit sowie die Gewährleistung ungestörter Religionsausübung in Art. 4 Abs. 1 und 2 GG umfassen nicht nur individuelle Abwehrrechte. Sie gebieten auch im positiven Sinne Raum für die aktive Betätigung der Glaubensüberzeugung und die Verwirklichung der autonomen Persönlichkeit auf religiösem Gebiet[180]. Damit wird dem Grundrechtsinhaber ein von staatlicher Einflussnahme freier Rechtsraum gewährleistet, in dem er sich eine Lebensform geben kann, die seiner religiösen oder weltanschaulichen Überzeugung entspricht[181]. Diese Gewährleistung beinhaltet nicht nur das Recht des Grundrechtsinhabers, imperativen Glaubenssätzen zu folgen, sondern gewährt ihm auch das Recht, das für seine Glaubensüberzeugung beste und adäquate Handeln zu wählen[182].

Neben der Freiheit des Einzelnen gewährt Art. 4 Abs. 1 und 2 GG notwendigerweise auch die Freiheit des organisatorischen Zusammenschlusses zum Zwecke des gemeinsamen öffentlichen Bekenntnisses, insbesondere die Freiheit der Kirchen in ihrer historisch gewordenen Gestalt zum Bekenntnis gemäß ihrem

---

rechtlich organisierten Diakonie, also in verschiedenen Rechtsformen betrieben werden.

177 Vgl. insbesondere hierzu *H. M. Müller*, aaO.

178 BVerfGE 46, 73 (LS 1) = KirchE 16, 189 = ZevKR 23 (1978) S. 414; BVerfGE 57, 220 (242) = KirchE 18, 392 (402) = ZevKR 26 (1981) S. 197 (199).

179 Art. 4 Abs. 1 und 2 GG. Umfassend dazu *R. Herzog*, in: Maunz-Dürig, GG, zu Art. 4, Rn. 63 ff; *Chr. Starck*, in: v. Mangoldt/Klein/Starck, GG, Bd. I, 1999^4, zu Art. 4 Abs. 1, 2, Rn. 1 ff; *A. v. Campenhausen*, Religionsfreiheit, in: HStR, Bd. VI, § 136, Rn. 41 ff; *J. Listl*, Glaubens-, Bekenntnis- und Kirchenfreiheit, in: HbdStKirchR, Bd. 1, 1994^2, § 14 sowie BVerfGE 19, 1 (5).

180 So BVerfGE 41, 29 (49) = KirchE 15, 128 (134) sowie BVerfGE 52, 223 (240 f.) = KirchE 17, 325 (334 f.) = ZevKR 25 (1980) S. 289 (294) und BVerfGE 93, 1 (16) = KirchE 33, 191 (196) = ZevKR 40 (1995) S. 477 (481).

181 So BVerfGE 12, 1 (3) = KirchE 5, 256 (258) = ZevKR 8 (1961/62) S. 436 (436) sowie BVerfGE 30, 415 (423) = KirchE 12, 101 (108).

182 So BVerfGE 32, 98 (107) = KirchE 12, 294 (297).

Auftrag[183]. Um den Schutz des Religiösen willen, nehmen damit auch die evangelischen Landeskirchen in Deutschland die Pflege und Förderung ihres religiösen Bekenntnisses und die Verkündigung des Glaubens ihrer Mitglieder als Grundrechtsträger wahr[184]. Sie tun dies im Bereich ihrer Verkündigung sowie im Dienst an den Menschen, ebenso öffentlich-rechtlich wie privatrechtlich organisiert, sowohl im Bereich des Privaten wie auch im öffentlichen Bereich.

Die Bestätigung des Status der evangelischen Landeskirchen als Körperschaft des öffentlichen Rechts durch Art. 140 GG/Art. 137 Abs. 5 Satz 1 WRV steht dem nicht entgegen. Aufgrund der gleichzeitigen Abschaffung des Staatskirchentums durch Art. 137 Abs. 1 WRV besagt dieser Status nur, dass den Religionsgemeinschaften die Rechte erhalten bleiben, die mit ihrem öffentlich-rechtlichen Status verbunden waren[185]. Eine Gleichstellung mit öffentlich-rechtlichen Körperschaften, die in den Staat organisch eingegliedert sind, ist damit nicht verbunden. Der Staat erkennt die Kirchen als Institutionen an, „die ihrem Wesen nach unabhängig vom Staat sind und ihre Gewalt nicht von ihm herleiten“[186]. Sie stehen damit unbeschadet ihrer besonderen Qualität dem Staat als Teil der Gesellschaft wie Private gegenüber, können eigene Rechte gegen den Staat geltend machen und sind unter diesem Gesichtspunkt grundrechtsfähig[187].

Soweit Art. 140 GG/Art. 137 Abs. 5 WRV die Kirchen als öffentlich-rechtliche Körperschaften dem öffentlichen Recht zuordnet, eröffnet er ihnen damit bestimmte, dem öffentlichen Recht eigentümliche Gestaltungsmöglichkeiten zur Entfaltung der Religionsfreiheit und unterstützt damit ihre Eigenständigkeit und Unabhängigkeit[188]. Dem öffentlichen Recht sind die Kirchen damit nicht unterworfen. Die Kirchen „leben nicht nach öffentlichem, sondern nach Kirchen-

183 So BVerfGE 42, 312 (323) = KirchE 15, 320 (323) = ZevKR 22 (1977) S. 173 (176) sowie BVerfGE 53, 366 (387) = KirchE 18, 69 (84) = ZevKR 26 (1981) S. 80 (82). Zur Anerkennung der korporativen Gewährleistung der Religionsfreiheit gemäß Art. 9 i.V.m. Art. 11 EMRK vgl. *H.-T. Conring*, Korporative Religionsfreiheit in Europa, Schriften zum internationalen und zum öffentlichen Recht, Bd. 22 (Diss. jur.) 1998, S. 333 ff. sowie zuletzt EuGHMR, Urteil vom 26.10.2000 – 30985/96 – mit Anm. von *D. Kraus*, Zum Umfang des Schutzes der religiösen Organisation, Schweizerisches Jahrbuch für Kirchenrecht, 2001, S. 119 (125 f.).

184 So BVerfGE 19, 129 (132) = KirchE 7, 242 (244).

185 Ebd.

186 So BVerfGE 18, 385 (386 f.) = KirchE 7, 172 (173) = ZevKR 11 (1966/67) S. 413 (414).

187 Vgl. BVerfGE 42, 312 (321 f.) und BVerfGE 102, 370 (387).

188 Zusammenfassend BVerfGE 102, 370 (386 ff) = ZevKR 46 (2001) S. 224 (228 f.). Vgl. dazu *A. v. Campenhausen*, Körperschaftsstatus der Kirchen und Religionsgemeinschaften. Zum Urteil des Bundesverfassungsgerichts zu den Zeugen Jehovas, ZevKR 46 (2001) S. 165 (170).

recht“[189]. Daran ändert weder der Umfang des öffentlichen Wirkens der Kirchen in der Wortverkündigung und im Dienst an den Menschen etwas, noch die zunehmende Dichte staatlicher Regelungen in (auch) kirchlich vertretenen Gemeinwohlbelangen[190].

bb) Vor diesem Hintergrund sind die im Gemeinwohl oder im Allgemeininteresse liegenden kirchlichen Aufgaben[191] von denen des Staates nicht als private, individuelle oder als kommerzielle abgrenzbar[192], denn die evangelischen Landeskirchen nehmen keine derartigen Interessen, sondern der Kirche vorgegebene Aufgaben im Gemeinwesen wahr. Eine Unterteilung ihrer Aufgaben in „kultisch-religiöse“ einerseits und „karitativ-diakonische“ andererseits zerreißt[193], was nach kirchlichem Selbstverständnis zusammengehört und führt zu rechtsfreien Räumen im staatlichen Recht[194].

---

189 Vgl. *A. v. Campenhausen*, in: v. Mangoldt/Klein/Stark, GG, Bd. III, aaO, zu Art. 137 WRV, Rn. 223. Das schließt nicht aus, dass sich die Kirchen zur Regelung ihrer Angelegenheiten der in der staatlichen Rechtsordnung bestehenden Rechtsinstitute bedienen und sich an deren Prinzipien binden. In der Literatur wird diese Bindung mit dem Begriff des „Typenzwangs“ umschrieben. Vgl. dazu *ders.*, Staatskirchenrecht, aaO, insbes. S. 292 f.

190 Zum Verhältnis von Religionsfreiheit und Gemeinwohlerwartung vgl. *St. Magen*, Zum Verhältnis von Körperschaftsstatus und Religionsfreiheit, NVwZ 2001, 888 (889).

191 Dazu *M. Stolleis*, Sozialstaat und karitative Tätigkeit der Kirchen, ZevKR 18 (1973) S. 376; *Chr. Link*, „Arme Träger“. Zur unterschiedlichen Förderung freier Träger im Sozial- und Bildungsbereich des Landes Nordrhein-Westfalen, ZevKR 29 (1984) S. 291 ff.; *A. v. Campenhausen*, Zur Grenzziehung zwischen Staat und Kirche im sozialen Bereich, in: FS für H.-F. Zacher zum 70. Geburtstag, 1998, S. 96 ff; *M. Hartwig*, Korporative Religionsfreiheit und soziale Tätigkeit, Beiträge zum ausländischen öffentlichen Recht und Völkerrecht Bd. 146, S. 509 ff.

192 Der Gegensatz von Allgemein- und Einzelinteresse als Abgrenzungskriterium wird selbst in der vergaberechtlichen Literatur kritisch gesehen; so z.B. *K. Eschenbruch*, aaO, Rn. 34 ff; *A. Boesen*, aaO, Rn. 42 ff.; *Th. Stickler*, aaO, Rn. 16.

193 So z.B. *F. P. Ohler*, wenn er die sozialen und karitativen Aufgaben als zugleich originär staatlich dem Vergaberecht unterwerfen will und dies für die Verwaltung kirchlichen Vermögens mangels Allgemeininteresse ablehnt, *ders.*, aaO, S. 182 und 185.

194 Das Auseinanderreißen kirchlicher Aufgaben um ihrer Einordnung in die staatliche Rechtsordnung willen führte bereits im kirchlichen Dienst- und Organisationsrecht zu staatlich rechtsfreien Räumen. Vor diesem Hintergrund hat die Rechtsprechung die von ihr selbst entwickelte Bereichsscheidung zwischenzeitlich aufgegeben, vgl. dazu BGH, Urteil vom 23.2.2000, NJW 2000, 1555 = ZevKR 45 (2000) S. 650 = NVwZ 2000, 963 (nur LS), dazu die Urteilsanmerkungen von *A. Nolte*, Durchbruch auf dem Weg zu einem gleichwertigen staatlichen Rechtsschutz in „Kirchensachen“?!, NJW 2000, 1844, von *K.-H. Kästner*, Tendenzwende in der Rechtspre-

Schließlich führt auch die Unterscheidung kirchlicher Tätigkeit in Abhängigkeit von der Rechtsform[195] zu keinen überzeugenden Ergebnissen, da z.B. diakonische Aufgaben in den evangelischen Kirchen in Deutschland ebenso vom privatrechtlich organisierten Diakonischen Werk wie auch von den Kirchengemeinden im öffentlich-rechtlichen Kleid wahrgenommen werden, die allein deshalb nicht schlicht als staatliche verrechnet werden können[196].

Angesichts der vielfältigen – ebenso öffentlich-rechtlich wie privatrechtlich organisierten – kirchlichen Aufgaben ist es dagegen sachgerecht, deren religiöse Ausrichtung und ihre organisatorische Einbindung in die Kirche als Kriterien für die Abgrenzung kirchlicher Aufgaben von denen des Staates zu wählen[197]. Vermittels dieser Kriterien vom Staat abgegrenzt, stellen die evangelischen Landeskirchen in Deutschland mit der Erfüllung ihrer Aufgaben als freie Träger[198] religiös bestimmte Kapazitäten, z.B. im Schul-, Gesundheits- und Sozialwesen, bereit[199].

---

chung zum staatlichen Rechtsschutz in Kirchensachen, NVwZ 2000, 889 sowie von *A. v. Campenhausen*, Neues zum staatlichen Rechtsschutz im kirchlichem Bereich, ZevKR 45 (2000) S. 622. Zum Ganzen zuletzt *ders.*, in v. Mangoldt/Klein/Starck, GG, aaO, zu Art. 137 WRV, Rn. 125 ff. In diesem Sinne nun auch das BVerwG, Urteil vom 28.2.2002 – 7 C 7.01 –, DVBl 2002, 986 = JZ 2002, 1102 = DÖV 2002, 952.

195 So aber wohl *F. Marx*, Beck'scher VOB-Kommentar, aaO, zu § 98 GWB, Rn. 35.

196 *A. Boesen*, aaO, Rn. 90 erkennt dagegen vor dem Hintergrund des § 98 Nr. 5 GWB das Problem der Unterscheidung in Abhängigkeit von der Rechtsform.

197 Beide Kriterien sind staatlichen wie kirchlichen Stiftungsgesetzen zur Abgrenzung kirchlicher Stiftungen von privaten oder von solchen des öffentlichen Rechts entnommen, vgl. dazu *A. v. Campenhausen*, Handbuch des Stiftungsrechts, aaO, § 23 mit Nachweisen. Die Wahl dieser Kriterien stützt sich im Übrigen auf die Rechtsprechung des Bundesverfassungsgerichts über die Zuordnung von Aufgaben zur Kirche, vgl. hierzu nur BVerfGE 24, 236 = KirchE 10, 181 = ZevKR 14 (1968/69) S. 403 (nur LS).

198 Als freie Träger werden nicht staatliche und nicht kommunale Institutionen benannt, die in der Wohlfahrtspflege und im Schulwesen Einrichtungen unterhalten; vgl. dazu *A. v. Campenhausen*, Art. „Freie Träger", in: EvStL, 1987[3], Sp. 959 ff.

199 Zur Anzahl der freien Träger in der bundesdeutschen Gesellschaft vgl. die statistischen Angaben bei *A. v. Campenhausen*, ebd. Sp. 960 f. sowie für den Bereich der Diakonie der evangelischen Landeskirchen in Deutschland die Angaben bei *von Tiling*, aaO, S. 810 ff; für den Schulbereich vgl. *M. Schreiner*, Art. „Freie Schulen", in: RGG, Bd. 3, 2000[4], Sp. 301 (302). Zur inhaltlichen Bedeutung vgl. die Gemeinsame Stellungnahme des Rates der EKD und der Deutschen Bischofskonferenz zu Fragen des europäischen Einigungsprozesses, Kirchenamt der EKD und Sekretariat der Deutschen Bischofskonferenz (Hrsg.), Zum Verhältnis von Staat und Kirche im Blick auf die Europäische Union, Gemeinsame Texte, 1995, Nr. 4, S. 11 ff.

Derartige religiös bestimmte Aufgaben wahrzunehmen, ist dem säkularen Staat der Bundesrepublik Deutschland gemäß Art. 140 GG/Art. 137 Abs. 1 WRV verwehrt[200]. Um der Freiheit seiner Bürger willen hat sich der Staat des Religiösen entäußert, und das Grundgesetz legt ihm als Heimstatt aller Staatsbürger weltanschaulich-religiöse Neutralität auf. Diese verwehrt dem Staat auch, staatskirchliche Rechtsformen einzuführen[201].

cc) Gleichwohl sind dem Staat derartige kirchliche Einrichtungen wegen des ihn bindenden Sozialstaatsprinzips[202] willkommen, denn er erfüllt seine soziale Verantwortung im Gegenüber zur Gesellschaft[203], verzichtet auf ein Monopol im Sozialen[204] und schafft die erforderlichen Voraussetzungen u.a. für die Existenz von Einrichtungen in der Gesellschaft, die sich hilfsbedürftigen Bürgern zuwenden[205]. Diese Einrichtungen „handeln im Rahmen der staatlichen Vorschriften nicht als beliehene Träger öffentlicher Verwaltung, sondern als private Organisationen“[206]. Damit gewährleistet der Staat über die freien Träger die Wahlfreiheit des Hilfesuchenden und die Angebotsfreiheit des Hilfeleistenden. Er wahrt damit die Pluralität der Strukturen und Werte im sozialen Bereich[207].

Dieses Neben- und Miteinander staatlicher und nicht staatlicher Einrichtungen in staatlich geregelten gesellschaftlichen Bereichen bestand in Deutschland bereits vor der Geltung des Grundgesetzes. So führte der preußische Staat z.B. bereits im 18. Jahrhundert die allgemeine Schulpflicht ein, förderte die Errichtung kommunaler Schule und unterstellte das Schulwesen umfassend seiner Aufsicht[208]. Gleichzeitig gewährleistete er das Bestehen privater Schulen[209]. Auch im Bereich des Gesundheits- und Sozialwesens stehen staatliche Einrichtungen neben nicht staatlichen, seitdem der Staat seine Verantwortung für das soziale

---

200 *A. v. Campenhausen*, in v. Mangoldt/Klein/Starck, GG, aaO, zu Art. 137 WRV, Rn. 38.

201 Vgl. BVerfGE 19, 206 (216) = KirchE 7, 338 (344) = ZevKR 12 (1966/67) S. 374 (375).

202 Art. 20 Abs. 1 GG, vgl. dazu nur *H. F. Zacher*, Das soziale Staatsziel, in: HStR, Bd. 1, 1987, § 25.

203 *H. F. Zacher*, aaO, Rn. 26.

204 So BVerfGE 22, 180 (204) sowie *A. v. Campenhausen*, Zur Grenzziehung zwischen Staat und Kirche im sozialen Bereich, aaO, S. 101.

205 *H. F. Zacher*, aaO. Rn. 31.

206 So BVerfGE 22, 180 (203 f.). Die Vorstellung, es seien privatisierte staatliche Aufgaben, weist das BVerfG ebd. ausdrücklich zurück.

207 *A. v. Campenhausen*, Art. „Freie Träger“, aaO, Sp. 959 f.

208 Für Preußen siehe § 1, Zweiter Teil, Zwölfter Titel ALR und dazu *K. v. Stengel*, Das Staatsrecht des Königreichs Preußen, 1894, S. 528 f.

209 Nunmehr vgl. Art. 7 Abs. 1 sowie 3 und 4 GG.

Wohlergehen seiner Bürger erkannt und wahrgenommen hat[210]. Nicht zuletzt nahm sich der Staat aus Gesundheits- und Erwägungen von Ordnung und Sicherheit bereits im 18. Jahrhundert des Friedhofswesens an und errichtete neben den kirchlichen Friedhöfen kommunale Friedhöfe[211].

Angesichts dieser nun vom Grundgesetz geordneten Pluralität gibt die schlichte Gegenüberstellung von Privat- und Allgemeininteresse keine Auskunft über den Charakter kirchlicher Aufgaben. Auch erweist sich die Vermutung des Staatlichen allein wegen des öffentlich-rechtlichen Kleides einer kirchlichen Aufgabe als haltlos. Dagegen entscheidet die religiöse Begründung einer im Allgemeininteresse liegenden Aufgabe und deren Einbindung in die kirchliche Ordnung darüber, dass es sich nicht um eine staatliche oder dem Staat zuzuordnende Aufgabe handeln kann.

e) Zusammenfassung

Die vorstehenden Ausführungen belegen, dass die evangelischen Landeskirchen und ihre Einrichtungen zwar im Allgemeininteresse liegende Aufgaben wahrnehmen. Diese Aufgaben zeichnen sich jedoch nicht durch Staatsnähe, sondern durch ihre religiöse Begründung aus. Auch soweit die Kirchen im Bereich des Öffentlichen Aufgaben wahrnehmen, erfüllen sie keine staatlichen oder dem Staat zuzuordnenden, sondern als Grundrechtsträger originäre kirchliche Aufgaben[212].

4. Die Finanzierung der evangelischen Landeskirchen insbesondere aus Kirchensteuern

Die Finanzierung der kirchlichen Aufgaben ist ein komplexes Thema. In den evangelischen Landeskirchen in Deutschland bestimmen Finanzmittel unterschiedlicher Formen und Herkunft das kirchliche Finanzsystem[213]. Vergaberechtlich bedeutsam ist nach der Rechtsprechung des EuGH jedoch nur eine Finanzierung, die eine „enge Verbindung ... mit dem Staat, Gebietskörperschaften oder anderen

---

210 Vgl. auch hierzu *K. v. Stengel*, aaO, S. 408 ff.

211 *J. Gaedke*, aaO, S. 6.

212 So auch *K. Hailbronner*, aaO, S. 290; *A. Boesen*, aaO zu § 98 GWB, Rn. 88; *Th. Stickler*, aaO, zu § 98 GWB, Rn. 36; *J. Dietlein*, aaO, S. 139 und so wohl auch *K. Eschenbruch*, aaO, zu § 98 GWB, Rn. 75.

213 So jüngst *K. Blaschke*, Die Kirchenfinanzierung in Deutschland, ZevKR 47 (2002) S. 395 ff., der in seinem Überblick zur Klassifizierung kirchlicher Einnahmen von der Spende des einzelnen Kirchenmitgliedes bis hin zur staatlichen Förderung auf eine grobe Einteilung in sechs verschiedene Gruppen verweist.

Einrichtungen des öffentlichen Rechts widerspiegelt"[214]. Zwar wird vor diesem Hintergrund in der Literatur insbesondere der Charakter der Kirchensteuern diskutiert. Einer näheren Erläuterung bedürfen hier jedoch auch die Zuwendungen an diakonische Einrichtungen im Bereich der Wohlfahrtspflege[215] und nicht zuletzt die Staatsleistungen an die Kirchen.

a) Die überwiegende Finanzierung als Kriterium zur Definition des öffentlichen Auftraggebers

Für das Kriterium der überwiegenden Finanzierung einer öffentlichen Einrichtung i.S. des Art. 1 Buchstabe b) der EG-Vergaberichtlinien oder gemäß § 98 Nr. 2 GWB ist nicht die Herkunft der Mittel entscheidend. Das Kriterium soll den Staat verpflichten, diejenigen Auftraggeber dem staatlichen Vergaberecht zu unterwerfen, die wirtschaftlich in einem engen Verhältnis zu ihm, zu Gebietskörperschaften oder zu sonstigen öffentlichen Auftraggebern stehen. Das Merkmal der Finanzierung teilt damit das Ziel der alternativen Formen einer engen personalen Verbindung oder einer engen Verbindung durch Aufsicht[216].

Dies bestätigen Literatur und Rechtsprechung. Um die enge Verbindung durch eine überwiegende Finanzierung zu präzisieren, greifen beide auf Kennzeichen zurück, die eine enge personale oder eine enge Verbindung durch Aufsicht charakterisieren. Die Verbindung wird als Zuordnung zum Staat oder zu sonstigen öffentlichen Auftraggebern verstanden, durch die der betroffene Auftraggeber beherrscht wird. So wird die überwiegende Finanzierung eines Auftraggebers als Tatbestand der Beherrschung bestimmt[217]. Seine „Finanzierung muss einen solchen Umfang erreicht haben, dass eine Abhängigkeit des beherrschten Unternehmens eingetreten ist"[218].

Der EuGH bestätigt (mittelbar) dieses Verständnis, wenn er in normalen Geschäftsbeziehungen, die von frei ausgehandelten gegenseitigen Verträgen bestimmt werden, eine andere Qualität der Verbindung als diejenige sieht, die durch

---

214 EuGH, Rs. C-380/98, aaO, Rn. 20.

215 Insbesondere *F. P. Ohler* sind sie ein Beleg für eine vergaberechtlich relevante Finanzierung kirchlicher Aufgaben, vgl. *ders.*, aaO, S. 181.

216 EuGH, Rs. 380/98, ebd. wie auch EuGH, Rs. C-237/99, Rn. 49.

217 In diesem Sinne spricht *A. Boesen* von einer „Beherrschung aufgrund überwiegender Finanzierung", *ders.*, aaO, zu § 98 GWB, Rn. 66. Ebenso charakterisiert *F. Marx* die überwiegende Finanzierung als Ausdruck einer Beherrschung, *ders.*, aaO, zu § 98 GWB, Rn. 36. *Th. Stickler* grenzt dagegen die Beherrschung von der überwiegenden Finanzierung ab, *ders.*, aaO, zu § 98 GWB, Rn. 22 ff. Die Rechtsprechung der bundesdeutschen Nachprüfungsstellen zur Beherrschung durch überwiegende Finanzierung dokumentiert ausführlich *K. Eschenbruch*, aaO, zu § 98, Rn. 54 ff.

218 So *K. Eschenbruch*, aaO, zu § 98 GWB, Rn. 63.

reine Unterstützungsleistungen entsteht. Nur letztere sind nach der Rechtsprechung des EuGH für den Tatbestand der überwiegenden Finanzierung i.S. des Vergaberechts von Bedeutung[219]. Im Übrigen bestätigt der EuGH, dass der Begriff „überwiegend" i.S. von „zu mehr als der Hälfte" zu verstehen ist"[220].

Die vorgenannte Abgrenzung ist geeignet zu begründen, dass durch die Kirchensteuer, durch Zuwendungen an diakonische Einrichtungen im Bereich der freien Wohlfahrtspflege wie auch durch Staatsleistungen keine Finanzierung erfolgt, die den Tatbestand der überwiegenden Finanzierung in Art. 1 Buchstabe b) der EG-Vergaberichtlinien und gemäß § 98 Nr. 2 GWB erfüllt.

b) Die Finanzierung kirchlicher Aufgaben aus Kirchensteuern

Trotz bestehender Unterschiede zwischen den 24 evangelischen Landeskirchen in Deutschland stellen die Einnahmen aus Kirchensteuern gemeinhin die finanzielle Grundlage dieser Kirchen dar. Sie bilden die wesentliche, wenn auch nicht durchgängig die überwiegende Einnahmequelle für die Erfüllung kirchlicher Aufgaben[221].

aa) Die Kirchensteuer geht auf eine Initiative des Staates im 19. Jahrhundert zur kirchlichen Eigenfinanzierung zurück[222]. Ihre Entstehung verdankt die Kirchensteuer dem Bemühen des Staates, die ihm von alters her obliegenden Rechtspflichten zur Deckung des kirchlichen Finanzbedarfs zumindest teilweise abzustreifen und durch ein Instrument zu ersetzen, welche die Kirchenmitglieder

---

219 EuGH, Rs. 380/98, aaO, Rn. 25.

220 EuGH, ebd. Rn. 32.

221 Zur wirtschaftlichen Bedeutung der Kirchensteuer in Deutschland vgl. *F. Hammer*, Rechtsfragen der Kirchensteuer, Jus Ecclesiasticum Bd. 66, 2002, S. 78 ff. (S. 80, Fn. 13). Einen Überblick gewähren weiter die Beiträge in: *U.-P. Heidingsfeld* (Hrsg.), Entwicklungen im kirchlichen Finanzwesen, dargestellt an acht evangelischen Landeskirchen, Kirchl. Jahrbuch 2000, S. 302 ff., jeweils mit ausführlichen statistischen Belegen und weiterführenden Literaturhinweisen.

222 Zum Ganzen: *F. Giese*, Deutsches Kirchensteuerrecht, Kirchenrechtliche Abhandlungen Heft 69 - 71, 1910; *H. Engelhardt*, Die Kirchensteuer in der Bundesrepublik Deutschland, 1968; *ders.*, Die Kirchensteuer in den neuen Bundesländern, 1991; *H. Marré*, Das kirchliche Besteuerungsrecht, in: HbdStKirchR, Bd. 1, 1994^2, S. 1101 ff.; *A. v. Campenhausen*, Staatskirchenrecht, aaO, S. 256 ff.; *ders.*, in: v. Mangoldt/Klein/Starck, GG, aaO, zu Art. 137 WRV Rn. 264 ff; *U. Suhrbier-Hahn*, Das Kirchensteuerrecht,1999 sowie *F. Hammer*, Rechtsfragen der Kirchensteuer, aaO. Einen territorial begrenzten, aber detaillierten Überblick über die Entstehung und Entwicklung der Kirchensteuer gibt *H. Otte*, Die Kirchensteuer in Hannover: Von der 'Kirchenanlage' zur Landeskirchensteuer, Jahrbuch der Gesellschaft für niedersächsische Kirchengeschichte, Bd. 99, 2001, S. 227 ff.

selbst zur Bedarfsdeckung heranzieht[223]. „Nicht mehr Fremdfinanzierung aus dem allgemeinen Staatsbudget sollte das Prinzip sein, sondern Eigenfinanzierung durch die Mitglieder, wenngleich mit staatlicher Rechts- und Verwaltungshilfe“[224].

Begünstigt durch weitere Umstände[225] war insbesondere die zu Beginn des 19. Jahrhunderts einsetzende und zunehmende konfessionelle Mischung der Bevölkerung[226] in den zuvor konfessionell weitgehend geschlossenen deutschen Territorialstaaten der Anstoß für eine auf die jeweilige Kirchenzugehörigkeit abstellende Regelung der Kirchenfinanzierung. Bereits damals verwehrte das Recht auf Religionsfreiheit und der Gesichtspunkt der konfessionellen Parität, die Konfessionsgenossen einer Religionspartei für die Bedürfnisse einer anderen Religionsgemeinschaft heranzuziehen[227].

In ihrer rechtlichen Ausgestaltung knüpfte die Kirchensteuer insbesondere in Preußen an die Regelung an, die für die Bauunterhaltung von Kirchengebäuden bereits vor der juristischen Trennung von Kommune und Kirchengemeinde bestand[228]. Danach waren für die Bauunterhaltung von Kirchengebäuden die Einkünfte aus dem zweckbestimmten Kirchenvermögen sowie subsidiär der baulastpflichtige Kirchenpatron und die Konfessionsgenossen einer politischen Gemeinde heranzuziehen, für deren religiöse Bedürfnisse das Gebäude bestimmt war (Parochianer)[229]. Von Letzteren wurde bei Bedarf zur Deckung der Kosten für die Bauunterhaltung ein Zuschlag zu bestehenden Gemeindelasten als Baulastabgabe notfalls zwangsweise erhoben[230].

---

223 *F. Giese*, aaO, S. 15 ff.; *H. Marré*, aaO, S. 1101 f.; *A. v. Campenhausen*, Staatskirchenrecht, aaO, S. 256 ff. sowie *F. Hammer*, aaO, S. 34 ff.

224 *A. Hollerbach*, Der verfassungsrechtliche Schutz kirchlicher Organisation, in: HStR, Bd. VI, § 139, Rn. 49.

225 Zu den weiteren Umständen vgl. nur *F. Giese*, aaO, S. 15; *A. v. Campenhausen*, in: v. Mangoldt/Klein/ Starck, GG, aaO, zu Art. 137 WRV, Rn. 265.

226 Vgl. dazu die einleitenden Bemerkungen von *L. Hölscher* zu den Umrissen der religiösen Geographie Deutschlands in der Neuzeit mit Kartenmaterial, *ders.*, Datenatlas zur religiösen Geographie im protestantischen Deutschland. Von der Mitte des 19. Jahrhunderts bis zum Zweiten Weltkrieg, Bd. 1, 2001, S. 11 ff.

227 In Preußen so bereits im ausgehenden 18. Jahrhundert; vgl. Ersten Abschnitt des Elften Titels im Zweiten Teil des ALR (Von den Kirchengesellschaften überhaupt).

228 *F. Giese*, aaO, S. 17. Dieser Bezug mag angesichts des von *F. Hammer*, aaO, S. 40 ff. dargestellten komplexen Geflechts von Ursachen und Wirkungen, die zur Entstehung der Kirchensteuer führten, vereinfachend erscheinen. Der Hinweis auf die Regelung der Baulast insbes. in Preußen ist jedoch geeignet, die bis heute bestehende Struktur der Kirchensteuer zu verdeutlichen.

229 So z.B. §§ 710 ff, insbes. § 720 Zweiter Teil, Elfter Abschnitt ALR; dazu *F. Giese*, aaO, S. 25 ff.

230 Vgl. nur *F. Giese*, aaO, S. 22 f.

bb) Die evangelischen Landeskirchen in Deutschland begrüßten die Absicht[231], die praktizierte Baulastabgabe weiterzuentwickeln[232]. In der Folge wurde in den deutschen Territorialstaaten – wenn auch mit mannigfaltigen Unterschieden – die Kirchensteuer zunächst als subsidiäre Baulaststeuer oder auch als eine Einnahmequelle zur Finanzierung begrenzter kirchlicher Aufgaben oder auch für die allgemeinen Bedürfnisse der Kirchen geregelt[233].

Vor diesem Hintergrund verbürgte schließlich die Weimarer Reichsverfassung den öffentlich-rechtlich verfassten Kirchen das Recht, "auf Grund der bürgerlichen Steuerlisten nach Maßgabe der landesrechtlichen Bestimmungen Steuern zu erheben"[234], verlieh ihnen damit das staatliche Hoheitsrecht der Steuererhebung und legte das Prinzip der staatlichen Verwaltungshilfe fest[235].

Dass Art. 140 GG/Art. 137 Abs. 6 WRV nur Personen der Kirchensteuerpflicht unterwirft, die einer steuerberechtigten Kirche als Mitglieder angehören, entschied letztlich das Bundesverfassungsgericht[236].

cc) Unter dem Grundgesetz ist die Kirchensteuer keine staatliche, sondern eine gemeinsame Angelegenheit von Staat und Kirche[237].

Das mit Art. 140 GG/Art. 137 Abs. 6 WRV verbürgte Recht gewährt zwar den Kirchen die hoheitliche Befugnis, von ihren Mitgliedern Steuer nach Maßgabe der landesrechtlichen Bestimmungen zu erheben und „schließt die Verpflichtung des Staates ein, die Voraussetzungen für die Steuererhebung durch Erlass von Landesgesetzen zu schaffen und dabei die Möglichkeit einer zwangsweisen

---

231 Vgl. *R. W. Dove*, Sätze des Referenten über die kirchliche Besteuerung, Bericht vor der Eisenacher Konferenz 1870, Allgem. Kirchenblatt 1870, S. 560 (564 f.) sowie den Beschluss der Eisenacher Konferenz dazu, ebd. S. 585 f.

232 Ebd., S. 566 f. und 587 f.

233 Nachweise bei *Huber/Huber*, aaO, Bd. 3, S. 36 ff. Auf die Unterschiede macht insbesondere *F. Hammer* aufmerksam, vgl. *ders.*, aaO, S. 45 ff. Auch *F. Giese* sieht in der preußischen Regelung zutreffend zunächst nur einen von vielen Anknüpfungspunkten für die Kirchensteuer im heutigen Gewand, vgl. *ders.*, aaO, S. 17 ff.

234 Art. 137 Abs. 6 WRV.

235 *G. Anschütz*, aaO, 648 ff; *A. v. Campenhausen*, in: v. Mangoldt/Klein/Starck, GG, aaO, Rn. 266; *F. Hammer*, aaO, S. 54 f.

236 Zur ursprünglich davon abweichenden Ansicht vgl. *G. Anschütz*, aaO, S. 648 f. Nunmehr BVerfGE 19, 206 (216) = ZevKR 12 (1966/67) S. 374 (375 f.) = KirchE 7, 338 (344); BVerfGE 19, 226 (235 f.) = ZevKR 12 (1966/67) S. 382 (382) = KirchE 7, 310 (314); BVerfGE 19, 242 (247) = ZevKR 12 (1966/67) S. 386 (386) = KirchE 7, 319 (322); BVerfGE 30, 415 (421 f.) = ZevKR 16 (1971) S. 218 (nur LS) = KirchE 12, 101 (106); BVerfGE 44, 37 (50) = ZevKR 22 (1977) S. 418 (419) = KirchE 16, 47 (51).

237 BVerfGE 19, 206 (217); zur Lit. an Stelle aller *A. v. Campenhausen*, Staatskirchenrecht, aaO, S. 260.

Beitreibung vorzusehen"[238]. Dennoch nehmen die Kirchen mit der Erhebung der Kirchensteuer nicht als Beliehene staatliche, sondern eigene, kirchliche Aufgaben wahr[239], denn Gläubiger der Kirchensteuer ist nicht der Staat, sondern die steuererhebende Kirche, und der Steuerschuldner ist ihr Mitglied[240].

Durch die Kirchensteuer erfolgt auch mittelbar keine staatliche Finanzierung[241]. Zwar ist die Kirchensteuer eine Steuer i.S. des § 3 Abs. 1 der Abgabenordnung, sie stützt sich jedoch nicht aus der Gemeinwohlverantwortung des Staates heraus auf den finanzierungsfähigen Jedermann zur Mitfinanzierung öffentlicher Aufgaben und knüpft nicht an die Sozialpflichtigkeit der Erwerbsgrundlagen und des Erwerbs in privater Hand an[242]. Auch findet sie ihre Rechtfertigung nicht in der Gebietshoheit und im Finanzbedarf des Staates[243].

Anders als die staatliche Steuer knüpft die Kirchensteuer an dem Kirchenmitglied und seiner kirchlichen Verpflichtung an, „den Dienst der Kirche durch Leistung gesetzlich geordneter kirchlicher Abgaben mitzutragen und zu fördern"[244]. Die Höhe des Hebesatzes der Kirchensteuer wird vom finanziellen Bedarf der Kirchen bestimmt und von kirchlichen Organen auf der Grundlage eigener Bedarfserhebung festgelegt[245]. Ihnen obliegt auch allein die Kontrolle über die Verwendung der Einnahmen aus Kirchensteuern[246].

---

238 BVerfGE ebd.

239 Vgl. BVerfGE 102, 370 (390 f.) = ZevKR 46 (2002) S. 224 (230).

240 An Stelle aller *A. v. Campenhausen*, in: v. Mangoldt/Klein/Starck, GG, aaO zu Art. 137 WRV, Rn. 282 und 283.

241 So aber *F. P. Ohler* mit der unzutreffenden Behauptung, das deutsche Staatskirchenrecht verpflichte den Staat dazu, für die Religionsgesellschaften eine Finanzierungsverantwortung zu übernehmen, die durch eine bestehende staatliche Kontrolle über die Verwendung der Finanzmittel dokumentiert werde; *ders.*, aaO, S. 180 f.

242 Vgl. *P. Kirchhof*, Staatliche Einnahmen, in: HStR, Bd. IV, § 88, Rn. 45 ff.

243 Ebd., Rn. 52.

244 Kirchengesetz über die Kirchenmitgliedschaft, das kirchliche Meldewesen und den Schutz der Daten der Kirchenmitglieder vom 10.11.1976, ABl. EKD S. 389. Unzutreffend insoweit auch die zugespitzte Bemerkung von *Th. Stickler*: „Die Religionsgemeinschaften haben das Privileg, sich wie, nicht aber durch den Bund und die Länder zu finanzieren", *ders.*, aaO, zu § 98 GWB, Rn. 37.

245 Vgl. dazu die Kirchensteuergesetze der Länder: Baden-Württemberg: § 9 Kirchensteuergesetz i.d.F. vom 6.2.2001, GBl. BW S. 116; Freistaat Bayern: Art. 8 Kirchensteuergesetz i.d.F. vom 24.12.2001, GVBl. Bay S. 1002; Berlin: § 3 Kirchensteuergesetz i.d.F. vom 18.12.2001, GVBl. Bln S. 698; Brandenburg: § 2 Kirchensteuergesetz i.d.F. vom 6.12.2001, GVBl. Bbg I S. 242; Bremen: § 3 Kirchensteuergesetz i.d.F. vom 23.8.2001, GBl. Brm S. 268; Hamburg: § 4 Kirchensteuergesetz i.d.F. vom 18.7.2001, GVBl. Hbg S. 218; Hessen: § 7 Kirchensteuergesetz i.d.F. vom 31.10.2001, GVBl. He I S. 442; Mecklenburg-Vorpommern § 2 Kirchensteuergesetz vom 17.12.2001 GVBl M.-V. S. 605; Niedersachsen: § 2 Kirchensteuergesetz i.d.F. vom 14.12.2001, GVBl. Nds S. 760; Nordrhein-Westfalen § 2 Kirchensteuergesetz

Der Vorbehalt der staatlichen Anerkennung oder Genehmigung[247] der kirchlich festgesetzten Hebesätze steht dem nicht entgegen. Dieser staatliche Vorbehalt dient nicht dazu, die Kirchensteuereinnahmen oder deren Verwendung zu kontrollieren, sondern ist auf den Schutz des Kirchenmitglieds als Staatsbürger vor einer übermäßigen steuerlichen Belastung gerichtet[248]. Daneben soll die staatliche Anerkennung oder Genehmigung kirchlicher Kirchensteuerordnungen gewährleisten, dass die Prinzipien der Gesetzmäßigkeit, der Tatbestandsmäßigkeit und der Gleichmäßigkeit gegenüber den Kirchenmitgliedern als Steuerpflichtige gewahrt sind, ohne die der Staat seine Verwaltungshilfe nicht bereitstellen darf[249].

Die den Kirchen verfassungsrechtlich garantierte Verwaltungshilfe stellt der Staat heute durch die Mitwirkung seine Finanzämter auf der Grundlage vertraglicher Vereinbarungen zwischen den Ländern und den evangelischen Landeskirchen zur Verfügung. Diese Vereinbarungen sehen zum einen vor, dass die Kirchensteuern von den staatlichen Finanzämtern festgesetzt, erhoben und an die Kirchen abgeführt werden. Zum anderen regeln sie die finanzielle Gegenleistung der Kirchen für diese Tätigkeit der staatlichen Finanzämter[250]. Diese Vereinba-

---

i.d.F. vom 6.3.2001, GVBl. NW. S. 103; Rheinland-Pfalz: § 2 Kirchensteuergesetz i.d.F. vom 18.12.2001, GVBl. Rh-Pf S. 305; Saarland: § 2 Kirchensteuergesetz i.d.F. vom 12.6.2002, ABl. Saar 2000 S. 1414; Sachsen Anhalt: § 3 Abs. 3 Kirchensteuergesetz vom 7.12.2001, GVBl. LSA S. 557; Freistaat Sachen: § 4 Abs. 4 Kirchensteuergesetz vom 14.2.2002, Sächs. GVBl. S. 82; Schleswig-Holstein: § 2 Kirchensteuergesetz i.d.F. vom 13.12.2001, GVBl. SchlH S. 396; Thüringen: § 6 Kirchensteuergesetz vom 24.10.2001, GVBl. Thü S. 275.

246 Anstelle aller *F. Hammer*, aaO, S. 142 f.

247 Die Bezeichnungen variieren von Bundesland zu Bundesland, siehe dazu die unten aufgeführten Verträge der Länder mit den evangelischen Landeskirchen.

248 So ausdrücklich *H. Engelhardt*, Die Kirchensteuer in der Bundesrepublik Deutschland, aaO, S. 178 sowie *ders.*, Die Kirchensteuer in den neuen Bundesländern, aaO, S. 11.

249 *H. Engelhardt*, Die Kirchensteuer in der Bundesrepublik Deutschland, aaO, S. 177 f.; *ders.*, Die Kirchensteuer in den neuen Bundesländern, aaO, S. 11; *A. v. Campenhausen*, in: v. Mangoldt/Klein/Starck, GG, aaO, zu Art. 137 WRV Rn. 292; *U. Suhrbier-Hahn*, aaO, S. 10 f. sowie *F. Hammer*, aaO, S. 142 f.

250 Derartige Vereinbarungen sind Inhalt fast aller nach 1945 zwischen den Bundesländern und den evangelischen Landeskirchen abgeschlossenen Staatskirchenverträge, so z.B. Art. 18 des Vertrages des Landes Hessen mit den Evangelischen Landeskirchen in Hessen vom 18.2.1960 (Wiesbadener Vertrag), zitiert nach *J. Listl* (Hrsg.), Die Konkordate und Kirchenverträge in der Bundesrepublik Deutschland, Bd. 1, 1987, S. 802; Art. 13 des Vertrages des Landes Niedersachsen mit den Evangelischen Landeskirchen in Niedersachsen vom 19.3.1955 (Loccumer Vertrag), ebd., Bd. 2, S. 109; Art. 23 des Vertrages des Landes Rheinland-Pfalz mit den Evangelischen Landeskirchen in Rheinland-Pfalz vom 31.3.1962 (Mainzer Vertrag), ebd., S.

rungen kontrollieren nicht, sondern setzen voraus, dass die staatlichen Kirchensteuergesetze wie auch die kirchlichen Steuerordnungen den Anforderungen für die staatliche Verwaltungshilfe entsprechen[251].

c) Leistungsentgelte und Zuwendungen an die kirchlichen freien Träger der Wohlfahrtspflege

Von den Kirchensteuern zu unterscheiden sind Leistungsentgelte und Zuwendungen an die evangelischen Landeskirchen in Deutschland, ihre Untergliederungen, deren Zusammenschlüsse und an die mit ihnen verbundenen freien Träger im Be-

---

487; Art. 15 des Vertrages zwischen dem Land Schleswig-Holstein und den evangelischen Landeskirchen in Schleswig-Holstein vom 23.4.1957 (Kieler Vertrag), ebd., S. 665 sowie in den neuen Bundesländern: Art. 15 des Vertrages des Landes Sachsen-Anhalt mit den evangelischen Landeskirchen in Sachsen-Anhalt vom 15.9.1993 (Wittenberger Vertrag), GVBl. LSA 1994, S. 172 = ABl. EKD 1994, S. 24; Art. 17 des Vertrages zwischen dem Land Mecklenburg-Vorpommern und der Evangelisch-Lutherischen Landeskirche Mecklenburgs und der Pommerschen Landeskirche vom 20.1.1994 (Güstrower Vertrag), GVOBl. M.-V. 1996, S. 499 = ABl. EKD 1996, S. 444; Art. 15 des Vertrages des Freistaats Thüringen mit den evangelischen Kirchen in Thüringen vom 15.3.1994 (Erfurter Vertrag), GVBl. Th 1994, S. 509 = ABl. EKD 1994, S. 280; Art. 17 des Vertrages des Freistaates Sachsen mit den evangelischen Landeskirchen im Freistaat Sachsen vom 24.3.1994 (Dresdener Vertrag), Sächs. GVBl. 1994, S. 1252 = ABl. EKD 1994, S. 270 und Art. 15 des Vertrages zwischen dem Land Brandenburg und den evangelischen Landeskirchen in Brandenburg vom 8.11.1996 (Brandenburger Vertrag), GVBl. BB 1997, S. 4 = ABl. EKD 1997, S. 146.

251 Entgegen der Ansicht von *F. P. Ohler* stellt die Mitwirkung der Finanzämter angesichts der kirchlichen Gegenleistung auch keine „ausdrückliche Förderung" der steuererhebenden Kirche dar, und den von ihm herangezogenen Entscheidungen des Bundesverfassungsgerichts ist Entsprechendes auch nicht zu entnehmen; *ders.*, aaO, S. 178. Die BVerfGE 44, 103 (104) sieht eine Förderung in der gemäß Art. 137 Abs. 6 WRV zulässigen Abhängigkeit der Kirchensteuer von der staatlichen Einkommensteuer, und auch BVerfGE 49, 357 handelt nicht von der Mitwirkung der Finanzämter, sondern von der Eintragung der Religionszugehörigkeit auf der Lohnsteuerkarte. Undifferenziert und irreführend auch *F. P. Ohlers* Ansicht: Das Einziehen der Kirchensteuer sei „nach steuerrechtlichen Regelungen auf die staatlichen Steuerverwaltungsbehörden übertragen worden", *ders.*, aaO, S. 179. Den Ausführungen des von ihm zur Begründung herangezogenen *A. v. Campenhausen* ist nur zu entnehmen, dass die staatlichen Kirchensteuergesetze „den Religionsgemeinschaften die Möglichkeit eröffnet (haben), die Kirchensteuerverwaltung gegen Entgelt auf die staatlichen Steuerverwaltungsbehörden zu übertragen", wovon die Kirchen Gebrauch gemacht haben, *ders.*, Staatskirchenrecht, aaO, S. 266.

reich der Wohlfahrtspflege[252]. Auch diese Mittel zeichnen sich durch Vielfalt in Herkommen und Art aus[253].

aa) Leistungsentgelte erhalten kirchliche Einrichtungen als freie Träger der Wohlfahrtspflege für Heil- oder Pflegeleistungen. Diese Zahlungen erfolgen auf der Grundlage von Leistungsvereinbarungen, die zwischen den freien Trägern und den Kostenträgern (z.B. den Kranken- oder Pflegekassen) über die Erstattung von Heil- und Pflegekosten abgeschlossen werden. Die dafür erforderlichen Mittel der Kassen speisen sich aus den Beiträgen ihrer Mitglieder. Die Prüfung dieser Mittel ist Gegenstand sogenannter Prüfungsvereinbarungen, welche die freien Träger mit den Kostenträgern abschließen. Einer staatlichen Rechnungsprüfung unterliegen diese Mittel nicht[254].

Daneben erhalten kirchliche Einrichtungen staatliche Zuwendungen der Länder und Kommunen z.B. für den Bau von Krankenhäusern oder für Baumaßnahmen im Pflegebereich, aber auch zur Deckung der Betriebskosten von Kindergärten oder Zuwendungen aus Förderprogrammen zur Projektförderung. Solche Leistungen unterliegen einer staatlichen Rechnungsprüfung[255], deren Grenzen bei kirchlichen Einrichtungen umstritten sind[256]. Die staatlichen Zuwendungen zur Förderung kirchlicher Projekte[257] sind von der Finanzierung der laufenden Arbeit einer kirchlichen Einrichtung durch staatliche Zuwendungen abzugrenzen und ein eigenständiges vergaberechtliches Problem.

Die Zuschüsse aus Lotterien und Leistungen im Rahmen eines innerkirchlichen Finanzausgleichs sollen hier nur der Vollständigkeit halber erwähnt werden.

bb) Die freien Träger finanzieren ihre laufende Tätigkeit regelmäßig überwiegend durch Leistungsentgelte auf der Grundlage von Leistungsvereinbarun-

---

252 Zum Ganzen zusammenfassend vgl. insbesondere *J. Isensee*, Die karitative Betätigung der Kirchen und der Verfassungsstaat, in: HbdStKirchR, Bd. 2, 1995², S. 665 (673 ff.) sowie *G. Robbers*, Förderung der Kirche durch den Staat, in: HbdStKirchR, Bd. I², 1994, S. 867 ff.

253 Einen einführenden instruktiven Überblick gibt *Ph. L. Rogge*, Staatliche Finanzkontrolle freier Wohlfahrtspflege, Schriften zum Öffentlichen Recht Bd. 862, (Diss. jur.) 2001, S. 20 ff.

254 So zutreffend *Ph. L. Rogge* mit Hinweis auf die von den Kranken- und Pflegekassen bestellten Prüfer im entgeltfinanzierten Krankenhaus- und Pflegebereich, vgl. *ders.*, aaO, S. 23.

255 Vgl. auch hier *Ph. L. Rogge*, aaO, S. 21 f.

256 Vgl. dazu neben *Ph. L. Rogge* insbesondere *A. v. Campenhausen*, in v. Mangoldt/Klein/Starck, GG, aaO, zu Art. 137 WRV, Rn. 184 ff.

257 Vgl. dazu Kapitel IV.

gen[258]. Diese haben jedoch für die Erfüllung des Tatbestandes einer überwiegenden Finanzierung i.S. des Vergaberechts nach der Auffassung des EuGH und der Literatur keine Bedeutung, da sie auf einer Gegenleistung, z.B. einer Dienstleistung, beruhen[259].

Eine überwiegende Finanzierung i.S. des Art. 1 Buchstabe b) EG-Vergaberichtlinien oder gemäß § 98 Nr. 2 GWB ist jedoch im Einzelfall dann zu prüfen, wenn die evangelischen Landeskirchen oder ihre Einrichtungen Zuwendungen ohne derartige Gegenleistungen aus staatlichen Etatmitteln für die Unterhaltung von Kindergärten, Schulen, Sozialstationen oder für ambulante Beratungsdienste erhalten. Vergeben solche kirchlichen Einrichtungen Aufträge, entscheidet die Höhe der staatlichen Zuwendungen im Verhältnis zum Gesamthaushalt des kirchlichen Empfängers einer staatlichen Zuwendung, ob er wegen einer überwiegenden Finanzierung an das staatliche Vergaberecht gebunden ist[260].

Hier bedarf es nicht des Umweges über die staatliche Rechnungsprüfung, um über die Konstruktion einer mittelbaren staatlichen Finanzierung eine Verpflichtung zur Einhaltung des staatlichen Vergaberechts abzuleiten[261].

cc) Die im sozialen, im Bildungsbereich und im Bereich der Wohlfahrtspflege üblichen Misch- oder Stoppelfinanzierungen[262] stellen ein eigenes Problem dar. So werden z.B. Kindergärten oder Schulen von öffentlich-rechtlichen oder privatrechtlich verfassten kirchlichen Trägern regelmäßig durch Beiträge der Nutzer, durch Zuschüsse aus dem Etat des kirchlichen Trägers und durch allgemeine oder leistungsabhängige staatliche Zuwendungen finanziert. Auch in diesen und ähnlich gelagerten Fällen ist jeweils im Einzelfall zu prüfen, ob eine überwiegende staatliche Finanzierung des auftragvergebenden kirchlichen Trägers vorliegt.

---

258 Vgl. 12. Hauptgutachten der Monopolkommission 1996/97, BT-Drucks. 13/11291, Tz. 628; *Ph. L. Rogge*, aaO, S. 21; *O. Dörr*, aaO, S. 358 ff.

259 EuGH, Rs.-380/98, Rn. 25 sowie in diesem Sinne *H.-J. Prieß*, Handbuch des europäischen Vergaberechts, S. 94 wie auch *A. Boesen*, aaO, zu § 98 GWB, Rn. 66. *O. Dörr* verweist zwar kritisch darauf, dass ein freier Träger vom Bestehen solcher Leistungsvereinbarungen und von ihren wirtschaftlichen Erträgen abhängig sein kann, das Kriterium der Gegenleistung stellt er aber nicht in Frage; *ders.* aaO, S. 360.

260 Wie sich das Verhältnis der vergaberechtlich bedeutsamen staatlichen Zuwendungen zum Gesamthaushalt des kirchlichen Auftraggebers darstellt, kann nur im Einzelfall festgestellt werden. Allgemeine Feststellungen geben keine Auskunft über den einzelnen Auftraggeber, auf den bezogen die Frage jeweils zu beantworten ist.

261 So aber *F. P. Ohler*, aaO, S. 180 f. Verfehlt ist insbesondere, von der hier zulässigen staatlichen Rechnungsprüfung auf eine generelle staatliche Prüfungsbefugnis der kirchlichen Finanzwirtschaft zu schließen.

262 *Ph. L. Rogge*, aaO, S. 21.

d) Die Staatsleistungen

Die Staatsleistungen[263], als letzte der hier zu erwähnenden Einnahmequellen der evangelischen Landeskirchen in Deutschland, werden in der vergaberechtlichen Literatur zu Recht nicht thematisiert.

Diese Leistungen des Staates an die Kirchen werden zwar aus staatlichen Etatmitteln bereitgestellt, sie finden ihre Begründung jedoch in der vorkonstitutionellen Verstaatlichung kirchlichen Vermögens, aus dem die Kirchen zuvor ihren finanziellen Bedarf deckten[264]. Als Ausgleich für vergangene Rechtsverluste beruhen die Staatsleistungen auf „Gesetz, Vertrag oder besondere(n) Rechtstitel(n)"[265] und werden an die evangelischen Landeskirchen in Deutschland nunmehr regelmäßig auf staatskirchenvertraglicher Grundlage, insbesondere zur Bestreitung von kirchlichen Personalkosten, von Kosten für die allgemeine kirchliche Verwaltung sowie als pauschalierte Ablösung staatlicher Baulastpflichten, geleistet[266].

---

263 Zum Ganzen: *E.-R. Huber*, Die Garantie der kirchlichen Vermögensrechte in der Weimarer Reichsverfassung, 1927; *Th. Maunz*, in: Maunz-Dürig, GG, zu Art. 138 WRV, Rn. 1 ff; *J. Isensee*, Staatsleistungen an die Kirchen und Religionsgemeinschaften, in: HbdStKirchR, Bd. 1, S. 1009; *A. v. Campenhausen*, Staatskirchenrecht, aaO, S. 325 ff; *ders.*, in: v. Mangoldt/Klein/Starck, GG, aaO, zu § 138 WRV, Rn. 1 ff.; *A. Hollerbach*, Der verfassungsrechtliche Schutz kirchlicher Organisation, in: HStR, § 139, Rn. 56 ff.

264 Hervorzuheben sind in diesem Zusammenhang insbesondere die Säkularisierung kirchlichen Vermögens im Gefolge der Reformation des 16. Jahrhunderts sowie die des Reichsdeputationshauptschlusses von 1803, vgl. zum Ganzen *K. D. Hömig*, Der Reichsdeputationshauptschluß vom 25. Februar 1803 und seine Bedeutung für Staat und Kirche (Juristische Studien) Bd. 14, 1969 sowie *J. Isensee*, aaO, S. 1010 ff. und *G. Robbers*, Förderung der Kirche durch den Staat, in: HbdStKirchR, Bd. 1, S. 867 (871); zuletzt dazu für den Bereich der evangelischen Landeskirchen differenzierend *de Wall*, Gegenwärtige Herausforderungen der Kirchen durch die Säkularisation, Essener Gespräche, Bd. 38, S. 53 ff.

265 Art. 138 Abs. 1 WRV. Der Begriff der Staatsleistungen wird auch für staatliche Leistungen gebraucht, denen eine andere Begründung zugrunde liegt, so z.B. in Art. 13 des Vertrages des Landes Sachsen-Anhalt mit der Jüdischen Gemeinschaft in Sachsen Anhalt vom 23.3.1994, GVBl. LSA, S. 795. Trotz der Bezeichnung als Staatsleistungen handelt es sich hier um Zuwendungen gemäß § 23 BHO/LHO, wie die Verträge selbst klarstellen. Im vorliegenden Zusammenhang sind nur die Leistungen gemäß Art. 140 GG/Art. 138 Abs. 1 WRV Gegenstand der Erörterung.

266 Vgl. Art. IV des Vertrages zwischen dem Freistaat Baden und der Vereinigten Evangelisch-protestantischen Landeskirche Badens vom 14.11.1932 (Badischer Vertrag), zitiert nach *J. Listl*, Konkordate und Kirchenverträge, aaO, Bd. 1, S. 215; Art. 21 ff. der bereinigten Fassung des Vertrages zwischen dem Bayerischen Staate und der Evangelisch-Lutherischen Kirche in Bayern, Stand 1.7.1987 (Bayerischer Vertrag), zitiert nach *J. Listl* ebd., S. 604; Pkt. XV des abschließenden Protokolls

Im Gegensatz zur Subvention stellen die Staatsleistungen an die Kirchen kein staatliches Lenkungsmittel zur Förderung von Aufgaben dar, die dem staatlichen Gemeinwesen direkt zugute kommen[267]. Als Ausgleich für staatlich entzogene Dotationsquellen fließen die Staatsleistungen in den Haushalt oder in entsprechende Fonds der evangelischen Landeskirchen, unterliegen keiner staatlichen Kontrolle[268] und sind weder bestimmt noch geeignet, kirchliche Entscheidungen staatlich zu beeinflussen. Dies ergibt sich auch aus der Höhe der Staatsleistungen für die evangelischen Kirchen.

Die Höhe der Staatsleistungen hängt von der historischen Ausgangslage vor dem Inkrafttreten der Weimarer Reichsverfassung ab[269]. Diese stellt sich für die einzelnen evangelischen Landeskirchen in Deutschland sehr unterschiedlich dar. Gleichwohl erreichen diese Leistungen der Länder an die jeweiligen evangelischen Landeskirchen nicht die Höhe, welche das staatliche Vergaberecht für eine staatliche Beherrschung kraft überwiegender Finanzierung voraussetzt[270]. Selbst

---

über Besprechungen zwischen Vertretern des Evangelischen Konsistoriums in Berlin (West) der Evangelischen Kirche in Berlin-Brandenburg und des Senats von Berlin über die Regelung gemeinsam interessierender Fragen vom 2.7.1970 (Berliner Protokoll), zitiert nach *J. Listl*, aaO, S. 676 (692 f.); Art. 13 des Brandenburger Vertrages, aaO; Art. 5 des Wiesbadener Vertrages, aaO; Art. 16 des Loccumer Vertrages, aaO; § 1 des Vertrages des Landes Nordrhein-Westfalen mit der Evangelischen Kirche im Rheinland und der Evangelischen Kirche von Westfalen vom 9.9.1957 (Mülheimer Vertrag), zitiert nach *J. Listl*, aaO, Bd. 2, S. 316; Art. 5 des Vertrages des Landes Nordrhein-Westfalen mit der Lippischen Landeskirche vom 6.3.1958 (Detmolder Vertrag), zitiert nach *J. Listl*, ebd., S. 322; Art. 14 des Dresdener Vertrages, aaO; Art. 13 des Erfurter Vertrages, aaO; Art. 12 ff. des Güstrower Vertrages, aaO; Art. 6 des Mainzer Vertrages, aaO; Art. 18 des Kieler Vertrages, aaO; Art. 13 des Wittenberger Vertrages, aaO.

267 *J. Isensee*, aaO, S. 1014 und 1021.

268 So ausdrücklich geregelt in Pkt. XV Ziff. 3 des Berliner Protokolls, aaO, ebenso im Schlussprotokoll zu Art. 14 Abs. 2 des Dresdener Vertrages, aaO. im Schlussprotokoll zu Art. 13 Abs. 6 des Erfurter Vertrages, aaO sowie im Schlussprotokoll zu Art. 6 Abs. 1 des Mainzer Vertrages, aaO, ebenso im Schlussprotokoll zu Art. 13 Abs. 5 des Wittenberger Vertrages, aaO sowie in Art. 5 Abs. 4 des Wiesbadener Vertrages, aaO. Vgl. dazu *J. Isensee*, der die nur deklaratorische Bedeutung solcher Regelungen mit der Begründung unterstreicht, dass staatliche Haushaltskontrollen dem Sinn der Dotation widersprechen, *ders.*, aaO, S. 1021.

269 *A. v. Campenhausen*, in: v. Mangoldt/Klein/Starck, GG, aaO, zu Art. 138 WRV, Rn. 10.

270 Die Haushaltspläne der evangelischen Landeskirchen folgen einer gemeinsamen Systematik, welche die Einnahmen und Ausgaben auf die kirchlichen Arbeitsbereiche bezogen und die Staatsleistungen als deren Bestandteil erfassen. Soweit in kirchlichen Amtsblättern (zusammenfassende) Darstellungen der beschlossenen Haushaltspläne der Landeskirchen veröffentlicht werden, ist diesen deshalb das Verhältnis der Höhe der Staatsleistungen zum Gesamtumfang des Haushalts nicht zu

auf den Bereich des kirchlichen Bauwesens beschränkt, führen die pauschaliert abgelösten staatlichen Baulastpflichten zu keiner überwiegenden staatlichen Bau-Finanzierung[271].

5. *Zusammenfassung*

Im Ergebnis der Prüfung aller Tatbestandsmerkmale des öffentlichen Auftraggebers ist nunmehr zusammenfassend festzustellen:

a) Trotz ihres Status als Körperschaft des öffentlichen Rechts und ihrer territorial bestimmten Organisation gehören die evangelischen Landeskirchen in Deutschland weder zum Staat, noch sind sie eine Gebietskörperschaft nach staat-

---

entnehmen. Anderes gilt für die Darstellung der Einzelpositionen des Haushalts der Hannoverschen Landeskirche im Amtsblatt. Diese weisen z.B. für das Rechnungsjahr 2001 die Zuschüsse des Landes für die Pfarrbesoldung und -versorgung in Höhe von ca. DM 32 Millionen und Einnahmen für diesen Zweck aus den Kirchengemeinden in Höhe von ca. DM 38 Millionen bei einem Gesamthaushalt von ca. DM 975 Millionen aus, vgl. Haushaltsplan für die Haushaltsjahre 2001 und 2002, KABl. Han 2000, S. 281. Für die Evangelische Kirche in Hessen und Nassau stellt sich dieses Verhältnis – um ein weiteres Beispiel zu nennen – ähnlich dar. Letztmalig für das Haushaltsjahr 1971 hat diese Landeskirche bei einem Gesamthaushalt in Höhe von ca. DM 243 Millionen alle vom Staat und anderen öffentlichen Körperschaften erhaltenen Zuschüsse zusammengefasst mit einer Höhe von ca. DM 10,4 Millionen ausgewiesen, vgl. ABl. HN 1971, S. 35. Als letztes Beispiel mag der Hinweis auf Mecklenburg-Vorpommern genügen: Den vom Land 1995 insgesamt bereitzustellenden Staatsleistungen in Höhe von DM 22,6 Millionen standen landeskirchliche Haushaltspläne mit einem Gesamtumfang von ca. DM 85 Millionen in der Ev.-luth. Landeskirche Mecklenburgs und von ca. DM 46,5 Millionen in der Pommerschen Ev. Kirche, also insgesamt ca. DM 131,5 Millionen gegenüber, vgl. § 1 des Kirchengesetzes über den Haushaltsplan der Ev.-Luth. Landeskirche Mecklenburgs für das Rechnungsjahr 1995 vom 19.3.1995, KABl. M S. 47 sowie § 1 des Beschlusses der Landessynode der Pommerschen Ev. Kirche zum Haushaltsplan für das Rechnungsjahr 1995 vom 13.11.1994, ABl. Pom 1995, S. 162. Schließlich sei auf die zusammenfassende Darstellung von *K. Blaschke* verwiesen, der auf DM 434,9 Millionen Staatsleistungen für die evangelischen Landeskirchen in Deutschland verweist, denen DM 9.163 Millionen Kirchensteuereinnahmen gegenüberstehen; *ders.*, aaO S. 396 f. sowie 404.

271 Exemplarisch ist hier auf Art. 13 des Güstrower Vertrages zu verweisen, der zum einen an „die Stelle aller bisherigen kirchlichen Ansprüche aus den staatlichen Patronaten" selbst für den Fall einer zuvor überwiegenden staatlichen Verpflichtung nunmehr eine nur „hälftige Beteiligung des Landes an den Baulasten solcher kirchlichen Gebäude" vorsieht. Zum anderen überschreiten nach Auskunft der Pommerschen Ev. Kirche ihre diesbezüglichen kirchlichen Bauaufwendungen jährlich ein Vielfaches der staatlichen Leistungen.

lichem Recht. Sie gehören auch im Übrigen nicht zu dem Kreis der öffentlichen Auftraggeber gemäß der EG-Vergaberichtlinien oder des § 98 Nr. 1 bis 3 GWB.

b) Zwar erfüllen die evangelischen Landeskirchen im Allgemeininteresse liegende Aufgaben nichtgewerblicher Art. Ihre Aufgaben sind gleichwohl keine vom Staat abgeleiteten Aufgaben und sie können dem Staat auch nicht zugerechnet werden, denn sie zeichnen sich nicht durch Staatsnähe, sondern durch ihre religiöse Begründung und durch ihre Bindung an die kirchliche Organisation aus.

c) Auch wenn kirchliche Auftraggeber regelmäßig über eine eigene Rechtspersönlichkeit verfügen, so erfüllen sie dennoch keines der weiteren Tatbestandsmerkmale, die den öffentlichen Auftraggeber als einen staatlich beherrschten ausweisen.

d) Die Finanzierung der evangelischen Landeskirchen in Deutschland aus Kirchensteuern ist keine staatliche Finanzierung, sondern dokumentiert die Unabhängigkeit der Kirche vom Staat. Die Leistungsentgelte, welche die evangelischen Landeskirchen und ihre Einrichtungen im Bereich der Wohlfahrtspflege erhalten, haben für das Tatbestandsmerkmal einer überwiegenden Finanzierung keine Bedeutung. Die aus dem Etat der Länder bereitzustellenden Staatsleistungen an die evangelischen Kirchen sind schließlich keine Subventionen, sondern Ausgleich für verstaatlichtes kirchliches Vermögen. Sie erreichen im Übrigen auch nicht die Höhe, um von einer überwiegend staatlichen Finanzierung der evangelischen Landeskirchen sprechen zu können.

e) Die evangelischen Landeskirchen und ihre Einrichtungen unterliegen in Deutschland keiner Aufsicht, welche die Anwendung des staatlichen Vergaberechts begründen könnte. Soweit einzelne kirchliche Einrichtungen, etwa als Stiftungen, einer staatlichen Rechtsaufsicht unterliegen, ist diese nicht darauf gerichtet, das Verhalten der Einrichtung bei der Vergabe ihrer Aufträge zu beeinflussen.

f) Schließlich bestimmen die evangelischen Landeskirchen in Deutschland auf der Grundlage eigener Ordnungen selbstständig über die Bildung und Zusammensetzung der Organe kirchlicher Auftraggeber. Die kirchlich geregelten Voraussetzungen, die Mitglieder kirchlicher Organe zu erfüllen haben, dienen kirchlichen Interessen. Diese Voraussetzungen lassen eine überwiegende Interessensvertretung des Staates, seiner Gebietskörperschaften oder sonstiger öffentlicher Auftraggeber nicht zu. Insbesondere bleibt dem Staat eine Mitwirkung bei der Zusammensetzung kirchlicher Organe versagt.

g) Das so festgestellte Ergebnis stützt sich weithin unmittelbar auf diejenigen Verfassungsnormen, die das Verhältnis von Staat und Kirche in der Bundesrepublik Deutschland bestimmen. Es kann insoweit über die evangelischen Landeskirchen hinaus auch für andere Religionsgemeinschaften in Deutschland Geltung beanspruchen.

IV. Staatlich subventionierte kirchliche Aufträge

Mit den bisherigen Feststellungen ist der vergaberechtliche Status der evangelischen Landeskirchen in Deutschland im Wesentlichen geklärt. Gestützt auf eigene Normen zur Verwaltung ihres Vermögens entscheiden sie selbstständig und ihrem Selbstverständnis folgend über die Vergabe ihrer Aufträge. Sie sind keine öffentlichen Auftraggeber i.S. der EG-Vergaberichtlinien oder gemäß § 98 Nr. 1 bis 3 GWB. Einer weitergehenden Klärung bedarf gleichwohl die Vergabe kirchlicher Aufträge für Vorhaben, die partiell oder überwiegend vom Staat oder von Stellen finanziert werden, die diesen zuzuordnen sind.

Eine derartige Finanzierung erreicht die evangelischen Landeskirchen in Deutschland zum einen insbesondere in ihrer Eigenschaft als freie Träger der Wohlfahrtspflege z.B. mit der Übernahme der Investitionskosten für kirchliche Krankenhäuser[1] oder mit der finanziellen Beteiligung an Baumaßnahmen für kirchliche Kindergärten[2]. Zum anderen setzt der Staat für die Pflege und Erhaltung des nationalen Kunst- und Kulturgutes finanzielle Mittel ein, an denen die Kirchen als Eigentümer denkmalgeschützter Sakral- und Profanbauten sowie vielfältiger Kunstgegenstände partizipieren[3]. Nicht zuletzt verantworten die evangelischen Landeskirchen im Bildungsbereich Projekte, die vom Staat finan-

---

1 So § 4 Ziff. 1 des Gesetzes zur wirtschaftlichen Sicherung der Krankenhäuser und zur Regelung der Krankenhauspflegesätze in der Bkm. vom 10.4.1991, BGBl. S. 886, zuletzt geändert durch Gesetz vom 27.4.2001, BGBl. 772; dazu *O. Depenheuer*, Staatliche Finanzierung und Planung im Krankenhauswesen, Staatskirchenrechtliche Abhandlungen Bd. 17, 1986 sowie *ders.*, Finanzierung und Organisation der kirchlichen Krankenhäuser, in: HbdStKirchR, Bd. 2, 1995², S. 757 (773 ff.).

2 Vgl. z.B. § 17 des Gesetzes des Landes Niedersachsen über Tageseinrichtungen für Kinder i.d.F. der Neubekanntmachung vom 7.2.2002, Nds. GVBl. S. 57 sowie allgemein dazu *B. Kämper*, Kindergärten in kirchlicher Trägerschaft, in: HbdStKirchR, Bd. 2, 1995², S. 831 (835).

3 Grundlegend dazu *M. Heckel*, Staat – Kirche – Kunst, Tübinger Rechtswissenschaftliche Abhandlungen, Bd. 22, 1968. Vgl. auch *B. M. Kremer*, Denkmalschutz und Denkmalpflege im Bereich der Kirchen, in: HbdStKirchR, Bd. 2, 1995², S. 77 ff. Ein eigenes Gewicht hat die zu behandelnde Frage für die neuen Bundesländer. So verwiesen 1995 die evangelischen Landeskirchen und die katholischen Diözesen auf einen baulichen Nachholbedarf beider Kirchen in Höhe von DM 12 Milliarden und auf die Mitverantwortung des Bundes, der Länder und Kommunen für den Erhalt kirchlicher Gebäude, insbesondere der Kirchen als geschichtliches Erbe einer durch das Christentum geprägten Epoche, vgl. epd-Dokumentation Nr. 21a/96 vom 13.5.1996, S. 22.

ziell gefördert werden, weil er daran interessiert ist, dass die Kirchen in dieser Weise tätig sind[4].

Die Vergabe von Aufträgen für staatlich geförderte Vorhaben regeln besondere nationale und europarechtliche Bestimmungen. Sie sind – wie das nationale Vergaberecht gemeinhin – ebenso Inhalt des staatlichen Haushaltsrechts wie auch des vierten Teils des Gesetzes gegen Wettbewerbsbeschränkungen[5]. Auch hier unterliegen die letztgenannten Bestimmungen europarechtlichen Vorgaben.

Die vergaberechtlichen Regelungen für staatlich geförderte Vorhaben stellen nicht auf den Auftraggeber, sondern auf das einzelne Vorhaben und auf dessen Finanzierung ab. Sie sind von der Vorstellung bestimmt, dass die Auftragsvergabe für geförderte Vorhaben denjenigen Ordnungen folgt, denen der Fördernde bei der Vergabe seiner eigenen Aufträge unterworfen ist. Kirchliche Auftraggeber werden so kraft Finanzierung mit der Forderung konfrontiert, Aufträge für ihre staatlich geförderten Vorhaben gemäß dem staatlichen Vergaberecht zu vergeben. Das berührt den vergaberechtlichen Status der kirchlichen Auftraggeber.

1. Vergaberechtliche Regelungen für staatlich geförderte Vorhaben

Die haushaltsrechtlichen Bestimmungen für staatlich geförderte Vorhaben sind Inhalt der Haushaltsordnungen des Bundes und der Länder. Erreicht oder überschreitet der Wert eines Auftrags für ein gefördertes Vorhaben die europarechtlich vorgegebenen Schwellenwerte, so ist die wettbewerbsrechtliche Regelung des § 98 Nr. 5 GWB zu beachten. Zu ihrem Verständnis ist schließlich auf die Vorgaben der EG-Vergaberichtlinien in Art. 2 BKR[6] und in Art. 3 Abs. 3 DKR[7] zu verweisen.

---

4 Zum Ganzen *G. Robbers*, Förderung der Kirchen durch den Staat, in: HbdStKirchR, Bd. 1, 1994², S. 867 (876 ff).

5 §§ 97 ff. des Gesetzes gegen Wettbewerbsbeschränkungen i.d.F. der Bkm. vom 26.8.1998 (GWB), BGBl. I S. 2546.

6 Richtlinie 93/37/EWG des Rates vom 14.6.1993 zur Koordinierung der Verfahren zur Vergabe von öffentlichen Bauaufträgen (BKR), ABl. der EG Nr. L 199, S. 45.

7 Richtlinie 92/50/EWG des Rates vom 18.6.1992 über die Koordinierung der Verfahren zur Vergabe von öffentlichen Dienstleistungsaufträgen (DKR), ABl. der EG Nr. L 209, S. 1.

a) Haushaltsrechtliche Verwaltungsvorschriften zur Auftragsvergabe staatlich geförderter Vorhaben

Gemäß § 23 der Haushaltsordnungen des Bundes und der Länder kann der Staat Ausgaben und Verpflichtungsermächtigungen für Leistungen an Stellen außerhalb der Bundes- oder Landesverwaltung zur Erfüllung bestimmter Zwecke unter der Voraussetzung veranschlagen, dass der Bund oder das Land „an der Erfüllung durch solche Stellen ein erhebliches Interesse hat, das ohne die Zuwendung nicht oder nicht im notwendigen Umfang befriedigt werden kann"[8].

Unter dieser Voraussetzung bestimmt § 44 BHO/LHO für das Verfahren einer Zuwendung:

> „Dabei ist zu bestimmen, wie die zweckentsprechende Verwendung der Zuwendung nachzuweisen ist. Außerdem ist ein Prüfungsrecht der zuständigen Dienststelle oder ihrer Beauftragten festzulegen"[9].

Zu weitergehenden Regelungen verweist § 44 BHO/LHO auf Verwaltungsvorschriften[10].

Diese regeln detailliert das Verfahren der Zuwendung und verweisen auf allgemeine Nebenbestimmungen i.S. des § 36 VwVfG und des § 32 SGB X, die unverändert[11] oder grundsätzlich unverändert[12] in die Zuwendungsbescheide zu übernehmen sind. Im Einzelnen sind die Nebenbestimmungen in Anlagen zu den Verwaltungsvorschriften aufgeführt. Danach haben Zuwendungsbescheide zur institutionellen[13] und zur Projektförderung[14] u.a. die Bestimmung zu enthalten, dass bei einer Vergabe von Aufträgen für Bauleistungen sowie für Lieferungen und Dienstleistungen die Verdingungsordnungen einzuhalten[15] oder zu beachten sind[16].

---

8 So § 23 BHO/LHO, letzter Halbsatz.

9 § 44 Abs. 1 Satz 2 und 3 BHO/LHO.

10 § 44 Abs. 1 Satz 4 BHO/LHO.

11 So Ziff. 5.1 der Allgemeinen Verwaltungsvorschriften zur Bundeshaushaltsordnung vom 14.3.2001 (VV-BHO), GMBl. S. 309 (342).

12 So die Ziff. 5.1 der Verwaltungsvorschriften zur Landeshaushaltsordnung des Landes Niedersachsen zu § 44 LHO vom 16.4.1997 (VV-LHO Nds), Nds. MBl., S. 1004 (1008).

13 Die institutionelle Förderung umfasst Zuwendungen zur Deckung der gesamten Ausgaben oder eines Teils der Ausgaben des Zuwendungsempfängers, so Ziff. 2.2 VV-BHO zu § 23, aaO.

14 Die Projektförderung erfolgt durch Zuwendungen zur Deckung von Ausgaben des Zuwendungsempfängers für einzelne abgegrenzte Vorhaben, so ebd. Ziff. 2.1.

15 So Ziff. 3 der Anlagen 1 und 2 zu Ziff. 5 VV-BHO zu § 44, aaO. Ebenso z.B. jeweils Ziff. 3 der Anlagen 1 und 2 zu Ziff. 5 VV-LHO Nds., aaO wie auch der Anlagen 1 und 2 zu Ziff. 5 der Vorläufigen Verwaltungsvorschriften zu § 44 der Vorläu-

Diese Nebenbestimmung steht unter dem Vorbehalt einer bestimmten Höhe der Zuwendung[17] oder allgemeiner unter dem Vorbehalt der Verhältnismäßigkeit[18]. Darüber hinaus ist für die Verpflichtung des Auftraggebers, die Verdingungsordnungen anzuwenden ohne Bedeutung, ob durch die Zuwendung der finanzielle Aufwand für das Vorhaben unwesentlich, überwiegend oder vollständig abgedeckt wird.

Einschränkungen, etwa auf bestimmte Vorhaben oder auf die Rechtsform des Auftraggebers bezogen, kennen die Verwaltungsvorschriften für die institutionelle und Projektförderung nicht. Im Übrigen lassen diese Vorschriften für die vergaberechtliche Verpflichtung auf den Einzelfall bezogene Ausnahmen zu[19].

Die Verpflichtungen der Zuwendungsempfänger aus § 98 GWB lassen die Verwaltungsvorschriften unberührt[20]. Voraussetzung für solche Verpflichtungen ist, dass die Aufträge für die staatlich geförderten Vorhaben die europarechtlich vorgegebenen Schwellenwerte erreichen oder überschreiten. In diesem Fall ist die Anwendung von § 98 Nr. 5 GWB zu prüfen.

---

figen Sächsischen Haushaltsordnung vom 20.10.1997, Sonderdruck zum Sächs. Amtsblatt Nr. 13/1997.

16 So z.B. jeweils Nr. 5 der Allgemeinen Bewirtschaftungsgrundsätze für den Zuwendungsempfänger gemäß Ziff. 5 der Vorläufigen Verwaltungsvorschriften zu § 44 der Landeshaushaltsordnung Nordrhein-Westfalen vom 21.7.1972, MBl. NRW 1972, S. 1436 wie auch der Allgemeinen Bewirtschaftungsgrundsätze gemäß Ziff. 5 der Verwaltungsvorschriften zu Art. 44 der bayerischen Haushaltsordnung vom 5.7.1973, ABl. des Bay. Staatsministeriums für Finanzen 1973, S. 257. So auch jeweils Ziff. 3 der Anlagen 1 und 2 zu Ziff. 5 der Verwaltungsvorschriften zu § 44 der saarländischen Landeshaushaltsordnung vom 8.2.1995, GMBl. Saar 1995, S. 86 wie auch der Anlagen 1 und 2 zu Ziff. 5 der Verwaltungsvorschriften zu § 44 der Landeshaushaltsordnung des Landes Sachsen-Anhalt vom 1.2.2001, MBl. LSA 2001, S. 239.

17 Das Bundesministerium der Finanzen sieht die vergaberechtliche Auflage für Zuwendungen vor, die den Gesamtbetrag von mehr als 100.000 Euro erreichen, aaO. Entsprechendes gilt z.B. auch für das Land Niedersachsen. Dort besteht die Verpflichtung jedoch bereits bei Zuwendungen, die den Gesamtbetrag von mehr als 25.000 Euro erreichen, vgl. VV-LHO Nds, aaO.

18 Insbesondere ältere Verwaltungsvorschriften der Länder verweisen an dieser Stelle nicht auf eine bestimmte Höhe der Zuwendung, sondern allgemeiner auf den Grundsatz der Verhältnismäßigkeit, vgl. dazu z.B. die bereits erwähnten allgemeinen Bewirtschaftungsgrundsätze des Freistaats Bayern und des Landes Nordrhein-Westfalen.

19 Vgl. Ziff. 5.3.5 der VV-BHO zu § 44, aaO.

20 VV-BHO, ebd.

b) Die Regelung des § 98 Nr. 5 GWB

Die Regelung des Bundesgesetzgebers in § 98 Nr. 5 GWB knüpft wie die haushaltsrechtlichen Verwaltungsvorschriften zu § 44 BHO/LHO an die Finanzierung eines Vorhabens an. Die Bestimmung des § 98 Nr. 5 GWB regelt jedoch nicht das Verhältnis der fördernden Stelle zum Auftraggeber eines geförderten Vorhabens als Dritten, sondern definiert den Geförderten als öffentlichen Auftraggeber.

So ist gemäß § 98 Nr. 5 GWB derjenige ein öffentlicher Auftraggeber, der vom Staat, seinen Gebietskörperschaften oder von sonstigen öffentlichen Auftraggebern Mittel erhält, mit denen im Gesetz näher bestimmte Vorhaben zu mehr als 50 v. H. finanziert werden. Diese Vorhaben sind Tiefbaumaßnahmen, die Errichtung von Krankenhäusern, Sport-, Erholungs- oder Freizeiteinrichtungen, Schul-, Hochschul- oder Verwaltungsgebäuden sowie damit in Verbindung stehende Dienstleistungen und Auslobungsverfahren.

Neben der Einschränkung auf gesetzlich bestimmte Vorhaben setzt § 98 Nr. 5 GWB voraus, dass der geförderte Auftraggeber eine natürliche oder juristische Person des Privatrechts ist. Öffentlich-rechtlich organisierte Auftraggeber werden von dieser Regelung nicht erfasst.

c) Europarechtliche Vorgaben für § 98 Nr. 5 GWB

Für die Regelung des Bundesgesetzgebers in § 98 Nr. 5 GWB sind als europarechtliche Vorgaben Art. 2 BKR und Art. 3 Abs. 3 DKR von Bedeutung. Diese Bestimmungen beinhalten jedoch keine dem § 98 Nr. 5 GWB vergleichbare Regelung.

Insbesondere beinhalten die Regelungen des Art. 2 BKR und des Art. 3 Abs. 3 DKR keine Definition des Auftraggebers eines geförderten Vorhabens. Sie gehen von der Definition des öffentlichen Auftraggebers in Art. 1 Buchstabe b) der EG-Vergaberichtlinien aus und formulieren auf diese bezogen eine Verpflichtung der EG-Mitgliedstaaten.

Danach haben die EG-Mitgliedstaaten gemäß Art. 2 Abs. 1 BKR die erforderlichen Maßnahmen zu treffen, „damit die öffentlichen Auftraggeber die Bestimmungen dieser Richtlinie in den Fällen einhalten bzw. für ihre Einhaltung Sorge tragen, in denen sie Bauaufträge, die von anderen Einrichtungen vergeben werden, zu mehr als 50 v. H. direkt subventionieren“. Anknüpfungspunkt der Regelung ist auch hier der subventionierte Bauauftrag[21].

21 Die Vergabe der Subvention selbst ist nicht Gegenstand dieser Regelung, sondern die subventionierter Bauaufträge.

Nahezu wörtlich übereinstimmend fordert auch Art. 3 Abs. 3 der DKR die EG-Mitgliedstaaten zu den erforderlichen Maßnahmen auf, „damit die Auftraggeber die Bestimmungen dieser Richtlinie in den Fällen einhalten bzw. für ihre Einhaltung Sorge tragen, in denen sie einen von anderen Stellen in Verbindung mit einem Bauauftrag ... vergebenen Dienstleistungsauftrag zu mehr als 50 v. H. direkt subventionieren".

Der vorliegende Entwurf für eine zusammenfassende Neuregelung der EG-Vergaberichtlinien nimmt die Formulierungen in Art. 2 Abs. 1 BKR und Art. 3 Abs. 3 DKR auf und beabsichtigt keine inhaltliche Änderung[22]. Lediglich zur Klarstellung wird umformuliert[23], dass die Mitgliedstaaten die erforderlichen Maßnahmen zu ergreifen haben, damit ein Auftraggeber, der zu mehr als 50 v. H. einen Bauauftrag subventioniert, für die Einhaltung der Bestimmungen der EG-Vergaberichtlinien Sorge trägt, wenn der Auftrag nicht von ihm selbst, sondern von einer oder mehreren anderen Einrichtungen vergeben wird. Entsprechendes soll gelten, wenn ein Auftraggeber zu mehr als 50 v. H. einen Dienstleistungsauftrag subventioniert, der mit einem vorgenannten Bauauftrag verbunden ist[24].

Die hier in Rede stehenden Bauaufträge sind in Art. 2 Abs. 2 BKR aufgezählt[25]. Sie stimmen mit den vom Bundesgesetzgeber in § 98 Nr. 5 GWB

---

22 Vgl. Abschnitt III der Einführung zu Art. 9 des Vorschlags für eine Richtlinie des Europäischen Parlaments und des Rates über die Koordinierung der Verfahren zur Vergabe öffentlicher Lieferaufträge, Dienstleistungsaufträge und Bauaufträge – 5000PC0275 –. Diese Richtlinie soll die bestehenden Richtlinien zur Koordinierung der Verfahren zur Vergabe öffentlicher Bau-, Dienstleistungs- und Lieferaufträge zusammenfassen.

23 So ausdrücklich die Begründung zu Art. 9 des Vorschlags der Kommission, ebd.

24 Diese Formulierung des Auftrags an die EG-Mitgliedstaaten ist eine gekürzte Fassung des Vorschlags der Kommission für Art. 9 der vorgenannten Richtlinie. Art. 9 des Vorschlags lautet in Abs. 1 ungekürzt: „Die Mitgliedstaaten ergreifen die erforderlichen Maßnahmen, damit ein Auftraggeber, der zu mehr als 50 v. H. einen Bauauftrag subventioniert, dessen Wert ohne MwSt. mindestens 5 300 000 Euro beträgt und der Tief- und Hochbauarbeiten nach der Position 45200000 CPV in Anhang II umfaßt oder die Errichtung von Krankenhäusern, Sport-, Erholungs- und Freizeiteinrichtungen, Schulen und Universitäten sowie Verwaltungsgebäuden betrifft, für die Einhaltung der Bestimmungen dieser Richtlinie Sorge trägt, wenn der Auftrag nicht von ihm selbst, sondern von einer oder mehreren anderen Einrichtungen vergeben wird, beziehungsweise selbst die Bestimmungen dieser Richtlinie einhält, wenn er selbst im Namen und auf Rechnung dieser anderen Einrichtungen den Auftrag vergibt." Art. 9 Abs. 2 des Vorschlags lautet ungekürzt: "Abs. 1 gilt auch, wenn ein Auftraggeber zu mehr als 50 v. H. einen Dienstleistungsauftrag subventioniert, dessen Wert ohne MwSt. mindestens 200 000 Euro beträgt und der mit einem Bauauftrag im Sinne des ersten Gedankenstrichs verbunden ist."

25 Art. 2 Abs. 2 BKR lautet: „Absatz 1 gilt nur für die in Klasse 50, Gruppe 502, der Allgemeinen Systematik der Wirtschaftszweige in den Europäischen Gemeinschaf-

genannten überein und sind von der Kommission in den Entwurf für die Neufassung der EG-Vergaberichtlinien übernommen worden. Im Übrigen enthalten die genannten Richtlinien keine weiteren Vorgaben für die Erfüllung der den EG-Mitgliedstaaten zugewiesenen Aufgaben.

d) Das Verhältnis der vergaberechtlichen Förderregelungen zueinander

Bezogen auf die europarechtlich vorgegebenen Schwellenwerte, kann der geförderte Auftraggeber die dargestellten vergaberechtlichen Regelungen klar voneinander abgrenzen. Erhält er für sein Vorhaben Zuwendungen aus staatlichen Etatmitteln, so wird er durch die haushaltsrechtliche Regelung verpflichtet, seine Aufträge unterhalb der Schwellenwerte nach VOB/A und VOL/A auszuschreiben. Erreichen seine Aufträge die Schwellenwerte, so unterliegt er bei deren Vergabe den wettbewerbsrechtlichen Regelungen des vierten Teils des GWB. Die Regelungen in Art. 2 BKR und Art. 3 Abs. 3 DKR kann der geförderte Auftraggeber unberücksichtigt lassen, denn sie verpflichten nicht ihn, sondern die EG-Mitgliedstaaten.

Diese Abgrenzung hat jedoch zu berücksichtigen, dass die europarechtlich vorgegebenen Schwellenwerte allein nicht darüber entscheiden, ob die haushaltsrechtliche oder die wettbewerbsrechtliche Regelung zur Anwendung kommt. Das Abgrenzen der weiteren Voraussetzungen stößt freilich auf Schwierigkeiten.

So wird zum einen der Geförderte haushaltsrechtlich als Empfänger einer Zuwendung gemäß § 23 BHO/LHO, wettbewerbsrechtlich als Nutznießer einer überwiegenden Finanzierung seines Vorhabens und in den EG-Vergaberichtlinien als Subventionierter charakterisiert. Zum anderen wird der sachliche Geltungsbereich des § 98 Nr. 5 GWB mit den dort aufgezählten Vorhaben zwar begrenzt. Umstritten ist jedoch, wie die Aufzählung der Vorhaben zu verstehen ist. Schließlich wird der geförderte Auftraggeber haushaltsrechtlich durch Verwaltungsakt, wettbewerbsrechtlich durch Gesetz und nach den EG-Vergaberichtlinien über die Verpflichtung des fördernden öffentlichen Auftraggebers vergaberechtlich gebunden.

Unproblematisch erscheint für die Abgrenzung dagegen, dass der Bundesgesetzgeber die wettbewerbsrechtliche Verpflichtung zur Ausschreibung abweichend von den haushaltsrechtlichen Regelungen auf Vorhaben begrenzt, die zu mehr als 50 v. H. durch öffentliche Auftraggeber gefördert werden. Auch der

---

ten (NACE) aufgeführten Aufträge und die Aufträge, die sich auf den Bau von Krankenhäusern, Sport-, Erholungs- und Freizeiteinrichtungen, Schul- und Hochschulgebäuden und Verwaltungsgebäuden beziehen.“ Die Klasse 50, Gruppe 502 NACE benennt Tiefbaumaßnahmen, vgl. Anhang II zur BKR.

Umstand, dass die fördernde Stelle gemäß § 98 Nr. 5 GWB zwar öffentlicher Auftraggeber, jedoch keine staatliche Haushaltsorganisation, und die Fördermittel keine Zuwendung gemäß § 23 BHO/LHO sein müssen, beinhaltet im vorliegenden Zusammenhang keine rechtliche Schwierigkeit[26].

2. *Literatur und Rechtsprechung zum staatlich geförderten Auftrag*

Die vergaberechtlich relevanten haushaltsrechtlichen Verwaltungsvorschriften erscheinen in der Literatur und Rechtsprechung eher als isoliertes Problem. Ihr Verhältnis zu § 98 Nr. 5 GWB wird kaum thematisiert. Ähnliches gilt für das Verhältnis des § 98 Nr. 5 GWB zu den europarechtlichen Vorgaben. Trotz einzelner Klärungen bleibt es letztlich vage.

a) Zu den vergaberechtlichen Verpflichtungen im Zuwendungsbescheid

Als unbestritten kann gelten, dass vergaberechtliche Verpflichtungen als Nebenbestimmungen zu einem Verwaltungsakt über die Bereitstellung einer Zuwendung gemäß § 23 BHO/LHO im pflichtgemäßen Ermessen der Zuwendungsbehörde stehen[27]. Die Zulässigkeit solcher Nebenbestimmungen[28] ergibt sich im Subventionsrecht aus dem staatlichen Etatrecht[29] und den zu seiner Durchführung bestehenden Haushaltsordnungen des Bundes und der Länder. So wie diese aus dem staatlichen Etat finanzierte Aufträge an die Verdingungsordnungen binden, verpflichten die vergaberechtlichen Nebenbestimmungen den Zuwendungsemp-

---

26 Dieser Umstand verweist lediglich auf den unterschiedlichen persönlichen Geltungsbereich im Haushalts- und Vergaberecht. Der Auftraggeber eines geförderten Vorhabens kann deshalb auch dann an § 98 Nr. 5 GWB gebunden sein, wenn sein Auftrag unterhalb der Schwellenwerte an keine haushaltsrechtlichen Auflagen zur Vergabe gebunden ist.

27 Im Grundsatz so schon *F. Giese*, in: Giese/Neuwiem/Cahn (Hrsg.), Deutsches Verwaltungsrecht, 1930, S. 98 wie auch *W. Jellinek*, Verwaltungsrecht, 1948[3], S. 260 f. Ebenso nunmehr *H. U. Erichsen*, in: *Ders.* (Hrsg.) Allgemeines Verwaltungsrecht, 1998[11], § 14, Rn. 11.

28 Hier kann dahingestellt bleiben, ob die vergaberechtliche Verpflichtung eine mit der Zuwendung verbundene, akzessorische Auflage (§ 36 Abs. 2 Nr. 4 VwVfG und § 32 Abs. 2 Nr. 4 SGB X) oder eine Potestativbedingung (§ 36 Abs. 2 Nr. 2 VwVfG sowie § 32 Abs. 2 Nr. 2 SGB X) ist. Gleichwohl spricht Überwiegendes für den Charakter einer Auflage, da die vergaberechtliche Verpflichtung ein Tun verlangt (Gebot), dessen Erfüllung vom Willen des Begünstigten abhängt, vgl. dazu auch *Th. Elster*, Begünstigende Verwaltungsakte mit Bedingungen, Einschränkungen und Auflagen, 1979, S. 74, 129.

29 Vgl. dazu nur *Wolff/Bachof/Stober*, Verwaltungsrecht, Bd. 1, 1999[11], § 18, Rn. 14.

fänger. Ob im Subventionsrecht eine darüber hinausgehende, gesonderte gesetzliche Ermächtigung erforderlich ist, kann hier dahingestellt bleiben[30].

Ergibt sich aus dem Zweck der Subvention eine hinreichende Ermächtigungsgrundlage für vergaberechtliche Nebenbestimmungen, so liegt nahe, dass sie dort auch ihre Grenzen finden, denn unzulässig sind Nebenbestimmungen, „die außerhalb des vom Gesetz mit einem Verwaltungsakt verfolgten Zweckes liegen"[31]. Der Frage, ob es sich um Eingriffs- oder leistungsgewährende Verwaltung handelt, kommt dagegen keine entscheidende Bedeutung zu[32]. So sind vergaberechtliche Nebenbestimmungen an die haushaltsgesetzliche Ermächtigung gebunden[33] und rechtfertigen den Nachweis einer zweckentsprechenden Mittelverwendung[34] und das auferlegte Verfahren der Auftragsvergabe, nicht jedoch darüber hinaus z.B. die Beachtung regional-, sozial- bzw. mittelstandpolitisch motivierter Vorschriften[35].

Für die hier zu behandelnde Frage sind schließlich die folgenden Hinweise in der Literatur von Bedeutung, dass nämlich die Verwaltung beim Erlass von Nebenbestimmungen neben dem Prinzip der Verhältnismäßigkeit[36] auch die Grundrechte zu beachten[37] oder zu berücksichtigen habe und dass eine belastende Nebenbestimmung für den Zuwendungsempfänger ein Vorgang möglicher Grundrechtsberührung sein könne[38].

Auf Religionsgemeinschaften bezogen wird die Zulässigkeit vergaberechtlicher Verpflichtungen vom Ergebnis einer Güterabwägung abhängig gemacht[39]. Diese habe auf der einen Seite das Recht der Kirchen auf Selbstverwaltung und Selbstordnung[40] und auf der anderen Seite das Interesse des Staates an der An-

---

30 Vgl. dazu *P. Stelkens/U. Stelkens*, in: Stelkens/Bonk/Sachs (Hrsg.), Verwaltungsverfahrensgesetz – Kommentar, 2001[6] zu § 36, Rn. 74a und c. So wohl auch *H. G. Henneke*, in: Knack, VwVfG, 1998[6], zu § 36, Rn. 5.3 und *D. Janßen*, in: Obermeyer, Kommentar zum Verwaltungsverfahrensgesetz, 1999[3], zu § 36, Rn. 34.

31 So *F. Giese*, aaO, S. 98. Vergl. dazu auch *H. U. Erichsen*, aaO, Rn. 11.

32 Vgl. BVerfGE 49, 89, 126 f.

33 So schon *A. Schleich*, Nebenbestimmungen im Zuwendungsbescheid, NJW 1988, 236 (237). Ähnlich *P. Stelkens/U. Stelkens* mit Hinweis auf die allgemeinen und besonderen Ermessensgrenzen, die sich aus „dem Zweck des Gesetzes und der vom Gesetzgeber gewollten Ordnung der Materie finden", *dies.*, aaO, R. 76.

34 So *P. Stelkens/U. Stelkens*, aaO, zu § 36 VwVfG, Rn. 74c.

35 So einschränkend *A. Schleich*, aaO, S. 241.

36 Vgl. *H. U. Erichsen*, aaO, § 14 Rn. 12 sowie *D. Janßen*, aaO, zu § 36, Rn. 39.

37 Vgl. *E. Forsthoff*, Lehrbuch des Verwaltungsrechts, 1973[10], S. 216; *A. Schleich*, aaO, S. 239 sowie *H. U. Erichsen*, ebd.

38 *H. P. Ipsen*, Subventionen, in: HStR, Bd. IV, 1990, § 92 Rn. 54. Vgl. dazu auch *P. Selkens/U. Stelkens*, aaO, zu § 36, Rn. 74 ff.

39 So *R. Weyand*, Religionsgesellschaften und Vergaberecht, BauR 1996, 780 ff.

40 Mit Hinweis auf BVerfGE 53, 366 (392 f.); 66, 1 (20 f.); 70, 138 (164 f.).

wendung eines bewährten, umfassenden und fairen Verfahrens zur Ermittlung des annehmbarsten Preises bei den von ihm subventionierten Vorhaben zu berücksichtigen[41]. Im Ergebnis der Abwägung habe das Interesse des Staates Vorrang, weil keine Gründe für eine Freistellung der Religionsgemeinschaften ersichtlich seien. Im Übrigen wird ohne weitere Begründung darauf verwiesen, dass die VOB/A die Berücksichtigung religionsspezifischer Anliegen zulasse und ihre Anwendung auch im Interesse der Religionsgemeinschaften selbst liege[42].

b) Die Diskussion um § 98 Nr. 5 GWB

Zu § 98 Nr. 5 GWB ist eine differenzierte Betrachtung in der vergaberechtlichen Literatur bisher nicht zu erkennen. Die Zwecke der Fördermittel und die Rechtsstellung des Auftraggebers werden dort nur im Ansatz und die Entscheidung des Bundesgesetzgebers, den Geförderten als öffentlichen Auftraggeber zu definieren, gar nicht thematisiert.

Gegenstand der Kommentare zu § 98 Nr. 5 GWB ist der Hinweis, dass diese Bestimmung die sogenannte Drittvergabe regele. Für diese könne vernachlässigt werden, ob der Auftraggeber seine Aufträge selbst vergebe oder über Subventionen an Dritte steuere[43]. Der Dritte sei in diesem Zusammenhang lediglich „verlängerter Arm" der öffentlichen Hand[44].

Kritisch wird die Regelung des § 98 Nr. 5 GWB kommentiert, soweit der Bundesgesetzgeber dort von finanzierten und nicht wie die Richtlinien von subventionierten Vorhaben spricht. Einmütig unterstreichen die vergaberechtlichen Kommentare, dass die Finanzierung einen wirtschaftlichen Vorteil nicht beinhalten müsse, der jedoch der Subvention eigen ist. Deshalb müsse, der Pflicht zur europafreundlichen Auslegung folgend, der vom Bundesgesetzgeber gewählte Begriff der Finanzierung als Subvention verstanden werden[45]. Das Verhältnis der

---

41 *R. Weyand*, aaO, S. 781.

42 *R. Weyand*, ebd. S. 781 f.

43 So z.B. *R. Bechtholt*, KartellG; GWB; Kommentar, 1999², zu § 98 GWB, Rn. 29 wie auch *M. J. Werner*, in: Byok/Jaeger (Hrsg.), Kommentar zum Vergaberecht, 2000, zu § 98 GWB, Rn.286.

44 So *Th. Stickler*, in: Reidt/Stickler/Glahs (Hrsg.) Vergaberecht Kommentar, 2000, zu § 98 GWB, Rn. 58.

45 So *R. Bechthold*, aaO, zu § 98 GWB, Rn 29; *A. Boesen*, Vergaberecht Kommentar zum 4. Teil des GWB, 2000, zu § 98 GWB, Rn. 118; *K. Eschenbruch*, in: Niebuhr/Kulartz/Kus/Portz (Hrsg.) Kommentar zum Vergaberecht, 2000, zu § 98 GWB, Rn. 164 und *M. J. Werner*, aaO, zu § 98 GWB, Rn. 288. Im Ergebnis ebenso *Th. Stickler*, aaO, zu § 98 GWB, Rn. 60 und *F. Marx*, in: Motzke/Pietzcker/Prieß (Hrsg.) Beck'scher VOB-Kommentar Verdingungsordnung für Bauleistungen Teil A, 2001 zu § 98 GWB, Rn. 25 sowie wohl auch *M. Müller-Wrede*, in: In-

Subvention zur Zuwendung gemäß § 23 BHO/LHO wird in diesem Zusammenhang nicht im Einzelnen behandelt, obwohl Projekte durch Zuwendungen im vorgenannten Sinne auch subventioniert werden können[46].

Gegenstand der Diskussion ist weiter, ob die Aufzählung der Bauvorhaben in § 98 Nr. 5 GWB für eine Interpretation offen ist. Vor dem Hintergrund der allgemeiner gehaltenen Vorgängerregelung des § 57 a Abs. 1 Nr. 6 im zweiten Gesetz zur Änderung des Haushaltsgrundsätzegesetzes von 1993[47] wird dies bejaht. Diese Regelung sprach allgemein von „Vorhaben zu einem gemeinnützigen Zweck“. So seien für den sachlichen Geltungsbereich des § 98 Nr. 5 GWB z.B. auch Museen, Bibliotheken, Kultureinrichtungen, Kindergärten, Studenten- oder Altersheime in Betracht zu ziehen[48]. Dass dieser Rückgriff auf eine nicht mehr geltende Norm den Auftraggeber eines subventionierten Vorhabens in eine nicht erwünschte Rechtsunsicherheit führt, möge hier lediglich angemerkt werden.

In der Literatur und Rechtsprechung wird im Übrigen durchgängig davon ausgegangen, dass grundsätzlich auch Religionsgemeinschaften bei geförderten Vorhaben der Regelung des § 98 Nr. 5 GWB unterliegen[49]. Gleichzeitig wird jedoch betont, dass diese “mehrheitlich als öffentlich-rechtliche Körperschaften konstituiert“ und als solche von § 98 Nr. 5 GWB nicht erfasst seien[50]. Dem folgt auch die Vergabekammer Nordbayern[51], die im Übrigen darauf verweist, dass eine etwa darin zu erkennende Gesetzeslücke nur durch den Gesetzgeber selbst geschlossen werden könne[52].

---

genstau/Korbion, VOB – Teile A und B – Kommentar, 2001[14] (Nachtrag), zu § 98 GWB, Rn. 58.

46 In diesem Sinne wohl auch *M. Müller-Wrede*, aaO, zu § 98 GWB, Rn. 60.

47 Zweites Gesetz zur Änderung des Haushaltsgrundsätzegesetzes vom 26.11.1993, BGBl. I S. 1928, hier die Begründung in BT-Drucks. 13/9340, S. 15 mit Hinweis auf BT-Drucks. 12/4636.

48 Vgl. *F. Marx*, aaO, zu § 98 GWB, Rn. 25 sowie *M. Müller-Wrede*, aaO, zu § 98 GWB, Rn. 59, ähnlich auch *A. Boesen*, aaO, zu § 98 GWB, Rn. 115. Zum Teil anderer Auffassung *M. J. Werner*, der kulturelle Einrichtungen vom Geltungsbereich ausschließt, *ders.*, aaO, zu § 98 GWB, Rn. 287.

49 Vgl. *R. Weyand*, aaO, S. 782 f.; *K. Eschenbruch*, aaO, zu § 98 GWB, Rn. 76; *M. Müller-Wrede*, aaO, zu § 98 GWB, Rn. 70; wie auch *F. Marx*, aaO, zu § 98 GWB, Rn. 35 und *M. J. Werner*, aaO, zu § 98 GWB, Rn. 320.

50 Vgl. *A. Boesen*, aaO, zu § 98 GWB, Rn. 90 sowie *Th. Stickler*, aaO, zu § 98 GWB, Rn. 37.

51 VK Nordbayern Beschluss vom 24.7.2001 – 320.VK-3194-21/01 – sowie vom 29.10.2001 – 320.VK-3194-35/01. Zustimmend dazu *H. Schröder*, Vergaberechtliche Bindung öffentlich-rechtlicher Religionsgemeinschaften, NZBau, 2002, 259 ff.

52 VK Nordbayern Beschluss vom 29.10.2001 – 320.VK-3194-35/01 –, S. 9. So auch *O. Dörr*, aaO, S. 360 f.

Eine Begründung für die Definition des geförderten Auftraggebers als öffentlicher in § 98 Nr. 5 GWB ist weder der Literatur noch den Gesetzgebungsmaterialien zu entnehmen. In der Literatur wird jedoch darauf verwiesen, dass der Bundesgesetzgeber mit dieser Regelung ersichtlich seiner Verpflichtung aus Art. 2 Abs. 1 BKR und Art. 3 Abs. 3 DKR Rechnung tragen wolle[53]. Diese Ansicht berücksichtigt jedoch nicht, dass § 98 Nr. 5 GWB den Subventionierten verpflichtet und nicht – wie die vorgenannten europarechtlichen Regelungen – auf den subventionierenden öffentlichen Auftraggeber zielt. Dieser erscheint gar nicht in der Regelung des § 98 Nr. 5 GWB. Der Bundesgesetzgeber hat auf den subventionierenden öffentlichen Auftraggeber als Vermittler verzichtet und ihn damit gleichsam der „Sorge" für die Einhaltung der EG-Vergaberichtlinien enthoben.

c) Zum Verhältnis des § 98 Nr. 5 GWB zu den europarechtlichen Vorgaben

Obwohl der Bundesgesetzgeber mit seiner Regelung des § 98 Nr. 5 GWB offenkundig auf Art. 2 BKR und Art. 3 Abs. 3 DKR reagiert hat, bleiben wesentliche Fragen unbeantwortet.

Die EG-Vergaberichtlinien kennen – wie bereits betont – keine Definition des geförderten Auftraggebers. Soweit die Gesetzesmaterialien zur Begründung der Regelung in § 98 Nr. 5 GWB auf Art. 1 Buchstabe a) der Baukoordinierungsrichtlinie in der Fassung von 1989 verweisen[54], ist dem anderes nicht zu entnehmen. Dort wird kein öffentlicher oder geförderter Auftraggeber, sondern der öffentliche Bauauftrag definiert und bestimmt, dass ein solcher auch dann vorliegt, wenn „die Erbringung einer Bauleistung durch Dritte, gleichgültig mit welchen Mitteln, gemäß den vom öffentlichen Auftraggeber genannten Erfordernissen" erfolgt[55]. Diese Regelung beschränkt sich wie Art. 2 Abs. 1 BKR und Art. 3 Abs. 3 DKR darauf, die Geförderten als „Dritte", als „andere Stellen"[56] oder als „andere Einrichtungen"[57] von den öffentlichen Auftraggebern abzugrenzen.

Mit dieser Abgrenzung berücksichtigen die EG-Vergaberichtlinien die Existenz von Auftraggebern, die Aufträge zur Errichtung von Krankenhäusern,

---

53 So *A. Boesen*, aaO, zu § 98 GWB, Rn. 113; *Th. Stickler*, aaO, zu § 98 GWB, Rn. 58 wie auch *K. Eschenbruch*, aaO, zu § 98 GWB, Rn. 162.

54 So BT-Drucks. 13/9340, S. 15 mit Hinweis auf die BT-Drucks. 12/4636, S. 13, wie auch *R. Bechthold*, aaO, zu § 98 GWB, Rn. 29.

55 So Art. 1 Buchstabe a) letzte Alt. der Richtlinie des Rates vom 18.7.1989 zur Änderung der Richtlinie 71/305/EWG über die Koordination der Verfahren zur Vergabe öffentlicher Bauaufträge (89/440/EWG), ABl. der Europäischen Gemeinschaft vom 21.7.1989, Nr. L 210, S. 1. In gleicher Weise definiert auch die geltende BKR den öffentlichen Bauauftrag.

56 Art. 3 Abs. 3 DKR.

57 Art. 2 Abs. 1 BKR.

Sport-, Erholungs- oder Freizeiteinrichtungen, Schul-, Hochschul- oder Verwaltungsgebäuden vergeben, ohne selbst öffentliche Auftraggeber zu sein. Die europarechtlichen Regelungen respektieren den Auftraggeber eines geförderten Vorhabens als eigenständigen, der von dem öffentlichen Auftraggeber zu unterscheiden ist[58]. An dieser Differenzierung halten die Richtlinien fest, obwohl beide Auftraggeber mit den genannten Vorhaben im Allgemeininteresse liegende Aufgaben wahrnehmen. Wieso der Bundesgesetzgeber dieser Differenzierung nicht folgte, ist nicht ersichtlich.

Ähnliches gilt für die Entscheidung des Bundesgesetzgebers, mit § 98 Nr. 5 GWB auf den subventionierenden öffentlichen Auftraggeber als Vermittler zwischen Staat und Gefördertem zu verzichten. Die Sorge des Fördernden ist zwar – der Verpflichtung der EG-Mitgliedstaaten ähnlich – auf die Einhaltung der Richtlinie durch die Geförderten gerichtet. Die unbestimmt gehaltene Formulierung in Art. 2 Abs. 1 BKR und Art. 3 Abs. 3 DKR, „Sorge zu tragen“, eröffnet dem Bundesgesetzgeber jedoch Differenzierungsmöglichkeiten, auf die er verzichtet hat. So versperrt der Bundesgesetzgeber mit seiner Regelung in § 98 Nr. 5 GWB dem Fördernden z.B. die Möglichkeit, die ihm obliegenden Pflichten mit dem Auftraggeber eines geförderten Vorhabens vertraglich zu regeln[59]. Einer solchen Möglichkeit steht Art. 1 Buchstabe a) BKR nicht entgegen. Auch hier bleiben die vom „öffentlichen Auftraggeber genannten Erfordernisse“ unbestimmt.

Auch die Einschränkung des § 98 Nr. 5 GWB auf natürliche und juristische Personen des Privatrechts findet in den EG-Vergaberichtlinien keine Begründung. Die Bestimmung folgt zwar der bereits erwähnten Vorgängerregelung in § 57 a Abs. 1 Nr. 6 HGrG, die ebenfalls lediglich natürliche und juristische Personen des Privatrechts erfasst. Definiert der Bundesgesetzgeber jedoch in § 98 Nr. 5 GWB allein diese als öffentliche Auftraggeber, so gerät er in Konflikt mit dem europarechtlichen Begriff des öffentlichen Auftraggebers, der von der Rechtsform absieht.

Dieser Konflikt kann nicht durch eine analoge Anwendung des § 98 Nr. 2 GWB überbrückt werden. Sie scheitert an dem klaren Wortlaut des § 98 Nr. 5 GWB, der eine Erweiterung des Geltungsbereichs auf öffentlich-rechtlich organisierte Auftraggeber ausschließt[60]. Dass ein öffentlich-rechtlich organisierter Auf-

58 So auch EuGH, Rs. C-275/98, Unitron Scandinavia A/S u.a., NVwZ 2000, 181.

59 So z.B. im Rahmen einer Verwaltungsvereinbarung. Das Urteil des EuGH, Rs. C-275/98 steht dem nicht entgegen. Zwar verweist der EuGH in dieser Entscheidung erläuternd darauf, dass Art. 2 Abs. 1 BKR zur Einhaltung der Richtlinie verpflichte. Adressaten dieser Verpflichtung sind gleichwohl auch in dieser Entscheidung die (subventionierenden) öffentlichen Auftraggeber, nicht die (subventionierten) „anderen Einrichtungen“, vgl. daselbst, Rn. 28.

60 So auch die VK Nordbayern, aaO.

traggeber ohnehin an das staatliche Vergaberecht gebunden sei, kann § 98 Nr. 5 GWB nicht für sich in Anspruch nehmen. Die Ausführungen, dass die evangelischen Landeskirchen in Deutschland oder ihre Untergliederungen auch dann keine öffentlichen Auftraggeber sind, wenn sie öffentlich-rechtlich organisiert Aufträge erteilen[61], belegen das Gegenteil.

Nicht überzeugen kann weiter die in der Literatur einmütig vertretene Auffassung, eine Finanzierung gemäß § 98 Nr. 5 GWB sei – europafreundlich ausgelegt – eine Subvention, mit der beim Empfänger ein wirtschaftlicher Vorteil einhergehe.[62] So übernehmen z.B. die Länder die Investitionskosten zur Errichtung von Krankenhäusern, um die Pflegesätze gering zu halten[63]. Ein wirtschaftlicher Vorteil ist hier zwar beim pflegebedürftigen Nutzer des Krankenhauses zu erkennen, nicht dagegen beim Empfänger der Subvention.

Soweit schließlich bei Zuwendungsbescheiden an Religionsgemeinschaften auf eine Abwägung der Belange der Beteiligten abgestellt wird[64], ist diese Auffassung zu begrüßen. Der Überprüfung bedarf jedoch die Ansicht, dass keine Gründe ersichtlich seien, kirchliche Auftraggeber von der Verpflichtung zur Ausschreibung ihrer Aufträge nach staatlichem Recht freizustellen.

3. Staatlich geförderte kirchliche Vorhaben

Die haushaltsrechtlichen Bestimmungen für staatlich geförderte Vorhaben und die Regelung des Bundesgesetzgebers in § 98 Nr. 5 GWB sind aufgrund der zwar möglichen, jedoch nicht vorgenommenen Differenzierung für den kirchlichen Auftraggeber nicht unproblematisch. Auf diesen bezogen stellt sich nämlich die Frage, ob staatliche Regelungen in Verbindung mit der Förderung kirchlicher Vorhaben die Anwendung des staatlichen Vergaberechts in jedem Fall verlangen können.

Diese Frage stellt sich unabhängig von der Rechtsform der kirchlichen Auftraggeber. Die Einschränkung des persönlichen Geltungsbereichs in § 98 Nr. 5 GWB kann unberücksichtigt bleiben, da die vergaberechtlichen Auflagen in den Verwaltungsvorschriften zu den staatlichen Haushaltsordnungen nicht nach der Rechtsform des Zuwendungsempfängers unterscheiden[65].

---

61 Vgl. Kapitel III.

62 Vgl. anstelle aller *A. Boesen*, aaO, zu § 98 GWB, Rn. 118.

63 Vgl. dazu nur *O. Depenheuer*, Finanzierung und Organisation der Kirchlichen Krankenhäuser, in: HbdStKirchR, Bd. 2, 1995, S. 757 (773 ff.).

64 So *R. Weyand*, aaO, S. 781.

65 Die gesonderten Bestimmungen der BHO/LHO für Gebietskörperschaften als Zuwendungsempfänger können hier ebenfalls unberücksichtigt bleiben, weil die evan-

Ausgangspunkt zur Klärung der Grundsatzfrage ist der Charakter der staatlichen Förderung kirchlicher Vorhaben.

a) Die finanzielle Förderung kirchlicher Vorhaben als vergaberechtliches Kriterium

Mit seinen Zuwendungen gemäß § 23 BHO/LHO oder mit der Subvention kirchlicher Vorhaben verteilt der Staat keine Geschenke[66], obwohl sie „ohne marktmäßige Gegenleistung gewährt" werden[67].

Die staatlichen finanziellen Leistungen[68] für kirchliche Vorhaben beruhen auf der Voraussetzung, dass die Kirchen Aufgaben im Allgemeininteresse wahrnehmen, an deren Erfüllung der Staat ein erhebliches Interesse hat, das ohne die Förderung nicht oder nicht im notwendigen Umfang befriedigt werden könnte[69]. Im vorliegenden Zusammenhang betrifft dies insbesondere staatliche Leistungen für Projekte der evangelischen Landeskirchen im Bereich der Wohlfahrtspflege, der Bildung und der Denkmalpflege[70].

Mit seinen Leistungen an die Kirchen kommt der Staat der ihm obliegenden Verantwortung nach, die Voraussetzungen für die Pluralität der Strukturen und der Werte im sozialen Bereich durch die freien Träger der Wohlfahrtspflege zu gewährleisten. Entsprechendes gilt für den Bereich des Bildungswesens. Als Kulturstaat handelt er im Bereich der Denkmalpflege grundsätzlich nicht in anderer Weise. Dies anzuerkennen, beinhaltet keine Schwierigkeit[71]. Das Problem liegt jedoch in der Voraussetzung des finanziell Möglichen[72]. Diese Voraussetzung verwehrt dem Staat, dem Empfänger einen Anspruch auf Zuwendung, Subvention oder auf eine überwiegende Finanzierung seines Vorhabens einzuräumen[73].

Nicht die finanzielle Förderung, sondern die Grenzen seiner finanziellen Leistungsfähigkeit zwingen den Staat zu Regelungen im Interesse einer sparsamen und wirtschaftlichen Verwendung seiner Etatmittel. Daneben tritt – durchaus im Interesse des vorgenannten Anliegens, jedoch mit eigener Zielrichtung – die eu-

---

gelischen Landeskirchen in Deutschland keine solchen i. S. des staatlichen Rechts sind, vgl. Kapitel III, 2 a.

66 So *H. P. Ipsen*, aaO, Rn. 30.

67 Vgl. § 264 Abs. 7 StGB.

68 Die folgenden Ausführungen beziehen sich insbesondere auf Leistungen staatlicher Haushaltsorganisationen und nicht auf solche anderer öffentlicher Auftraggeber.

69 § 23 BHO/LHO.

70 *G. Robbers*, aaO, S. 869.

71 Vgl. nur *P. Kirchhof*, Mittel staatlichen Handelns, in: HStR, Bd. III, § 59, Rn. 72.

72 Ebd., Rn. 79.

73 So § 3 Abs. 2 HGrG.

roparechtliche Forderung, das öffentliche Auftragswesen für den grenzüberschreitenden Wettbewerb im Gemeinsamen Markt zu öffnen.

Darauf bezogen soll hier nicht der Frage nachgegangen werden, ob haushalts- und wettbewerbsrechtliche Auflagen bei staatlich geförderten Aufträgen im Allgemeinen geeignet, erforderlich und verhältnismäßig im engeren Sinne sind. Dies wird nachfolgend auch für staatlich geförderte kirchliche Vorhaben als Regelfall vorausgesetzt, denn die staatliche Förderung rechtfertigt grundsätzlich derartige Auflagen des Staates. Nicht zu bestreiten ist weiter, dass die Anwendung des staatlichen Vergaberechts dem Interesse des Staates wie dem der Kirchen an einer effektiven Verwendung der für den kirchlichen Auftrag zur Verfügung stehenden Mittel dient. Auch eine besondere Fachkunde und Leistungsfähigkeit, die z.B. bei denkmalpflegerischen Aufträgen regelmäßig zu fordern sind, stehen staatlichen Auflagen nicht entgegen. Solche besonderen Erwartungen an den Auftragnehmer werden von den Verdingungsordnungen religionsneutral berücksichtigt und rechtfertigen spezielle Vergabeverfahren[74].

Darin erschöpft sich die Überprüfung der staatlichen vergaberechtlichen Auflagen jedoch nicht. Zu prüfen bleibt, ob auch religionsspezifische Anliegen einer kirchlichen Auftragsvergabe zu berücksichtigen sind.

Als derartiges Anliegen könnte ein kirchlicher Auftraggeber geltend machen, die Eigenart seines staatlich geförderten Auftrags erfordere die Bereitschaft des Auftragnehmers, den kirchlich-religiösen Zweck seiner Leistung zu respektieren oder sich mit ihm zu identifizieren (so etwa bei Architektenleistungen für Sakralbauten). Für den kirchlichen Auftraggeber wäre damit die subjektive Stellung des Auftragnehmers zum religiösen Zweck des Auftrags ein Kriterium für die Vergabe. Gegebenenfalls könnte der Auftraggeber zur Begründung auf entsprechende kirchliche vergaberechtliche Regelungen verweisen[75]. Das staatliche Vergaberecht kennt jedoch ein derartiges Kriterium nicht. Es wird von den vergaberechtlichen Kriterien der Fachkunde, der Leistungsfähigkeit, der Zuverlässigkeit und des angemessenen Preises auch nicht erfasst[76].

Der Hinweis auf das eigene, kirchliche Vergaberecht kann den kirchlichen Auftraggeber bei staatlich geförderten Vorhaben freilich nicht von der Erfüllung der vergaberechtlichen Auflagen des Staates entbinden. Anderes kann gelten, wenn sich der kirchliche Auftraggeber als Grundrechtsträger auf Art. 4 GG berufen und geltend machen kann, dass der staatlich geförderte Auftrag die Berücksichtigung der subjektiven Stellung des Auftragnehmers zum religiösen Zweck

---

74 So z.B. die beschränkte Ausschreibung nach öffentlichem Teilnahmewettbewerb, § 3 Nr. 3 Abs. 2 a VOB/A.

75 Vgl. dazu Kapitel II. 3.d).

76 Vgl. § 2 Nr. 1 VOB, § 2 Nr. 3 VOL sowie dazu *H. Kaelble*, Anspruch auf Zuschlag und Kontrahierungszwang im Vergabeverfahren, ZfBR 2003, 657 ff.

des Auftrags erfordert, die staatlichen Auflagen eine solche Berücksichtigung nicht ermöglichen und dass dadurch das verfassungsrechtlich gewährleistete religiöse Selbstverständnis des Auftraggebers verletzt wird.

b) Der subventionierte kirchliche Auftraggeber als Grundrechtsträger

Bei der Vergabe ihrer Aufträge sind die kirchlichen Auftraggeber nicht allein als Marktteilnehmer in die allgemeine staatliche Rechtsordnung eingebunden. Als Verwalter kirchlichen Vermögens wird ihr Handeln auch vom Bekenntnis der Kirche und von den Ordnungen der Kirche und damit von Grundsätzen bestimmt, die sich aus dem Selbstverständnis der evangelischen Landeskirchen ergeben. Diese Bindung kennzeichnet sie unabhängig von ihrer Rechtsform als kirchliche Auftraggeber[77].

Insbesondere dann, wenn Auftraggeber der evangelischen Landeskirchen in Deutschland vom Auftragnehmer erwarten, dass er den kirchlich-religiösen Zweck des Auftrags respektiert oder sich mit ihm identifiziert, konkretisieren sie ihr Verständnis, dass neben Verkündigung und Diakonie auch die Verwaltung des kirchlichen Vermögens dem Verkündigungsauftrag der Kirche zu dienen hat. Für diesen Fall wäre eine kirchliche Bindung des Auftragnehmers geeignet, die von ihm erwartete Bereitschaft zu dokumentieren. Die Kirchen wählen so in einer konkreten Lebenssituation das ihrer Glaubenshaltung adäquate Mittel und nehmen gegenüber dem Staat das ihnen gewährleistete Recht auf ungestörte Religionsausübung gemäß Art. 4 Abs. 2 GG in Anspruch[78]. Dieses Recht des Einzelnen können auch die Religionsgemeinschaften[79] für die Verwaltung ihres Vermögens[80] in Anspruch nehmen.

Vor diesem Hintergrund bestimmen und praktizieren evangelische Landeskirchen in Deutschland die beschränkte Ausschreibung als Regelfall und haben die von ihnen im Grundsatz übernommenen Verdingungsordnungen als interne kirchliche Verwaltungsvorschrift modifiziert. Soweit daraufhin die kirchliche Bindung des Bieters zu berücksichtigen ist, sind die kirchlichen Regelungen mit dem staatlichen Vergaberecht nicht zu vereinbaren. Dem Staat ist es nämlich um seiner Neutralitätspflicht[81] willen verwehrt, bei der Vergabe seiner Aufträge die kirchli-

---

77 Vgl. Kapitel II.

78 Vgl. BVerfGE 32, 98 (106 f.) sowie dazu *Chr. Starck*, in: v. Mangoldt/Klein/Starck, GG, Bd. I, 1999[4], zu Art. 4 Abs. 1, 2, Rn. 34.

79 Vgl. BVerfGE 42, 412 (323).

80 Vgl. BVerfGE 53, 366 (399 ff.).

81 Vgl. BVerfGE 19, 206 (216).

che Bindung eines Bieters zu berücksichtigen oder aus diesem Grunde eine beschränkte Ausschreibung seiner Aufträge durchzuführen[82].

Die staatliche Neutralitätspflicht und ein auf Art. 4 GG gestütztes Anliegen des kirchlichen Auftraggebers stehen nebeneinander und konkurrieren im Falle einer staatlichen Finanzierung kirchlicher Vorhaben. Diese Konkurrenz zu einem sachgerechten Ausgleich zu bringen, ist Aufgabe der Schranke des für alle geltenden Gesetzes gemäß Art. 140 GG/Art. 137 Abs. 3 Satz 1 WRV[83].

c) Das für alle geltende Gesetz und die Vergabe kirchlicher Aufträge

Mit Rücksicht auf das zwingende Erfordernis des friedlichen Zusammenlebens von Staat und Kirche gewährleistet Art. 140 GG/Art. 137 Abs. 3 Satz 1 WRV sowohl das selbstständige Ordnen und Verwalten der eigenen Angelegenheiten durch die Kirchen als auch den staatlichen Schutz anderer für das Gemeinwesen bedeutsamer Rechtsgüter. Dieser Wechselwirkung ist durch entsprechende Güterabwägung Rechnung zu tragen. Dabei ist dem Eigenverständnis der Kirchen, soweit es in dem Bereich der durch Art. 4 Abs. 1 GG als unverletzlich gewährleisteten Glaubens- und Gewissensfreiheit wurzelt und sich in der durch Art. 4 Abs. 2 geschützten Religionsausübung verwirklicht, ein besonderes Gewicht beizumessen[84].

aa) Durch das Bundesverfassungsgericht ist entschieden, dass nicht nur die Kirchen und ihre rechtlich selbstständigen Untergliederungen, sondern alle der Kirche in bestimmter Weise zugeordneten Einrichtungen ohne Rücksicht auf ihre Rechtsform grundsätzlich frei sind[85], ihre eigenen Angelegenheiten gemäß den

---

82 Vgl. dazu die Kriterien für die einzelnen Ausschreibungsverfahren jeweils in § 3 VOB/A und VOL/A.

83 Die Schranke des für alle geltenden Gesetzes ist damit allein bei einer staatlichen Finanzierung kirchlicher Vorhaben von Bedeutung. Im Übrigen stellt sich im staatlichen Vergaberecht die Frage nach dem für alle geltenden Gesetz nicht, denn das staatliche Vergaberecht erhebt nicht den Anspruch einer allgemeinen Geltung für alle Auftraggeber, sondern nur für die als öffentliche Auftraggeber definierten. Offensichtlich anderer Auffassung *F. P. Ohler*, Zum Begriff des öffentlichen Auftraggebers, aaO, S. 189 f. sowie *F. Marx*, aaO, zu § 98 GWB, Rn. 35.

84 So BVerfGE 53, 366 (400 f.). Dazu vgl. *K. Hesse*, Das Selbstbestimmungsrecht der Kirchen und Religionsgemeinschaften, in: HbdStKirchR, Bd. 1, 1994^2, S. 521 (531); *A. Hollerbach*, Grundlagen des Staatskirchenrechts, in: HStR, Bd. VI, § 138, Rn. 114 (119); *A. v. Campenhausen*, in: v. Mangoldt/Klein/Starck, GG, Bd. III, 2001^4, zu Art. 137 WRV, Rn. 191 (198); *M. Morlok*, in: Dreier (Hrsg.), GG, Bd. III, 2000, zu Art. 140 GG/Art. 137 WRV, Rn. 40 (60); *D. Ehlers*, in: Sachs, GG-Kommentar, 1999^2, zu Art. 140 GG/Art. 137 WRV, Rn. 11.

85 BVerfGE 46, 73 (85 ff); 57, 220 (242); 70, 138 (162).

spezifischen kirchlichen Ordnungsgesichtspunkten auf der Grundlage des kirchlichen Selbstverständnisses rechtlich zu gestalten[86].

Unbestritten gehört zu diesen eigenen Angelegenheiten die kirchliche Vermögensverwaltung[87]. Nicht zu bestreiten ist weiter, dass die Vermögensverwaltung der Kirchen sowohl ihr Beschaffungswesen als auch dasjenige Verfahren einschließt, welches die Kirchen für die Vergabe ihrer Aufträge bestimmen. Den Entscheidungen des Bundesverfassungsgerichts zur Anwendung der staatlichen Rechtsvorschriften für die Rechnungs- und Buchführung[88] oder für Bedarfsdeckungsgeschäfte[89] durch kirchliche Krankenhausträger ist entgegenstehendes nicht zu entnehmen. Diese Entscheidungen bestreiten nicht, sondern setzen voraus, dass die Rechnungs- und Buchführung sowie Beschaffungsgeschäfte zu den eigenen Angelegenheiten i.S. des Art. 140 GG/ Art. 137 Abs. 3 Satz 1 WRV zählen[90].

Gegen das Verständnis, dass das Vergaberecht der evangelischen Landeskirchen in Deutschland zu den ihnen eigenen Angelegenheiten zählt, kann auch nicht geltend gemacht werden, dass im kirchlichen Vermögensrecht über den kirchlichen Haushaltsgrundsatz hinaus nur partiell und verstreut spezielle vergaberechtliche Regelungen bestehen. Ebenso ist hier ohne Bedeutung, dass diese Bestimmungen nicht dazu dienen, die traditionell als Kernbereich umschriebene Verkündigung und Diakonie der Kirche zu ordnen. Beide Argumente verkennen nämlich, dass die Kirchen unter Wahrung der allgemeinen Belange der Sicherheit im Rechtsverkehr[91] über den Inhalt und den Umfang ihrer Regelungen selbst entscheiden.

An der Beurteilung kann deshalb auch der Umstand nichts ändern, dass sich die Kirchen ähnlich dem Staat der Verdingungsordnungen zur Ausschreibung ihrer Aufträge im Interesse einer sparsamen und wirtschaftlichen Verwendung der Etatmittel bedienen und der Staat darüber hinaus verpflichtet ist, dem Ziel der EG-Vergaberichtlinien zu folgen.

Schließlich ändern auch eine partielle oder überwiegende Finanzierung oder die Übernahme der Investitionskosten für kirchliche Vorhaben durch den Staat nichts daran, dass die Vergabe kirchlicher Aufträge keine staatliche Angelegen-

---

86 BVerfGE 70, 138 (165).

87 Vgl. nur *K. Hesse*, aaO, S. 536 f.; *A. Hollerbach*, aaO, Rn. 116; *A. v. Campenhausen*, aaO, Rn. 37; *M. Morlok*, aaO, Rn. 47; *D. Ehlers*, aaO, Rn. 8.

88 BVerfG vom 14.12.1983 zu 2 BVR 1268/81, NJW 1984, 970 = KirchE 21, 316 = ZevKR 30 (1985) S. 435.

89 BVerfG vom 12.10.1994 zu 2 BvR 1339/89, NJW 1995, 1606 = KirchE 32, 386.

90 Insoweit nicht zutreffend *D. Ehlers*, wenn er dem Beschluss des BVerfG vom 12.10.1994 zu 2 BvR 1339/89 anderes entnimmt, *ders.*, aaO, Fn. 28.

91 Vgl. dazu Kapitel I, 3.

heit ist. In all diesen Fällen bleibt der Auftraggeber ein kirchlicher und das geförderte Vorhaben ein kirchliches, mag es auch einer gemeinsamen Angelegenheit von Staat und Kirche[92] dienlich sein.

Entscheidend ist jedoch die nachvollziehbare Begründung des kirchlichen Auftraggebers, sein staatlich geförderter Auftrag erfordere die Bereitschaft des Auftragnehmers, den kirchlich-religiösen Zweck des Auftrags zu akzeptieren oder sich mit ihm zu identifizieren, und dass diese Erwartung des Auftraggebers „in der unverletzlich gewährten Glaubens- und Gewissensfreiheit wurzelt" und sich in der „geschützten Religionsausübung verwirklicht"[93]. Davon ist bei kirchlichen Aufträgen umso mehr auszugehen, je ausgeprägter der zu vergebende Auftrag darauf zielt, dem Verkündigungsauftrag in Kirche und Diakonie zu dienen[94].

bb) Unter diesen Voraussetzungen greifen die vergaberechtlichen Auflagen der Verwaltungsvorschriften zu den Haushaltsordnungen des Bundes und der Länder ebenso in das Selbstbestimmungsrecht der Kirchen ein wie die Definition des Auftraggebers eines überwiegend staatlich finanzierten kirchlichen Vorhabens als öffentlicher Auftraggeber. Der Eingriff besteht in der Anforderung, bei der Vergabe von Aufträgen allein nach den Kriterien der Fachkunde, Leistungsfähigkeit, Zuverlässigkeit und des angemessenen Preises zu entscheiden.

Der Eingriff wird konkret in dem vom staatlichen Vergaberecht geforderten Verzicht auf die Berücksichtigung des religiösen Zwecks des zu vergebenden Auftrags sowie in der Verpflichtung auf den Grundsatz der öffentlichen Ausschreibung, der im staatlichen Vergaberecht verfahrensrechtlich absichert, dass bei der Zuschlagserteilung jedenfalls keine religiös bestimmten Kriterien zur Anwendung kommen[95].

---

92 Zu solchen gemeinsamen Angelegenheiten zählen die Anstaltsseelsorge, der Religionsunterricht, die theologischen Fakultäten, die kommunalen Friedhöfe sowie das Kirchensteuerrecht, vgl. dazu nur *A. v. Campenhausen*, Staatskirchenrecht, 1996[3], S. 220 ff.

93 BVerfGE 53, 366 (401).

94 Zu diesem Kriterium vgl. *A. v. Campenhausen*, Staatskirchenrecht, 1996[3], S. 123. So wird die kirchliche Bindung der Bieter z.B. bei Aufträgen zur Errichtung oder Instandsetzung kirchlicher Sakral- oder Dienstgebäude eine größere Bedeutung haben als für einen Auftrag, der den technischen Betriebsablauf einer kirchlichen Einrichtung gewährleisten soll.

95 Vgl. dazu anstelle aller *H. J. Prieß*, Handbuch des europäischen Vergaberechts. Gesamtdarstellung der EU/EWR-Vergaberegeln mit Textausgabe, 2001[2], S. 145 (S. 148) mit Hinweis auf EuGH Rs. 31/87 Beentjes gegen Niederlande, Slg. 1988, 4635, 4657.

Geht man im Übrigen davon aus, dass das öffentliche Beschaffungswesen Teil der „vollziehenden Gewalt“ gemäß Art. 1 Abs. 3 GG ist[96], dann greift § 98 Nr. 5 GWB in einer speziellen, darüber hinausgehenden Weise in die kirchliche Verwaltung ein, weil dann die als öffentliche Auftraggeber definierten kirchlichen Auftraggeber bei der Auftragsvergabe per definitionem „vom Staat verliehene Befugnisse ausüben“[97]. Der kirchliche Auftraggeber erscheint so als Beliehener, ohne dass er mit seiner Auftragsvergabe staatliche Aufgaben wahrnimmt.

Der Eingriff durch staatliche vergaberechtliche Auflagen oder durch § 98 Nr. 5 GWB dringt freilich nicht in das Zentrum des kirchlichen Auftrags der Verkündigung und Diakonie. Gleichwohl ist der Staat auch dann, wenn er mit seinen Auflagen oder Regelungen „den unantastbaren Kern des kirchlichen Selbstbestimmungsrechts nicht berührt, gehalten, Sinn und Geist der grundgesetzlichen Werteordnung zu beachten“[98].

cc) Aufgrund dieser Verpflichtung des Staates erscheint dem Bundesverfassungsgericht eine staatliche Schrankenregelung im Randbereich des kirchlichen Selbstbestimmungsrechts vertretbar, „soweit sie zur Erfüllung der öffentlichen Aufgabe unumgänglich wäre, d.h. wenn ohne sie das angestrebte *Ziel* nicht erreichbar wäre“[99].

Diesen Maßstab knüpft das Gericht an die gemeinsame Wahrnehmung von öffentlichen Aufgaben durch Staat und Kirche. Er kann damit auch dann Geltung beanspruchen, wenn der kirchliche Auftrag eines staatlich geförderten Vorhabens wie ein öffentlicher Auftrag behandelt und das staatlich geförderte kirchliche Vorhaben als gemeinsame Angelegenheit von Staat und Kirche angesehen wird. Wird – wie hier – der kirchliche Auftrag eines staatlich geförderten Vorhabens jedoch als eigene Angelegenheit der Kirche angesehen, dann mag dieser Maßstab die Kirchen über das zulässige Maß hinaus verpflichten, anderen Bedenken begegnet er jedoch nicht.

Das Ziel der im staatlichen Haushaltsrecht verankerten vergaberechtlichen Verpflichtung und des § 98 Nr. 5 GWB ist es, die kirchlichen Auftraggeber zu einer sparsamen und wirtschaftlichen Verwendung staatlicher Etatmittel zu veranlassen und das überwiegend mit Mitteln der öffentlichen Hand finanzierte Beschaffungswesen grenzüberschreitend für den Wettbewerb im Gemeinsamen

---

96 Vgl. dazu *P. M. Huber*, aaO, S. 29 ff. sowie die Materialien der Tagung Deutscher Staatsrechtslehrer zum Beratungsgegenstand: Der Staat als Wirtschaftssubjekt und Auftraggeber, aaO, S. 416 ff.

97 Vgl. dazu BVerfGE 18, 385 (387 f.).

98 Vgl. BVerfGE 53, 366 (400).

99 So BVerfGE, ebd., S. 401 f.

Markt zu öffnen, soweit die sonstigen Voraussetzungen des § 98 Nr. 5 GWB erfüllt sind.

dd) Wägt man dieses Ziel mit dem Inhalt der kirchlichen haushalts- und vergaberechtlichen Bestimmungen ab, so ist zum einen ein hohes Maß an Übereinstimmung der Regelungen festzustellen, zum anderen ist das kirchliche Selbstverständnis staatlich zu respektieren.

Angesichts der erst mit dem 19. Jahrhundert einsetzenden Verselbstständigung der zuvor landesherrlichen Verwaltung kirchlichen Vermögens[100] verwundert es nicht, dass sich die Ordnungen der evangelischen Landeskirchen in Deutschland für das Haushalts-, Kassen- und Rechnungswesen an Grundsätzen entsprechender staatlicher Regelungen orientieren[101] und so bis heute den Grundsatz der Wirtschaftlichkeit und Sparsamkeit[102] unabhängig davon aufrecht erhalten, ob es sich um kirchliche Eigenmittel (Kirchensteuern, Kollekten, Spenden etc.) oder um staatliche Zuwendungen handelt. Gleiches gilt für die Ausschreibung kirchlicher Aufträge als Haushaltsgrundsatz[103], dessen Regelungen eine die nationalen Grenzen überschreitende Auftragsvergabe nicht ausschließen[104].

Soweit ein kirchlicher Auftraggeber seinem Selbstverständnis folgend die kirchliche Bindung des Bieters berücksichtigen will und deshalb eine beschränkte Ausschreibung seines staatlich geförderten Auftrags begehrt, steht dem der Grundsatz der öffentlichen Ausschreibung im staatlichen Vergaberecht mit der Verpflichtung entgegen, Aufträge unabhängig von religiös bestimmten Kriterien zu vergeben. Die Abwägung hat deshalb weiter auf der einen Seite zu berücksichtigen, dass das staatliche Vergaberecht europarechtlichen Vorgaben und einem möglichst hohen Maß an Effizienz zu entsprechen hat. Auf der anderen Seite steht das Eigenverständnis der Kirchen als Ausdruck der unverletzlich gewährleisteten Glaubens- und Gewissensfreiheit und als Teil der geschützten Religionsausübung[105]. Hier „obliegt dem Staat größtmögliche Zurückhaltung“[106].

---

100 Vgl. dazu Kapitel I.

101 Vgl. dazu nur die Ordnung für das kirchliche Finanzwesen mit Ausführungsbestimmungen vom 29.5.1999 (FO-EKD), ABl. EKD S. 250.

102 § 4 FO-EKD.

103 Vgl. Kapitel II, 2 b).

104 Soweit die kirchlichen Auftraggeber privatrechtlich organisiert sind, steht diesen frei, die Vermögensordnungen der öffentlich-rechtlich verfassten Landeskirchen oder deren Grundsätze für ihr Haushalts-, Kassen- und Rechnungswesen zu übernehmen oder anzuwenden, sind sie nicht durch staatliches Recht anderweitig gebunden, wie z.B. durch die §§ 41 (Buchführung), 42 (Bilanz), 42a (Vorlage des Jahresabschlusses und des Lageberichts) GmbH-Gesetz.

105 Vgl. BVerfGE 53, 366 (400 f.).

106 Vgl. BVerfGE ebd. S. 406.

Im Ergebnis der Abwägung bedarf es keiner staatlichen Auflagen für die evangelischen Landeskirchen, um das Ziel einer sparsamen und wirtschaftlichen Verwendung staatlicher Zuwendungen zu gewährleisten. Hier besteht keine Notwendigkeit, „gravierende Missstände ... abzustellen" oder „Unzulänglichkeiten ... zu beheben", die das Ziel des staatlichen Vergaberechts in Frage stellen[107], zumal staatliche Instrumente zur Prüfung der kirchlichen Verwendung staatlicher Etatmittel bis hin zur Rückforderung dieser Mittel bestehen.

Soweit die Nebenbestimmungen des Zuwendungsbescheides den kirchlichen Auftraggeber zur öffentlichen Ausschreibung seiner Aufträge verpflichten wollen, legt die „größtmögliche Zurückhaltung" des Staates jedoch nahe, dem kirchlichen Auftraggeber die Möglichkeit einer beschränkten Ausschreibung zu eröffnen. Diese ermöglicht eine gezielte Aufforderung zur Abgabe von Angeboten an kirchlich gebundene Bieter. Die Sorge einer geringeren Effizienz der Mittelverwendung hätte der Staat in diesem Fall um der Religionsfreiheit willen freilich hinzunehmen.

Soweit schließlich der Staat das Anliegen einer europaweiten Ausschreibung von Aufträgen der von ihm überwiegend finanzierten Vorhaben verfolgt, sind aus dem Selbstverständnis der evangelischen Landeskirchen keine Gründe ersichtlich, die diesem Anliegen entgegenstehen, soweit dem kirchlichen Auftraggeber auch dann die Möglichkeit einer beschränkten Ausschreibung nicht genommen wird.

So kann sich vergaberechtlich die Garantie des Art. 140 GG/Art. 137 Abs. 3 Satz 1 WRV erweisen „als n o t w e n d i g e, ... rechtlich selbständige Gewährleistung, die der Freiheit des religiösen Lebens und Wirkens der Kirchen und Religionsgemeinschaften die zur Wahrnehmung dieser Aufgabe unerläßliche Freiheit der Bestimmung über Organisation, Normsetzung und Verwaltung hinzufügt"[108].

ee) Die Entscheidungen des Bundesverfassungsgerichts zur Anwendung der staatlichen Krankenhausbuchführungsverordnung[109] sowie zu den Beschaffungsgeschäften[110] in kirchlichen Krankenhäusern widersprechen dem nicht. In diesen Verfahren haben die Beschwerdeführer zwar geltend gemacht, jedoch nicht begründen können, dass ihr Anliegen in dem Bereich der durch Art. 4 Abs. 1 GG als unverletzlich gewährleisteten Glaubens- und Bekenntnisfreiheit wurzelt und

107 Ebd. S. 407.
108 So BVerfGE 53, 366 (3. LS); 57, 220 (244); 66, 1 (20); 72, 278 (289).
109 Beschluss des BVerfG zu 2 BvR 1268/81, aaO.
110 Beschluss des BVerfG zu 2 BvR 1339/89, aaO.

sich in der durch Art. 4 Abs. 2 GG geschützten Religionsausübung verwirklicht[111].

Die Bundesrepublik Deutschland ist als EG-Mitgliedstaat durch Art. 1 Buchstabe a) oder Art. 2 Abs. 1 BKR und durch Art. 3 Abs. 3 DKR auch nicht gehindert, ein in Art. 4 GG wurzelndes Selbstverständnis der evangelischen Landeskirchen in Deutschland bei der Vergabe ihrer Aufträge zu respektieren. Die europarechtlichen Vorgaben verschließen sich einer differenzierten Behandlung nicht[112]. Sie achten so „den Status, den Kirchen und religiöse Vereinigungen oder Gemeinschaften in den Mitgliedstaaten nach deren Rechtsvorschriften genießen, und beeinträchtigen ihn nicht“[113]. Sie ermöglichen, die Kirchen als subventionierte Auftraggeber gemäß der bundesdeutschen staatskirchenrechtlichen Ordnung zu behandeln.

Vor diesem Hintergrund können ministerielle Verwaltungsvorschriften zu den staatlichen Haushaltsordnungen oder die Definition eines kirchlichen Auftraggebers als öffentlicher Auftraggeber in nicht zulässiger Weise in das Selbstbestimmungsrecht der evangelischen Landeskirchen eingreifen, wenn sie eine beschränkte Ausschreibung kirchlicher Aufträge generell ausschließen. Sie können dann keinen Anspruch darauf erheben, ein für alle geltendes Gesetz i.S. des Art. 140 GG/Art. 137 Abs. 3 Satz 1 WRV zu sein.

Die staatliche Zuwendungsbehörde kann einen unzulässigen Eingriff durch Ausüben ihres Ermessens in Bezug auf die vergaberechtlichen Nebenbestimmungen im Zuwendungsbescheid vermeiden oder das Verfahren zur Vergabe eines staatlich geförderten kirchlichen Auftrages in einer Verwaltungsvereinbarung mit dem kirchlichen Zuwendungsempfänger einvernehmlich regeln. Soweit die Voraussetzungen des § 98 Nr. 5 GWB vorliegen, kann ein unzulässiger Eingriff in das Selbstbestimmungsrecht der Kirchen jedoch nicht ausgeschlossen werden. Die Definition des öffentlichen Auftraggebers in § 98 Nr. 5 GWB lässt weder Ermessen noch eine Verwaltungsvereinbarung zu. Die betroffenen kirchlichen Auftraggeber werden damit in das Dilemma geführt, sich zwischen ihrem religiösen Anliegen bei der Auftragsvergabe und der staatlichen Förderung ihres Vorhabens entscheiden zu müssen.

---

111 BVerfGE 24, 236 (246); 44, 37 (49); 53, 366 (401); 66, 1 (22); 70, 138 (167); 72, 278 (289).

112 Vgl. Kapitel IV, 2 c.

113 11. Erklärung der Schlussakte der Amsterdamer Konferenz mit Erklärungen vom 2.10.1997, BGBl. 1988 II, S. 438.

C. Zusammenfassung

Zusammenfassende Thesen

Kapitel I: Zur Geschichte

1. Das unter dem landesherrlichen Kirchenregiment der staatlichen Rechtsordnung folgende kirchliche Vergabewesen verselbstständigte sich mit dem Entstehen der evangelischen Kirchengemeinden als juristisch selbstständige Körperschaften in der Mitte des 19. Jahrhunderts.

2. Seitdem entscheiden die Organe kirchlicher Körperschaften selbstständig, ob und in welcher Form sie ihre Aufträge zur Vergabe ausschreiben. Diese Entwicklung ist Teil der im 19. Jahrhundert getroffenen Grundentscheidung, den evangelischen Landeskirchen in Deutschland ihre Angelegenheiten zur selbstständigen Ordnung und Verwaltung zu übertragen.

3. Mit der Übernahme des Art. 137 Abs. 3 der Weimarer Reichsverfassung in das Bonner Grundgesetz wurde die Eigenständigkeit des kirchlichen Vermögensrechts bestätigt. Der Staat der Bundesrepublik Deutschland gewährt den Kirchen damit eine vom Staat unabhängig bestimmte Vermögensordnung und -verwaltung im Rahmen des für alle geltenden Gesetzes gemäß Art. 140 GG/Art. 137 Abs. 3 WRV.

Kapitel II: Das Vergaberecht der evangelischen Landeskirchen

1. Als kirchliche Auftraggeber vergeben die evangelischen Landeskirchen in Deutschland wie ihre rechtsfähigen Untergliederungen und angeschlossenen Einrichtungen Aufträge im Rahmen ihrer Vermögensverwaltung.

2. Das Recht der Auftragsvergabe ist in den evangelischen Landeskirchen in Deutschland von den Verdingungsordnungen (VOB und VOL) geprägt. Als Haushaltsgrundsatz wird den kirchlichen Auftraggebern die Anwendung der VOB und der VOL in den kirchlichen Ordnungen entweder empfohlen oder verbindlich vorgeschrieben.

3. Als interne Verwaltungsvorschriften haben die evangelischen Landeskirchen in Deutschland den Inhalt der VOB und der VOL regelmäßig ihrem Selbstverständnis folgend modifiziert. Soweit sie die Berücksichtigung der kirchlichen Bindung der Bieter vorsehen, haben sie die beschränkte Ausschreibung kirchlicher Aufträge als Regelfall bestimmt.

4. Die Geltung der Modifikationen im kirchlichen Vergaberecht ist an Voraussetzungen gebunden, die für die Verdingungsordnungen als Instrument staatlichen Haushaltsrechts gemeinhin gelten.

5. Für Orgel- und Glockenaufträge haben die evangelischen Landeskirchen eigene Regelungen getroffen, die als spezielle Bestimmungen den Verdingungsordnungen vorgehen. Diese Regelungen sehen in der Sache und im Grundsatz eine beschränkte Ausschreibung von Orgel- und Glockenaufträgen vor.

6. Die Bindung kirchlicher Auftraggeber an die Verdingungsordnungen hat zu berücksichtigen, dass ihre ursprünglich haushaltsrechtliche Begründung zunehmend von Anliegen des Wettbewerbs überlagert wird.

Kapitel III: Das staatliche Vergaberecht und der kirchliche Auftraggeber

1. Die evangelischen Landeskirchen in Deutschland gehören trotz ihres Status als Körperschaft des öffentlichen Rechts und ihrer territorial bestimmten Organisation nicht zum Staat oder im Rechtssinn zu den Gebietskörperschaften. Sie erfüllen auch im Übrigen nicht die Kriterien eines öffentlichen Auftraggebers gemäß der EG-Vergaberichtlinien oder des § 98 Nr. 1 bis 3 GWB.

2. Zwar erfüllen die evangelischen Landeskirchen in Deutschland im Allgemeininteresse liegende Aufgaben nichtgewerblicher Art. Ihre Aufgaben sind gleichwohl keine vom Staat abgeleiteten Aufgaben und sie können dem Staat auch nicht zugerechnet werden, denn sie zeichnen sich nicht durch Staatsnähe, sondern durch ihre religiöse Begründung und durch ihre Bindung an die kirchliche Organisation aus.

3. Kirchliche Auftraggeber verfügen regelmäßig über eine eigene Rechtspersönlichkeit. Sie erfüllen dennoch keines der weiteren Tatbestandsmerkmale, die den öffentlichen Auftraggeber als einen staatlich beherrschten auszeichnen.

4. Die Finanzierung der Evangelischen Landeskirchen in Deutschland aus Kirchensteuern ist keine staatliche Finanzierung, sondern dokumentiert die Unabhängigkeit der Kirche vom Staat. Die Leistungsentgelte für kirchliche Einrichtungen als freie Träger der Wohlfahrtspflege haben vergaberechtlich keine Bedeutung. Die Staatsleistungen an die evangelischen Landeskirchen sind schließlich keine Subventionen, sondern Ausgleich für verstaatlichtes kirchliches Vermögen und erreichen nicht die Höhe einer überwiegenden staatlichen Finanzierung.

5. Die evangelischen Landeskirchen und ihre Einrichtungen unterliegen in Deutschland keiner staatlichen Aufsicht, welche die Anwendung des staatlichen Vergaberechts rechtfertigen könnte. Soweit einzelne Einrichtungen einer gegenständlich beschränkten staatlichen Rechtsaufsicht unterliegen, ist diese nicht darauf gerichtet, das kirchliche Verhalten bei der Vergabe von Aufträgen zu beeinflussen.

6. Auf der Grundlage eigener, kirchlich bestimmter Ordnungen entscheiden die evangelischen Landeskirchen im Übrigen selbstständig über die Zusammensetzung und Bildung kirchlicher Organe. Die Voraussetzungen, die Mitglieder kirchlicher Organe zu erfüllen haben, dienen kirchlichen Interessen und lassen eine überwiegende Interessenvertretung des Staates, seiner Gebietskörperschaften oder sonstiger öffentlicher Auftraggeber nicht zu.

Kapitel IV: Die staatlich subventionierten kirchlichen Aufträge

1. Ein staatlich subventionierter kirchlicher Auftrag konfrontiert den kirchlichen Auftraggeber mit der Erwartung des Staates, das ihn bindende Vergaberecht anzuwenden. Diese Erwartung berührt den vergaberechtlichen Status kirchlicher Auftraggeber.

2. Unabhängig von der Rechtsform des kirchlichen Auftraggebers kann als Regelfall vorausgesetzt werden, dass die religionsneutralen haushalts- und wettbewerbsrechtlichen Auflagen des Staates im Allgemeinen geeignet, erforderlich und verhältnismäßig im engeren Sinne sind.

3. Kann ein kirchlicher Auftraggeber jedoch geltend machen, die Eigenart seines staatlich geförderten Auftrags erfordere die Bereitschaft des Auftragnehmers, den kirchlich-religiösen Zweck seiner Leistung zu respektieren oder sich mit ihm zu identifizieren, dann steht der staatlichen Neutralitätspflicht das auf Art. 4 GG gestützte Anliegen des kirchlichen Auftraggebers gegenüber.

4. In diesem Falle fordern Art. 4 GG i.V.m. Art. 140 GG/Art. 137 Abs. 3 Satz 1 WRV vom Staat, dem kirchlichen Auftraggeber eine Möglichkeit zu eröffnen, sein Anliegen zu verwirklichen. Eine beschränkte Ausschreibung ist geeignet, das kirchlich-religiöse Anliegen zu berücksichtigen.

5. Verwehrt das staatliche Vergaberecht dem kirchlichen Auftraggeber in jedem Fall eine beschränkte Ausschreibung, ist ein unzulässiger Eingriff in das Selbstbestimmungsrecht der evangelischen Landeskirchen nicht auszuschließen.

6. Die staatlichen Zuwendungsbehörden können einen unzulässigen Eingriff in das kirchliche Selbstbestimmungsrecht im gegebenen Fall durch Ausüben ihres Ermessens oder durch Vereinbarung mit dem kirchlichen Zuwendungsempfänger vermeiden. Da die Regelung des § 98 Nr. 5 GWB keine dieser Möglichkeiten zulässt, kann sie keine Geltung für alle staatlich subventionierten kirchlichen Aufträge beanspruchen.

Anlage

Richtlinien 93/37/EWG des Rates vom 14. Juni 1993 zur Koordinierung der Verfahren zur Vergabe öffentlicher Bauaufträge

ABl. der Europ. Gemeinschaft Nr. L 199, S. 54 (Auszug)

Abschnitt I

Allgemeine Bestimmungen

Artikel 1

Im Sinne dieser Richtlinie

a) gelten als *öffentliche Bauaufträge*: die zwischen einem Unternehmer und einem unter Buchstabe b) näher bezeichneten öffentlichen Auftraggeber geschlossenen schriftlichen entgeltlichen Verträge über entweder die Ausführung oder gleichzeitig die Ausführung und die Planung von Bauvorhaben im Zusammenhang mit einer der in Anhang II genannten Tätigkeiten oder eines Bauwerks im Sinne des Buchstaben c) oder die Erbringung einer Bauleistung durch Dritte, gleichgültig mit welchen Mitteln, gemäß den vom Auftraggeber genannten Erfordernissen;

b) gelten als *öffentliche Auftraggeber:* der Staat, Gebietskörperschaften, Einrichtungen des öffentlichen Rechts und Verbände, die aus einer oder mehreren dieser Körperschaften oder Einrichtungen bestehen.

Als *Einrichtung des öffentlichen Rechts* gilt jede Einrichtung,

- die zu dem besonderen Zweck gegründet wurde, im Allgemeininteresse liegende Aufgaben zu erfüllen, die nicht gewerblicher Art sind, und
- die Rechtspersönlichkeit besitzt und
- die überwiegend vom Staat, von Gebietskörperschaften oder von anderen Einrichtungen des öffentlichen Rechts finanziert wird oder die hinsichtlich ihrer Leitung und Aufsicht durch letztere unterliegt oder deren Verwal-

tungs-, Leitungs- oder Aufsichtsorgan mehrheitlich aus Mitgliedern besteht, die vom Staat, den Gebietskörperschaften oder anderen Einrichtungen des öffentlichen Rechts ernannt worden sind.

Die Verzeichnisse der Einrichtungen und Kategorien des öffentlichen Rechts, die die in Unterabsatz 2 genannten Kriterien erfüllen, sind in Anhang I enthalten. Diese Verzeichnisse sind so vollständig wie möglich und können nach dem Verfahren des Artikels 35 geändert werden. Zu diesem Zweck geben die Mitgliedstaaten der Kommission regelmäßig die Änderungen an ihren Verzeichnissen bekannt; ...

Artikel 2

(1) Die Mitgliedstaaten treffen die erforderlichen Maßnahmen, damit die öffentlichen Auftraggeber die Bestimmungen dieser Richtlinie in den Fällen einhalten bzw. für ihre Einhaltung Sorge tragen, in denen sie Bauaufträge, die von anderen Einrichtungen vergeben werden, zu mehr als 50 v. H. direkt subventionieren.

(2) Absatz 1 gilt nur für die in Klasse 50, Gruppe 502, der Allgemeinen Systematik der Wirtschaftszweige in den Europäischen Gemeinschaften (NACE) aufgeführten Aufträge und die Aufträge, die sich auf den Bau von Krankenhäusern, Sport-, Erholungs- und Freizeiteinrichtungen, Schul- und Hochschulgebäuden und Verwaltungsgebäuden beziehen.

Anhang I zur Richtlinie 93/37/EWG des Rates vom 14. Juni 1993

VERZEICHNIS DER EINRICHTUNGEN UND KATEGORIEN VON EINRICHTUNGEN ÖFFENTLICHEN RECHTS NACH ARTIKEL 1 BUCHSTABE b)

ABl. der Europ. Gemeinschaft Nr. L 199, S. 67 (Auszug)

III. DEUTSCHLAND

Kategorien

1. Juristische Personen des öffentlichen Rechts

Die bundes-, landes- und gemeindeunmittelbaren Körperschaften, Anstalten und Stiftungen des öffentlichen Rechts, insbesondere in folgenden Bereichen:

1.1. *Körperschaften*
- wissenschaftliche Hochschulen und verfaßte Studentenschaften,
- berufsständische Vereinigungen (Rechtsanwalts-, Notar-, Steuerberater-, Wirtschaftsprüfer-, Architekten-, Ärzte- und Apothekerkammern),
- Wirtschaftsvereinigungen (Landwirtschafts-, Handwerks-, Industrie- und Handelskammern, Handwerksinnungen, Handwerkerschaften),
- Sozialversicherungen (Krankenkassen, Unfall- und Rentenversicherungsträger),
- kassenärztliche Vereinigungen,
- Genossenschaften und Verbände.

1.2. Anstalten und Stiftungen
Die der staatlichen Kontrolle unterliegenden und im Allgemeininteresse tätig werdenden Einrichtungen nichtgewerblicher Art, insbesondere in folgenden Bereichen:
- rechtsfähige Bundesanstalten,
- Versorgungsanstalten und Studentenwerke,
- Kultur-, Wohlfahrts-, und Hilfsstiftungen.

2. Juristische Personen des Privatrechts

Die der staatlichen Kontrolle unterliegenden und im Allgemeininteresse tätig werdenden Einrichtungen nichtgewerblicher Art, einschließlich der kommunalen Versorgungsunternehmen:

- Gesundheitswesen (Krankenhäuser, Kurmittelbetriebe, medizinische Forschungseinrichtungen, Untersuchungs- und Tierkörperbeseitigungsanstalten),
- Kultur (öffentliche Bühnen, Orchester, Museen, Bibliotheken, Archive, zoologische und botanische Gärten),
- Soziales (Kindergärten, Kindertagesheime, Erholungseinrichtungen, Kinder- und Jugendheime, Freizeiteinrichtungen, Gemeinschafts- und Bürgerhäuser, Frauenhäuser, Altersheime, Obdachlosenunterkünfte),
- Sport (Schwimmbäder, Sportanlagen und -einrichtungen),
- Sicherheit (Feuerwehren, Rettungsdienste)
- Bildung (Umschulungs-, Aus-, Fort- und Weiterbildungseinrichtungen, Volksschulen),
- Wissenschaft, Forschung und Entwicklung (Großforschungseinrichtungen, wissenschaftliche Gesellschaften und Vereine, Wissenschaftsförderung),
- Entsorgung (Straßenreinigung, Abfall- und Abwasserbeseitigung),
- Bauwesen und Wohnungswirtschaft (Stadtplanung, Stadtentwicklung, Wohnungsunternehmen, Wohnraumvermittlung),
- Wirtschaft (Wirtschaftsförderungsgesellschaften),
- Friedhofs- und Bestattungswesen,
- Zusammenarbeit mit den Entwicklungsländern (Finanzierung, technische Zusammenarbeit, Entwicklungshilfe, Ausbildung).

Gesetz gegen Wettbewerbsbeschränkungen

(GWB)

i. d. F. der Bekanntmachung vom 26. August 1998, BGBl. I S. 2546 (Auszug)

§ 98. Auftraggeber. Öffentliche Auftraggeber im Sinne dieses Teils sind:

1. Gebietskörperschaften sowie deren Sondervermögen,

2. andere juristische Personen des öffentlichen und des privaten Rechts, die zu dem besonderen Zweck gegründet wurden, im Allgemeininteresse liegende Aufgaben nichtgewerblicher Art zu erfüllen, wenn Stellen, die unter Nummer 1 oder 3 fallen, sie einzeln oder gemeinsam durch Beteiligung oder auf sonstige Weise überwiegend finanzieren oder über ihre Leitung die Aufsicht ausüben oder mehr als die Hälfte der Mitglieder eines ihrer zur Geschäftsführung oder zur Aufsicht berufenen Organe bestimmt haben. Das gleiche gilt dann, wenn die Stelle, die einzeln oder gemeinsam mit anderen die überwiegende Finanzierung gewährt oder die Mehrheit der Mitglieder eines zur Geschäftsführung oder Aufsicht berufenen Organs bestimmt hat, unter Satz 1 fällt,

3. Verbände, deren Mitglieder unter Nummer 1 oder 2 fallen,

4. natürliche oder juristische Personen des privaten Rechts, die auf dem Gebiet der Trinkwasser- oder Energieversorgung oder des Verkehrs oder der Telekommunikation tätig sind, wenn diese Tätigkeiten auf der Grundlage von besonderen oder ausschließlichen Rechten ausgeübt werden, die von einer zuständigen Behörde gewährt wurden, oder wenn Auftraggeber, die unter Nummern 1 bis 3 fallen, auf diese Personen einzeln oder gemeinsam einen beherrschenden Einfluß ausüben können,

5. natürliche oder juristische Personen des privaten Rechts in den Fällen, in denen sie für Tiefbaumaßnahmen, für die Errichtung von Krankenhäusern, Sport-, Erholungs- oder Freizeiteinrichtungen, Schul-, Hochschul- oder Verwaltungsgebäuden oder für damit in Verbindung stehende Dienstleistungen und Auslobungsverfahren von Stellen, die unter Nummern 1 bis 3 fallen, Mittel erhalten, mit denen diese Vorhaben zu mehr als 50 vom Hundert finanziert werden.

6. natürliche oder juristische Personen des privaten Rechts, die mit Stellen, die unter Nummern 1 bis 3 fallen, einen Vertrag über die Erbringung von Bauleistungen abgeschlossen haben, bei dem die Gegenleistung für die Bauarbeiten statt in einer Vergütung in dem Recht auf Nutzung der baulichen Anlage, ggf. zuzüglich der Zahlung eines Preises besteht, hinsichtlich der Aufträge an Dritte (Baukonzession).

Allgemeine Verwaltungsvorschriften zur Bundeshaushaltsordnung (VV-BHO) Vom 14. März 2001,
GMBl. S. 309 (Auszug)

Zu § 44 Abs. 1 Zuwendungen, Widerruf von Zuwendungsbescheiden, Erstattung und Verzinsung -

...

5. Nebenbestimmungen zum Zuwendungsbescheid

5.1 Allgemeine Nebenbestimmungen im Sinne des § 36 VwVfG für Zuwendungen zur institutionellen Förderung (ANBest-I), zur Projektförderung (ANBest-P), zur Projektförderung an Gebietskörperschaften (ANBest-Gk) und zur Projektförderung auf Kostenbasis (ANBest-P-Kosten) ergeben sich aus den Anlagen 1 bis 4. Sie sind unverändert zum Bestandteil des Zuwendungsbescheides zu machen.

...

Anlage 1 zur VV Nr. 5.1 zu § 44 BHO (Auszug)

Allgemeine Nebenbestimmungen für Zuwendungen zur institutionellen Förderung (ANBest I)

...

3. Vergabe von Aufträgen

3.1 Wenn die Zuwendung oder bei Finanzierung durch mehrere Stellen der Gesamtbetrag der Zuwendung mehr als 200 000 Deutsche Mark (100 000 Euro) beträgt, sind anzuwenden
- bei der Vergabe von Aufträgen für Bauleistungen der Abschnitt I der Verdingungsordnung für Bauleistungen (VOB),

- bei der Vergabe von Aufträgen für Lieferungen und Dienstleistungen der Abschnitt I der Verdingungsordnung für Leistungen – ausgenommen Bauleistungen – (VOL).

3.2 Verpflichtungen des Zuwendungsempfängers, auf Grund des § 98 des Gesetzes gegen Wettbewerbsbeschränkungen (GWB) und der Vergabeverordnung (VgV) die Abschnitte 2 ff. der VOB/A bzw. VOL/A anzuwenden oder andere Vergabebestimmungen einzuhalten, bleiben unberührt.

...

Anm.: Der Wortlaut der Ziff. 3 ANBest-I ist identisch mit dem Wortlaut der Ziff. 3 ANBest-P.

Verzeichnis der Literatur, Rechtsquellen und Gerichtsentscheidungen

1. Literatur

Anschütz, G., Die Verfassung des Deutschen Reiches vom 11. August 1919, 1933[14]

Baldus M., Kirchliche Hochschulen, in: Handbuch des Staatskirchenrechts in der Bundesrepublik Deutschland (HbdStKirchR), Bd. 2, 1995[2], S. 601

Barth, Th., Elemente und Typen landeskirchlicher Leitung, Jus Ecclesiasticum, Bd. 53, 1995

Bechthold, R., KartellG; GWB; Kommentar, 1999[2]

Blaschke, K., Die Kirchenfinanzierung in Deutschland, ZevKR 47 (2002) S. 395

Böckenförde, E.-W., Die Entstehung des Staates als Vorgang der Säkularisation, in: *ders.*, Recht, Staat Freiheit. Studien zur Rechtsphilosophie, Staatstheorie und Verfassungsgeschichte, 1991, S. 92

Boesen, A., Vergaberecht-Kommentar, 2000

Brauser-Jung, G., Religionsgewerbe und Religionsunternehmerfreiheit, Studien zum öffentlichen Wirtschaftsrecht, Bd. 51 (Diss. jur.) 2002

Brenner, M., Umweltschutz als Zuschlagskriterium im Verfahren der öffentlichen Auftragsvergabe, in: Marburger u.a. (Hrsg.), Jahrbuch des Umwelt- und Technikrechts, Schriftenreihe des Instituts für Umwelt- und Technikrecht der Universität Trier, 1997, S. 141

Bürgy, F., Kirchliche Vermögensaufsicht und Selbstverwaltung in der Evangelischen Landeskirche Badens, ZevKR 6 (1957/58) S. 377

Byok, J., Die Entwicklung des Vergaberechts seit 1999, NJW 2001, 2295.

Campenhausen, A. v., Staatskirchenrecht, 1996[3]

ders., in: v. Mangoldt/Klein/Starck, Bonner Grundgesetz (GG), Bd. III, 2001[4], zu Art. 137 WRV

ders., in: Seifart/v. Campenhausen (Hrsg.), Handbuch des Stiftungsrechts, 1999[2]

ders., Religionsfreiheit, in: Handbuch des Staatsrechts (HStR), Bd. VI, 2001[2], § 136

ders., Körperschaftsstatus der Kirchen und Religionsgemeinschaften. Zum Urteil des Bundesverfassungsgerichts zu den Zeugen Jehovas, ZevKR 46 (2001) S. 165

ders., Neues zum staatlichen Rechtsschutz im kirchlichem Bereich, ZevKR 45 (2000) S. 622

ders., Zur Grenzziehung zwischen Staat und Kirche im sozialen Bereich, in: FS H.-F. Zacher zum 70. Geburtstag, 1998, S. 96
ders., Art. „Freie Träger", in: Evangelisches Staatslexikon (EvStL), 1987[3], Sp. 959
ders., Art. „Friedhofswesen", in: Deutsches Rechtslexikon, Bd. 1, 2001[3], S. 1727
Campenhausen, A. v./Christoph, J. E., Staatliche Krankenhausfinanzierung als Erfüllung grundrechtlicher Ansprüche, DVBl. 1985, 266
Campenhausen, A. v./Erhardt, H.-J., Kirche – Staat – Diakonie. Zur Rechtsprechung des Bundesverfassungsgerichts im diakonischen Bereich, 1982
Campenhausen, O. v., Die Organisationsstruktur der evangelischen Kirche, in: HbdStKirchR, Bd. 1, 1994[2], S. 383
Christoph J. E., Kirchliche Rechtsetzung im diakonischen Bereich, ZevKR 34 (1989) S. 406
Conring, H.-T., Korporative Religionsfreiheit in Europa, Schriften zum internationalen und zum öffentlichen Recht, Bd. 22 (Diss. jur.)1998
Dalhoff, E., Kirchliche Vermögensaufsicht und Selbstverwaltung in der Evangelischen Kirche im Rheinland, ZevKR 6 (1957/58) S. 365
Daub, W., in: Daub/Meierrose (Hrsg.), Kommentar zur VOL/A, 1976[2]
Depenheuer, O., Finanzierung und Organisation der kirchlichen Krankenhäuser, in: HbdStKirchR, Bd. 2, 1995[2], S. 757
Depenheuer, O., Staatliche Finanzierung und Planung im Krankenhauswesen, Staatskirchenrechtliche Abhandlungen, Bd. 17, 1986
Dietlein, J., Der Begriff des „funktionalen Auftraggebers" nach § 98 Nr. 2 GWB, NZBau 2002, S. 136
Dove, R. W., Sätze des Referenten über die kirchliche Besteuerung, Bericht vor der Eisenacher Konferenz 1870, Allgem. Kirchenblatt 1870, S. 560
Dörr, O., Die vergaberechtliche Einbindung der freien Wohlfahrtspflege, Recht der Jugend und des Bildungswesens 2002, S. 349
Dürig, G., in: Maunz/Dürig, GG, zu Art. 140 (1973)
Eberstein, H. H., in Daub/Eberstein, VOL/B, 1998[4], Einf.
ders., in: Daub/Eberstein, VOL/A, 1985[3], Einf.
Ehlers, D., Verwaltung in Privatrechtsform, 1984
ders., in: Sachs (Hrsg.), GG-Kommentar, 1999[2], zu Art. 140 GG/Art. 137 WRV
Elgeti, A., Rechtsprobleme bei Kindergärten in kirchlicher Trägerschaft, ZevKR 34 (1989) S. 144
Elster, Th., Begünstigende Verwaltungsakte mit Bedingungen, Einschränkungen und Auflagen, 1979
Endrös, A., Entstehung und Entwicklung des Begriffs „Körperschaft des öffentlichen Rechts", 1985
Engelhardt, H., Die Kirchensteuer in der Bundesrepublik Deutschland, 1968

ders., Die Kirchensteuer in den neuen Bundesländern, 1991
ders., Bestattungswesen und Friedhofsrecht, in: HbdStKirchR, Bd. 2, 1995[2], S. 105
epd-Dokumentation Nr. 21a/96 vom 13.5.1996, S. 22
Erichsen, H. U., in: ders. (Hrsg.) Allgemeines Verwaltungsrecht, 1998[11], § 14
Eschenbruch, K., in: Niebuhr/Kulartz/Portz (Hrsg.), Kommentar zum Vergaberecht, 2000, zu § 98 GWB
Fahlbusch, E., Art. „Kirche, 1. Gegenstand, Aufgaben und Probleme der Ekklesiologie", in: Evangelisches Kirchenlexikon (EKL), Bd. 2, 1989[3], Sp. 1046
Forsthoff, E., Lehrbuch des Verwaltungsrechts, 1973[10]
Friedrich O., Einführung in das Kirchenrecht, 1978[2]
Frost, H., Strukturprobleme evangelischer Kirchenverfassung. Rechtsvergleichende Untersuchungen zum Verfassungsrecht der deutschen evangelischen Landeskirchen, 1972
ders., Zur Methodenproblematik des evangelischen Kirchenrechts, Ausgewählte Schriften zum Staats- und Kirchenrecht, Jus Ecclesiasticum, Bd. 65, 2001, S. 260
Fürstenthal, J. A. L. (Hrsg.), Sammlung aller noch gültigen, in dem Allgemeinen Landrecht, der Gesetzessammlung, den v. Kamptzschen Jahrbüchern und Annalen, der Raabeschen Sammlung und den Amtsblättern sämtlicher Königl. Regierungen seit ihrer Begründung bis Ende 1838 enthaltenen, das Kirchen- und Schulwesen betreffenden Gesetze, Reskripte und Verfügungen, Bd. 1, 1838, Bd. 2, 1838, Bd. 3, 1839, Bd. 4, 1839, Nachtrag, 1845
Gaedke, J., Handbuch des Friedhofs- und Bestattungsrechts, 2000[8]
Garmissen, B. A. v., Landwirtschaftliches Grundvermögen in kirchlicher Hand, Schriften zum Staatskirchenrecht, Bd. 5 (Diss. jur.) 2001
Giese, F., Deutsches Kirchensteuerrecht, Kirchenrechtliche Abhandlungen, Heft 69-71, 1910
ders., in: Giese/Neuwiem/Cahn (Hrsg.), Deutsches Verwaltungsrecht, 1930
Grethlein, G./Böttcher, H./Hofmann, W./ Hübner, H.-P., Evangelisches Kirchenrecht in Bayern, 1994
Groß, Th., Was bedeutet „Fachaufsicht"?, DVBl. 2002, 739 ff.
Grundmann, S., Art. „Ev. Kirche", in: Religion in Geschichte und Gegenwart (RGG), Bd. 3, 1959[3], Sp. 1323
Gusy, Chr., Die Bindung privatrechtlichen Verwaltungshandelns an das öffentliche Recht, DÖV 1984, 872
Hailbronner, K., Der Begriff des öffentlichen Auftraggebers nach den EG-Richtlinien zur Vergabe öffentlicher Aufträge, EWS 1995, 285
Hammer, F., Rechtsfragen der Kirchensteuer, Jus Ecclesiasticum, Bd. 66, 2002

Härle, W., Art. „Kirche. Dogmatisch“, in: Theologische Realenzyklopädie (TRE), Bd. 18, 1989, S. 277
Hartwig, M., Korporative Religionsfreiheit und soziale Tätigkeit, Beiträge zum ausländischen öffentlichen Recht und Völkerrecht, Bd. 146, 2001, S. 509 ff.
Heckel, J., Lex charitatis. Eine juristische Untersuchung über das Recht in der Theologie M. Luthers, 1973²
Heckel, M., Staat – Kirche – Kunst, Tübinger Rechtswissenschaftliche Abhandlungen, Bd. 22, 1968
ders., Zur Entwicklung des deutschen Staatskirchenrechts von der Reformation bis zur Schwelle der Weimarer Verfassung, ZevKR 12 (1966/67) S. 1 = GS Bd. I, S. 366
ders., Das Auseinandertreten von Staat und Kirche in Deutschland seit der Mitte des 19. Jahrhunderts, ZevKR 45 (2000) S. 173
ders., Art. „Augsburger Religionsfrieden“, in: EvStL, 1987³, Sp. 111
ders., Art. „Episkopalsystem“; in: EvStL, 1987³, Sp. 728
ders., Art. „Ius circa sacra“, in: EvStL, 1987³, Sp. 1408
ders., Art. „Territorialsystem“, in: EvStL, 1987³, Sp. 3600
Heidingsfeld, U.-P. (Hrsg.), Entwicklungen im kirchlichen Finanzwesen, dargestellt an acht evangelischen Landeskirchen, Kirchl. Jahrbuch 2000, S. 302 ff.
Heinrichs, H. in: Palandt/Heinrichs, 2001⁶⁰, zu § 241
Henneke, H. G., in: Knack, VwVfG, 1998⁶, zu § 36
Herzog, R., in: Maunz-Dürig, GG, zu Art. 4
Hesse, K., Das Selbstbestimmungsrecht der Kirchen und Religionsgemeinschaften, in: HbdStKirchR, Bd. I, 1994², S. 521
Hollerbach, A., Grundlagen des Staatskirchenrechts, HStR, Bd. VI, 2001², § 138
ders., Der verfassungsrechtliche Schutz kirchlicher Organisation, in: HStR, Bd. VI, 2001², § 139
Hölscher, L.; Datenatlas zur religiösen Geographie im protestantischen Deutschland. Von der Mitte des 19. Jahrhunderts bis zum Zweiten Weltkrieg, 2001
Hömig, K. D., Der Reichsdeputationshauptschluß vom 25. Februar 1803 und seine Bedeutung für Staat und Kirche, Juristische Studien, Bd. 14, 1969
Honecker, M., Art. „Zwei-Reiche-Lehre“, in: EvStL, 1987³, Sp. 4112
Huber, E.-R., Die Garantie der kirchlichen Vermögensrechte in der Weimarer Reichsverfassung, 1927
Huber, F. C., Das Submissionswesen, 1885
Huber/Huber, Staat und Kirche im 19. und 20. Jahrhundert, Dokumente zur Geschichte des deutschen Staatskirchenrechts, Bd. 1, 1990², Bd. 2, 1976, Bd. 3, 1990², Bd. 4, 1988

Huber P. M., Kampf um den öffentlichen Auftrag. Vom Hoflieferantenprivileg zum europäischen Auftragsvergaberecht, Schriften der Juristischen Studiengesellschaft Jena e.V., Bd. 2, 2002

Informationen und Materialien aus dem Diakonischen Werk der EKD Nr. 01/01

Informationsblatt der Pressestelle der EKD, Stand März 2002

Ipsen, H. P., Subventionen, in: HStR, Bd. IV, § 92

Isensee, J., Die karitative Betätigung der Kirchen und der Verfassungsstaat, in: HbdStKirchR, Bd. 2, 1995², S. 665

ders., Staatsleistungen an die Kirchen und Religionsgemeinschaften, in: HbdStKirchR, Bd. 1, 1994², S. 1009

Jagenburg, W., Die Entwicklung des privaten Bauvertragsrechts seit 1990: VOB-Vertrag, NJW 1991, 2874

Jagenburg, W./Bruck, W., Die Entwicklung des privaten Bauvertragsrechts seit 1998: VOB Teil A und Vergabefragen, NJW 2000, 2242

Janßen, D., in: Obermeyer, Kommentar zum Verwaltungsverfahrensgesetz, 1999³, zu § 36

Jellinek, W., Verwaltungsrecht, 1948³

Joussen, E., in: Ingenstau/Korbion, VOB Verdingungsordnungen für Bauleistungen Teile A und B, 2001¹⁴ zu B §18

Kaelble, H., Anspruch auf Zuschlag und Kontrahierungszwang im Vergabeverfahren, ZfBR 2003, 657

Kämper, B., Kindergärten in kirchlicher Trägerschaft, Staatskirchenrechtliche Abhandlungen Bd. 20 (Diss. jur. 1990) 1991

Kappelmann, K. D., Die neue VOB/B – ist unangemessene Benachteiligung schlimm? NJW-Editional, Heft 29/2002

Kästner K.-H., Tendenzwende in der Rechtsprechung zum staatlichen Rechtsschutz in Kirchensachen, NVwZ 2000, 889

Kiesel, H., Die VOB 2002 – Änderungen, Würdigungen, AGB-Problematik, NJW 2002, 2064

Kirchhof, P., Mittel staatlichen Handelns, in: HStR, Bd. III, § 59

ders., Staatliche Einnahmen, in: HStR Bd. IV, § 88

Koeble, W., Architektenrecht, in Kniffka/Koeble (Hrsg.), Kompendium des Baurechts, 2000, 9. Teil

Kormann, A., Mögliche Auswirkungen des Vergaberechts auf gemeinnützige Aktivitäten der Kirche, Österr. Archiv für Recht und Religion, 2003, 84

Kramer, K. (Hrsg.), Glocken in Geschichte und Gegenwart, Bd. 1, 1986, Bd. 2, 1997

Kraus, D. (Hrsg.), Evangelische Kirchenverfassungen in Deutschland, 2001

Kremer, B. M., Denkmalschutz und Denkmalpflege im Bereich der Kirchen, in: HbdStKirchR, Bd. 2, 1995², S. 77

Krick, L. H., Handbuch der Verwaltung des Kirchenvermögens im Königreiche Bayern diesseits des Rheins, 1904[4]
Krüger, H., Kirchliches Archivwesen, in: HbdStKirchR, Bd. 1, 1994[2], S. 743
Liermann, H., Deutsches Evangelisches Kirchenrecht, 1933
ders., Luther ordnet seine Kirche, in *ders.*, Der Jurist und die Kirche, Jus Ecclesiasticum, Bd. 17, 1973, S. 175
ders., Art. „Landesherrliches Kirchenregiment", in: EvStL, 1987[3], Sp. 1925 ff.
Link, Chr., Herrschaftsordnung und bürgerliche Freiheit, 1979
ders., „Arme Träger". Zur unterschiedlichen Förderung freier Träger im Sozial- und Bildungsbereich des Landes Nordrhein-Westfalen, ZevKR 29 (1984), S. 291
Listl, J., Glaubens-, Bekenntnis- und Kirchenfreiheit, in: HbdStKirchR, Bd. 1, 1994[2], § 14
ders. (Hrsg.), Die Konkordate und Kirchenverträge in der Bundesrepublik Deutschland, Bd. 1 und 2, 1987
Losch, B., Erwachsenenbildung und Akademien, in: HbdStKirchR, Bd. 2, 1995[2], S. 639
Loschelder, W., Kirche als Schulträger, in: HbdStKirchR, Bd. 2, 1995[2], S. 511
Magen, St., Zum Verhältnis von Körperschaftsstatus und Religionsfreiheit, NVwZ 2001, 888
Mainusch, R., Die öffentlichen Sachen der Religions- und Weltanschauungsgemeinschaften, Jus Ecclesiasticum, Bd. 54 (Diss. jur.) 1995
Marré, H., Das kirchliche Besteuerungsrecht, in: HbdStKirchR, Bd. 1, 1994[2], S. 1101
Marré. H, Die Systeme der Kirchenfinanzierung in den Ländern der Europäischen Union und in den USA, ZevKR 42 (1997) S. 338
Marx, F., in: Motzke/Pietzcker/Prieß (Hrsg.), Beck`scher VOB-Kommentar, Verdingungsordnung für Bauleistungen Teil A, 2001, zu § 98 GWB
ders./Prieß, H.-J., in: Jestaedt/Kemper/Marx/Prieß (Hrsg.), Das Recht der Auftragsvergabe, 1999
Maurer, W., Verwaltung und Kirchenleitung, in: *ders.*, Die Kirche und ihr Recht, Jus Ecclesiasticum, Bd. 23, 1976, S. 526
Meurer, Chr., Bayerisches Kirchenvermögensrecht, Bd. 1, 1899, Bd. 2, 1901, Bd. 3, 1919
Meyer, Chr., Die Vermögensverwaltung und das Stiftungsrecht im Bereich der evangelischen Kirchen, in: HbdStKirchR, Bd. 1, 1994[2], S. 907
Morlok, M., in: Dreier (Hrsg.), GG, Bd. III, 2000, zu Art. 140 GG/Art. 137 WRV
Müller, A., Lexikon des Kirchenrechts und der römisch-katholischen Liturgie, Bd. 1, 1838[2], Bd. 2, 1838[2], Bd. 3, 1838[2], Bd. 4, 1839[2], Bd. 5, 1839[2]
Müller, H. M., Diakonie in Deutschland, ZevKR 47 (2002) S. 475

Müller, P., Zur Rechtslage kirchlicher Kindergärten nach Einräumung eines Rechtsanspruchs auf einen Kindergartenplatz, ZevKR 34 (1998) S. 145

Müller-Wrede, M., in Ingenstau/Korbion (Nachtrag), zu § 98 GWB

Nolte, A., Durchbruch auf dem Weg zu einem gleichwertigen staatlichen Rechtsschutz in „Kirchensachen"?!, NJW 2000, 1844

Ohler, F. P., Zum Begriff des öffentlichen Auftraggebers im Europäischen Vergaberecht, Europäische Hochschulschriften, Reihe II, Bd. 3115 (Diss. jur.) 2001

Oltmanns, P., 50 Jahre VOB, in: Deutsche Gesellschaft für Baurecht e.V. (Hrsg.), 50 Jahre VOB, Schriftenreihe der Deutschen Gesellschaft für Baurecht e.V. Bd. 8, 1976

Otte, H., Die Kirchensteuer in Hannover: Von der 'Kirchenanlage' zur Landeskirchensteuer, Jahrbuch der Gesellschaft für niedersächsische Kirchengeschichte, Bd. 99, 2001, S. 227

Pache, E., Der Staat als Kunde – System und Defizite des neuen deutschen Vergaberechts, DVBl. 2001, 1781

Pietzcker, J., Rechtsschutz bei der Vergabe öffentlicher Aufträge, NVwZ 1983, 121

Prieß H.-J., Handbuch des europäischen Vergaberechts. Gesamtdarstellung der EU/EWR-Vergaberegeln mit Textausgabe, 2001[2]

ders., Religionsgemeinschaften – Auftraggeber im Sinne des EG-Vergaberechts? Europäisches Vergaberecht, 1995, 248.

Puhl, Th., Der Staat als Auftraggeber, VVDStRL, Bd. 60, 2001, S. 456

Riedl, R., in: Heiermann/Riedl/Schwab (Hrsg.), Handkommentar zur VOB, 1979[2]

Rittner, F., Rechtsgrundlagen und Rechtsgrundsätze des öffentlichen Auftragswesen, Schriften zum Öffentlichen Auftragswesen, Heft 5 (Diss. jur.) 1988

Robbers, G., Förderung der Kirchen durch den Staat, in: HbdStKirchR, Bd. 1, 1994[2], S. 867

Rogge, Ph. L, Staatliche Finanzkontrolle freier Wohlfahrtspflege, Schriften zum Öffentlichen Recht, Bd. 862, (Diss. jur.) 2001

Ronellenfitsch, M., Wirtschaftliche Betätigung des Staates, in: HStR, Bd. III, § 84

Rönne, L. v., Das Staatsrecht der preußischen Monarchie, Bd. 1, 1881[4], Bd. 2, 1882[4], Bd. 3, 1883[4], Bd. 4, 1884[4]

Schäfer, M.-J., Mehr Wettbewerb im Bereich des öffentlichen Auftragswesens nach Erlaß der europäischen Vergaberichtlinien – Rechtliche und praktische Aspekte der Richtlinienumsetzung, Schriften zum Öffentlichen Auftragswesen, Heft 9 (Diss. rer. pub.) 1994

Schlaich, K., Art. „Kollegialsystem", in: EvStL, 1987[3], Sp. 1810

ders., Art. „Westfälischer Frieden", in: EvStL, 1987[3], Sp. 3970

Schleich, A., Nebenbestimmungen im Zuwendungsbescheid, NJW 1988, 236
Schreiner, M., Art. „Freie Schulen", in: RGG, Bd. 3, 2000[4], Sp. 301
Schröder, H., Vergaberechtliche Bindungen öffentlich-rechtlicher Religionsgemeinschaften, NZBau 2002, 259
ders., Messegesellschaften als öffentliche Auftraggeber nach § 98 Nr. 2 GWB, DÖV 2002, 335 ff.
Seidel, I., Zur Wandlung des Begriffsinhaltes „öffentlicher Auftraggeber" im EG-Vergaberecht vom institutionellen zum funktionellen Begriff sowie zu aktuellen Anwendungsfragen des erweiterten Begriffs, in: FS für W. Heiermann zum 60. Geburtstag, 1995, S. 293 = ZfBR 1995, 227
Skouris, W., Der Einfluß des Europäischen Gemeinschaftsrechts auf die Unterscheidung zwischen Privatrecht und Öffentlichem Recht, EuR 2/1998, S. 111
Starck, Chr., in: v. Mangoldt/Klein/Starck, GG, Bd. I, 1999[4], zu Art. 4 Abs. 1, 2
Statistische Beilage Nr. 82 zum ABl. EKD, Heft 7 vom 15.7.1988
Stein, A., Evangelisches Kirchenrecht, 1992[3]
Stelkens, P./U. Stelkens, in: Stelkens/Bonk/Sachs (Hrsg.), Verwaltungsverfahrensgesetz – Kommentar, 2001[6] zu § 36 VwVfG
Stengel, K. v., Das Staatsrecht des Königreichs Preußen, 1894
Stickler, Th., in: Reidt/Stickler/Glahs (Hrsg.) Vergaberecht Kommentar, 2000, zu § 98 GWB
Stolleis, M., Sozialstaat und karitative Tätigkeit der Kirchen, ZevKR 18 (1973) S. 376
ders., Art. „Gemeinwohl", in: EvStL, 1987[3], Sp. 1061
Suhrbier-Hahn, U., Das Kirchensteuerrecht, 1999
Tagung Deutscher Staatsrechtslehrer vom 04. bis 06.10.2000 zum Beratungsgegenstand: Der Staat als Wirtschaftssubjekt und Auftraggeber, VVDStRL 60, 2001
Thieme, H./Corell, C., Deutsches Vergaberecht zwischen nationaler Tradition und europäischer Integration, DVBl. 1999, S. 884
Tiling P. v., Die karitativen Werke und Einrichtungen im Bereich der evangelischen Kirche, in: HbdStKirchR, Bd. 2, 1995[2], S. 809
Torfs, R., Staat und Kirche in Belgien, in: G. Robbers (Hrsg.), Staat und Kirche in der Europäischen Union, 1995, S. 15
Triebel, M., Rez. zu *M. Vachek*, ZevKR 47 (2002) S. 114
Trusen, H., Das Preußische Kirchenrecht im Bereiche der evangelischen Landeskirche, 1883
Vachek M., Das Religionsrecht der EU im Spannungsfeld zwischen mitgliedschaftlichen Kompetenzreservaten und Art. 9 EMRK, Studien und Materialien zum öffentlichen Recht, Bd. 11 (Diss jur.), 2000

Vetter, A., Das Recht der Vergabe öffentlicher Aufträge 1999 und 2000, NVwZ 2001, 745
Vygen, K., in: Ingenstau/Korbion, Einleitung
Wasse, G., Die Werke und Einrichtungen der evangelischen Kirche, 1954
ders., Die Werke und Einrichtungen der evangelischen Kirche, ZevKR 4 (1955) S. 74
Weber, H., Geltungsbereiche des primären und sekundären Europarechts für die Kirchen, ZevKR 47 (2002) S. 221 (226)
Werner, M. J., in: Byok/Jaeger (Hrsg.), Kommentar zum Vergaberecht, 2000
Werner, O., Art. „Genossenschaften", in: Deutsches Rechtslexikon, Bd. 2, 2001[3], S. 1877
Weyand, R., Religionsgesellschaften und Vergaberecht, BauR 1996, 780
Wigard F., (Hrsg.) Stenographischer Bericht über die Verhandlungen der deutschen constituierenden Nationalversammlung zu Frankfurt am Main, Leipzig 1848/49
Wirth A., in Ingenstau/Korbion, zu B § 13
Wolf, E., Ordnung der Kirche, 1961
Wolff/Bachof/Stober, Verwaltungsrecht, Bd. 1, 1999[11]
Zacher, H. F., Das soziale Staatsziel, HStR Bd. 1, 1987, § 25
Zdzieblo, W., in: Daub/Eberstein, VOL/B, 1998[4], zu § 19

2. Rechtsquellen

a) Staatliche Rechtsquellen

Preußisches Allgemeines Landrecht von 1794 (ALR)
Verfassung des Kurfürstentums Hessen vom 5.1.1831 (Staatskirchenrechtliche Artikel), abgedr. bei *Huber/Huber*, Bd. 1, S. 148
Verfassung des Königreichs Hannover vom 6.8.1840, (Staatskirchenrechtliche Artikel), abgedr. bei *Huber/Huber*, Bd. 1, S. 163
Verfassungsurkunde für den Preußischen Staat vom 5.12.1848 und 31.1.1850, abgedr. bei *Huber/Huber*, Bd. 2, S. 34
Verfassung des Deutschen Reiches vom 28.3.1849, abgedr. bei *Huber/Huber*, Bd. 2, 1976, S. 33.
Staatsgesetz, betreffend die Kirchenverfassungen der evangelischen Landeskirchen, vom 8.4.1924, abgedr. bei *Huber/Huber*, Bd. 2, S. 604.
Verfügung des Ministeriums für Wissenschaft, Kunst und Volksbildung das Verdingungswesen vom 8.10.1920 betreffend, vom 10.11.1920, abgedr. im

KABl. – Gesetz- und Verordnungsblatt für den Amtsbezirk des Evangelischen Konsistoriums zu Cassel –, S. 124

Grundgesetz der Bundesrepublik Deutschland vom 23.5.1949 (GG)

Gesetz gegen Wettbewerbsbeschränkungen i.d.F. der Bkm. vom 26.8.1998 (GWB), BGBl. I S. 2546

Gesetz über die Grundsätze des Haushaltsrechts des Bundes und der Länder (HGrG) vom 19.8.1969, zuletzt Gesetz vom 21.6.2002, BGBl. I S. 2166.

Gesetz zur wirtschaftlichen Sicherung der Krankenhäuser und zur Regelung der Krankenhauspflegesätze i.d.F. der Bkm. vom 10.4.1991, BGBl. S. 886, zuletzt geändert durch Gesetz vom 27.4.2001, BGBl. 772

Gesetz zur Sicherung der Eingliederung Schwerbehinderter in Arbeit, Beruf und Gesellschaft (Schwerbehindertengesetz) i.d.F. vom 24.3.1997, BGBl. I S. 594

Verordnung über die Vergabe öffentlicher Aufträge (VgV) i.d.F. d. Bkm. vom 11.2.2003, BGBl. I S. 169

Bekanntmachung des Bundesministers für Wirtschaft und Technologie über die Richtlinie für die Berücksichtigung von Werkstätten für Behinderte und Blindenwerkstätten bei der Vergabe öffentlicher Aufträge vom 10.5.2001, GMBl. S. 694

Verdingungsordnung für Bauleistungen i.d.F. der Bkm. vom 12.9.2002, BAnz. Nr. 202a vom 19.10.2002 (VOB)

Verdingungsordnung für Leistungen i.d.F. der Bkm. vom 17.9.2002, BAnz. Nr. 216a vom 20.11.2002 (VOL)

Kirchensteuergesetze der Länder der Bundesrepublik Deutschland:

Kirchensteuergesetz Baden-Württemberg i.d.F. vom 6.2.2001, GBl. BW S. 116

Kirchensteuergesetz des Freistaats Bayern i.d.F. vom 24.12.2001, GVBl. Bay S. 1002

Kirchensteuergesetz Berlin i.d.F. vom 18.12.2001, GVBl. Bln S. 698

Kirchensteuergesetz Brandenburg i.d.F. vom 6.12.2001, GVBl. Bbg I S. 242

Kirchensteuergesetz Bremen i.d.F. vom 23.8.2001, GBl. Brm S. 268

Kirchensteuergesetz Freistaat Sachsen vom 14.2.2002, Sächs. GVBl. S. 82

Kirchensteuergesetz Hamburg i.d.F. vom 18.7.2001, GVBl. Hbg S. 218

Kirchensteuergesetz Hessen i.d.F. vom 31.10.2001, GVBl. He I S. 442

Kirchensteuergesetz Mecklenburg-Vorpommern vom 17.12.2001, GVBl. M.-V. S. 605

Kirchensteuergesetz Niedersachsen i.d.F. vom 14.12.2001, GVBl. Nds S. 760

Kirchensteuergesetz Nordrhein-Westfalen i.d.F. vom 6.3.2001, GVBl. NW. S. 103

Kirchensteuergesetz Rheinland-Pfalz i.d.F. vom 18.12.2001, GVBl. Rh-Pf S. 305

Kirchensteuergesetz Sachsen Anhalt vom 7.12.2001, GVBl LSA S. 557

Kirchensteuergesetz Schleswig-Holstein i.d.F. vom 13.12.2001, GVBl. SchlH S. 396

Kirchensteuergesetz Thüringen i.d.F. vom 24.10.2001, GVBl. Thü S. 275.

Kirchensteuergesetz Saarland i.d.F. vom 12.6.2002, ABl. Saar S. 1414

Gesetz des Landes Niedersachsen über Tageseinrichtungen für Kinder i.d.F. der Neubekanntmachung vom 7.2.2002, Nds. GVBl. S. 57

Allgemeine Verwaltungsvorschriften zur Bundeshaushaltsordnung vom 14.3.2001 (VV-BHO), GMBl 2001, S. 309

Vorläufige Verwaltungsvorschriften zu § 44 der Landeshaushaltsordnung Nordrhein-Westfalen vom 21.7.1972 (VV-NRW), MBl. NRW 1972, S. 1436

Verwaltungsvorschriften zu Art. 44 der bayerischen Haushaltsordnung vom 5.7.1973 (VV-Bay), ABl. des Bay. Staatsministeriums für Finanzen 1973, S. 257

Verwaltungsvorschriften zu § 44 der saarländischen Landeshaushaltsordnung vom 8.2.1995 (VV-Saar), GMBl. Saarland 1995, S. 86

Verwaltungsvorschriften zur Landeshaushaltsordnung des Landes Niedersachsen zu § 44 LHO vom 16.4.1997 (VV-LHO Nds), Nds. MBl, S. 1004

Vorläufige Verwaltungsvorschriften zu § 44 der Vorläufigen Sächsischen Haushaltsordnung vom 20.10.1997, Sonderdruck zum Sächs. Amtsblatt Nr. 13/1997.

Verwaltungsvorschriften zu § 44 der Landeshaushaltsordnung des Landes Sachsen-Anhalt vom 1.2.2001 (VV-LSA), MBl. LSA 2001, S. 239

b) Rechtsquellen der Europäischen Gemeinschaft

Vertrag zur Gründung der Europäischen Gemeinschaft vom 25.3.1957, BGBl. II S. 766, zuletzt geändert durch den Amsterdamer Vertrag vom 2.10.1997 und durch den Vertrag von Nizza vom 26.2.2001 (EGV), BGBl. 2001 II S. 1667

Erklärung Nr. 11 der Schlußakte der Amsterdamer Konferenz mit Erklärungen vom 2.10.1997, BGBl. 1988 II, S. 438.

Vergabe-Richtlinien der Europäischen Gemeinschaft:

Richtlinie des Rates vom 18.7.1989 zur Änderung der Richtlinie 71/305/EWG über die Koordination der Verfahren zur Vergabe öffentlicher Bauaufträge (89/440/EWG), ABl. der EG, Nr. L 210, S. 1

Richtlinie des Rates vom 26.7.1971 über die Koordinierung der Verfahren zur Vergabe öffentlicher Bauaufträge (71/305/EWG), Abl. der EG, Nr. L 185, S. 5.

Richtlinie 92/50/EWG des Rates vom 18.6.1992 über die Koordinierung der Verfahren zur Vergabe von öffentlichen Dienstleistungsaufträgen (DKR), ABl. der EG Nr. L 209, S.1

Richtlinie 93/36/EWG des Rates vom 14.6.1993 über die Koordinierung der Verfahren zur Vergabe von öffentlichen Lieferaufträgen (LKR), ABl. der EG Nr. L 199, S. 1

Richtlinie 93/37/EWG des Rates vom 14.6.1993 zur Koordinierung der Verfahren zur Vergabe von öffentlichen Bauaufträgen (BKR), ABl. der EG Nr. L 199, S. 45

Richtlinie 97/52/EWG des Europäischen Parlaments und des Rates vom 13.10.1997 zur Änderung der Richtlinien 92/50/EWG, 93/36/EWG und 93/37/EWG über die Koordinierung der Verfahren zur Vergabe öffentlicher Dienstleistungs-, Liefer- und Bauaufträge, ABl. der EG L 328, S. 1

Richtlinie 2001/78/EG vom 13.9.2001 über die Verwendung von Standardformularen für die Bekanntmachung öffentlicher Aufträge, ABl. der EG L 285, S. 1

c) Rechtsquellen der evangelischen Landeskirchen in Deutschland

Anleitung vom 15.12.1899 für das Verfahren bei kirchlichen Bauten und Herstellungen, Allgem. Kirchenblatt 1900, S. 121

Ausführungsverordnung des Rates der Konföderation ev. Kirchen in Niedersachsen über das Haushalts-, Kassen- und Rechnungswesen vom 3.2.1982 (Konf-HO), KABl. Han S. 22

Allgemeine Verwaltungsanordnung über die Durchführung von Orgelbauvorhaben in der Nordelbischen Ev.-Luth. Kirche i.d.F. vom 11.7.2003 (OVA-NEK), GVOBl. NEK S. 159

Bekanntmachung des kgl. Konsistoriums der Provinz Pommern, betr. provinzialkirchliches Bauamt vom 17.9.1912, Allgem. Kirchenblatt 1912, S. 829.

Bekanntmachung des Oberkirchenrates, die Ausführung von Neubau- und Bauunterhaltungsarbeiten an kirchlichen Gebäuden betreffend, vom 3.7.1920, GVOBl. für die Vereinigte Evangelisch-protestantische Landeskirche Badens, S. 77

Bekanntmachung der Ev.-Luth. Kirche in Bayern über ortskirchliche Bauausführungen i.d.F. vom 12.6.1990 (BauBek-Bay), KABl. Bay S. 226

Bekanntmachung der Ev.-Luth. Kirche in Bayern über das Orgel- und Glockenwesen i.d.F. vom 8.9.1999 (OGBek-Bay), KABl. Bay S. 301

Bekanntmachung des Landeskirchenamtes der Ev. Kirche von Westfalen über die Wartung von Glockenanlagen mit Armaturen und/oder elektrischen Läutemaschinen vom 16.2.1978 (GBek-Westf), KABl. Westf S. 56

Bauordnung der Ev. Landeskirche in Baden vom 2.10.1990 (KBO-Bad), KGVBl. Bad S. 213

Bauordnung der Ev.-Luth. Landeskirche Sachsens vom 10.12.2002, KABl LS 2003, S. A 18

Beschluß der Landessynode der Pommerschen Ev. Kirche zum Haushaltsplan für das Rechnungsjahr 1995, ABl. Pom 1995, S. 162

Durchführungsbestimmung zum Pachtwesen in der Ev.-luth. Landeskirche Hannovers vom 29.2.1988, KABl. Han S. 34

Durchführungsverordnung zum Kirchlichen Gesetz über die Vermögensverwaltung und die Haushaltswirtschaft in der Ev. Landeskirche in Baden i.d.F. vom 2.5.1999 (DVO-KVHG Bad), KGVBl. Bad S. 112

Durchführungsbestimmung der Konföderation zur Haushaltsordnung für kirchliche Körperschaften i.d.F. vom 4.7.2001, KABl. Han S. 130.

Edikt über die äußeren Rechts-Verhältnisse der Einwohner des Königreichs Bayern, in Beziehung auf Religion und kirchliche Gesellschaften vom 26.5.1818, abgedr. bei *Huber/Huber*, Bd. 1, S. 128

Edikt Großherzog Ludwigs II., die Verwaltung der lokalen Kirchen- und geistlichen Stiftungs-fonds und Kirchen-Pfründen betreffend, vom 6.7.1832, abgedr. bei *Müller, A*, Lexikon des Kirchenrechts, Bd. 3, 1838^2, S. 525

Erlaß des kgl. Konsistoriums der Provinz Pommern, betr. Verdingungen von Lieferungen bei kirchlichen Bauten vom 11.10.1911, Allgem. Kirchenblatt 1912, S. 120

Erlaß des kgl. Konsistoriums der Provinz Schlesien, betr. die Verdingung von Arbeiten und Lieferungen bei kirchlichen Bauten, sowie die Beratung der Kirchengemeinden durch die Vorstände der Königlichen Bauämter vom 4.7.1913, Allgem. Kirchenblatt 1913, S. 613

Erlaß des Evangelischen Oberkirchenrats über Behandlung von kirchlichen Bauwesen vom 14.7.1925, ABl. Wü, Bd. 22, S. 140

Gesetz des Königreichs Hannover über Kirchen- und Schulvorstände vom 14.10.1848, abgedr. bei *Huber/Huber*, Bd. 2, S. 45

Gesetz, die Errichtung von Kirchenvorständen in den evangelisch-lutherischen Kirchengemeinden (Braunschweig) betreffend vom 30.11.1851, abgedr. bei *Huber/Huber*, Bd. 2, S. 349

Gesetz über die Ordnung des Haushalts-, Kassen- und Vermögensrechts in der Ev. Kirche der Pfalz vom 30.11.1978 (HVO-Pf), ABl. Pf 1979, S. 41

Grundordnung der Evangelischen Landeskirche in Baden i.d.F. vom 12.4.2003 (GO-Bad), GVBl. Bad S. 97

Grundordnung der Evangelischen Kirchenprovinz Sachsen i.d.F. vom 16.11.2002 (GO-KPS), ABl. KPS S. 161, ber. ABl. KPS 2003, S. 14

Grundordnung der Evangelischen Kirche in Berlin-Brandenburg i.d.F. vom 27.4.2002 (GO-BB), ABl. BB S. 98

Grundordnung der Evangelischen Kirche von Kurhessen und Waldeck i.d.F. vom 28.11.2001 (GO-KW), ABl. KW 2002, S. 18

Haushalts-, Kassen- und Rechnungsordnung für die Evangelische Kirche in Deutschland vom 9.12.1994 (HKRO-EKD), ABl. EKD 1995, S. 1

Haushaltsordnung der Ev.-Luth. Landeskirche Sachsens i.d.F. vom 21.11.2000 (HO-LS), ABl. LS A 172

Haushaltsplan der Ev. Kirche in Hessen und Nassau für das Haushaltsjahr 1971, ABl. HN 1971, S. 35

Haushaltsplan der Ev.-luth. Landeskirche Hannovers für die Haushaltsjahre 2001 und 2002, KABl. Han 2000, S. 281

Kirchengemeinde- und Synodalordnung für die Provinzen Preußen, Brandenburg, Pommern, Schlesien und Sachsen vom 10.9.1873, abgedr. bei *Huber/Huber*, Bd. 2, S. 933

Kirchengemeinde- und Synodalordnung für die evangelisch-lutherische Kirche der Provinz Schleswig-Holstein mit Ausschluß des Kreises Lauenburg vom 4.11.1876, Preuß. GS. S. 416

Kirchengemeinde- und Synodalordnung für die evangelischen Gemeinden im Amtsbezirk des Konsistoriums zu Wiesbaden vom 4.7.1877, abgedr. bei *Huber/Huber*, Bd. 2, S. 995

Kirchengesetz über das Haushalts-, Kassen-, Rechnungs- und Prüfungswesen in der Ev.-reformierten Kirche in Nordwestdeutschland vom 28.11.1975 (HO-ErK), GVBl. ErK Bd. 14, S. 160

Kirchengesetz über die Kirchenmitgliedschaft, das kirchliche Meldewesen und den Schutz der Daten der Kirchenmitglieder vom 10.11.1976, ABl. EKD S. 389

Kirchengesetz für das Haushalts-, Kassen- und Rechnungswesen der Ev. Kirche von Kurhessen-Waldeck vom 11.7.1978 (HKRG-KW), KABl. KW S. 86

Kirchengesetz der Konföderation evangelischer Kirchen in Niedersachsen über die Bildung der Kirchenvorstände i.d.F. vom 15.10.2002 (KVBG-Konf), KABl Han S. 239

Kirchengesetz über den Haushaltsplan der Ev.-Luth. Landeskirche Mecklenburgs für das Rechnungsjahr 1995, KABl. M S. 47

Kirchengesetz über die Mitarbeit der Evangelischen Kirche in Deutschland in der Ökumene vom 6.11.1996, ABl. EKD S. 525.

Kirchengesetz für die Wahl zu den Gemeindekirchenräten in der Ev.-Luth. Landeskirche Mecklenburgs vom 23.3.1997 (WO-M), KABl. M S. 48

Kirchengesetz über die Vermögensaufsicht in der Evangelischen Kirche von Kurhessen-Waldeck vom 24.11.1997 (VermAG-KW), KABl. KW S. 219

Kirchengesetz der Ev. Kirche in Berlin-Brandenburg über die Verwaltung des Vermögens und die Aufsicht in Finanzangelegenheiten i.d.F. der Bkm. vom 19.2.1998 (VermAG-BB), KABl. BB S. 14

Kirchengesetz der Lippischen Landeskirche über die Wahlen zu den Kirchenvorständen vom 22.11.1994 (WO-Li), Ges. u- VOBl. Li Bd. 10, S. 447, zuletzt geändert am 24.11.1998, Ges. u. VOBl. Li Bd. 11, S. 114

Kirchengesetz über die Vermögensverwaltung und das Haushalts-, Kassen- und Rechnungswesen der Ev. Kirche in Hessen und Nassau vom 3.12.1999 (KHO-HN), ABl. HN 2000, S. 145

Kirchengesetz über die Wahl der Ältesten in der Evangelischen Kirche in Berlin-Brandenburg i.d.F. vom 1.7.2000 (KGWO-BB), ABl. EKD S. 352

Kirchengesetz über die Bildung kirchlicher Gremien und die Beendigung der Mitgliedschaft in kirchlichen Gremien der Nordelbischen Kirche i.d.F. der Bkm. vom 11.2.2002 (WahlG-NEK), GVOBl. NEK S. 107

Kirchengesetz der Ev.-luth. Kirche in Thüringen über das kirchliche Haushalts-, Kassen- und Rechnungswesen vom 23.3.2002 (HKR-Thü), ABl. Thü S. 105

Kirchengemeindewahlordnung der Ev. Kirche in Hessen und Nassau i.d.F. vom 21.4.2002 (KGWO-HN), ABl. HN S. 300, ber. 360

Kirchenordnung der Evangelischen Kirche in Hessen und Nassau i.d.F. vom 14.11.2002 (KO-HN), ABl. HN, S. 499

Kirchenordnung der Evangelischen Kirche der schlesischen Oberlausitz i.d.F. vom 11.10.1992 (KO-SchlO), ABl. EKD 1993, S. 84

Kirchenordnung der Pommerschen Evangelischen Kirche i.d.F. vom 14.4.1993 (KO-Pom), ABl. EKD S. 209

Kirchenordnung der Evangelischen Kirche von Westfalen i.d.F. vom 14.11.2002 (KO-Westf), ABl. Westf S. 334, 335, 336

Kirchenordnung der Evangelisch-Lutherischen Kirche in Oldenburg i.d.F. vom 13.6.2003 (KO-Old), GVBl. Old XXV S. 105

Kirchenordnung der Evangelischen Kirche im Rheinland i.d.F. vom 10.1.2003 (KO-Rh), ABl. Rh S. 74

Kirchenvorstands- und Synodalordnung für die evangelisch-lutherische Kirche des Königreichs Sachsen vom 30.3.1868, abgedr. bei *Huber/Huber*, Bd. 2, S. 351

Kirchgemeindeordnung der Ev.-Luth. Landeskirche Mecklenburgs i.d.F. vom 5.4.2003 (KGO-M), KABl. M S. 38

Kirchliches Gesetz über die Ordnung der kirchlichen Wahlen der Ev. Kirche in Baden vom 21.10.1994 (KiWO-Bad), KGVOBl. Bad S. 185

Kirchliches Gesetz über die Vermögensverwaltung und die Haushaltswirtschaft in der Ev. Landeskirche in Baden i.d.F. vom 24.10.2002 (KVHG-Bad), KGVBl. Bad 2003, S. 24

Kirchliches Gesetz über die Evangelischen Kirchengemeinden in Württemberg i.d.F. vom 2.3.1989 (KGO-Wü), ABl.- Wü, Bd. 53 S. 696, zuletzt geändert am 29.6.2000, ABl. Wü, Bd. 59 S. 113

Kirchenvorstandswahlgesetz der Evangelisch-Lutherischen Kirche in Bayern i.d.F. der Bkm. vom 27.1.1994 (KVWG-Bay), KABl. Bay S. 33, geändert am 2.12.1999, KABl. Bay 2000, S. 8

Kirchliche Bauordnung der Ev. Kirche in Berlin-Brandenburg vom 26.3.1999 (BO-BB), KABl. BB S. 88

Konstitutions-Edikt, die kirchliche Staatsverfassung des Großherzogtums Baden betreffend, vom 14.5.1807, abgedr. bei *Huber/Huber*, Bd. 1, S. 81

Mitteilung des Konsistoriums der Provinz Brandenburg, betr. Errichtung eines kirchlichen Bauamts für die Provinz Brandenburg vom 15.3.1906, Allgem. Kirchenblatt 1906, S. 289

Mitteilung des Evangelischen Konsistoriums zur Verfügung des Ministeriums für Wissenschaft, Kunst und Volksbildung das Verdingungswesen vom 8.10.1920 betreffend, vom 10.11.1920, KABl. – Gesetz- und Verordnungsblatt für den Amtsbezirk des Evangelischen Konsistoriums zu Cassel –, S. 125

Ordnung für die Fachaufsicht über die Orgelpflege in der Ev. Kirche im Rheinland vom 22.3.1958 (OO-Rh), KABl. Rh S. 29

Ordnung für das kirchliche Haushalts-, Kassen- und Rechnungswesen vom 11.5.1974, ABl. EKD S. 413

Ordnung der Ev. Landeskirche in Baden für die Verwaltung des kirchlichen Vermögens vom 22.8.1978 (VwO-Bad), KGVBl. Bad S. 185 i.d.F. vom 24.7.1990, KGVBl. Bad S. 140

Ordnung für das kirchliche Haushalts-, Kassen- und Rechnungswesen in der Ev. Kirche in Berlin-Brandenburg i.d.F. vom 20.12.1991 (HKRO-BB), KABl. BB S. 182 = ABl. EKD 1992 S. 105

Ordnung für die Durchführung von Orgelbauvorhaben in der Pommerschen Ev. Kirche, Anlage zur Bkm. des Konsitoriums betr. die Durchführung von Orgelbauvorhaben von 4.8.1994 (OO-Pom), KABl. S. 138

Ordnung für die Vermögens- und Finanzverwaltung der Kirchengemeinden der Lippischen Landeskirche vom 2.11.1988 (VO-Li), Ges. u. VOBl. Li Bd. 9 S. 99, zuletzt geändert durch VO vom 10.9.1997, Ges. u. VOBl. Li Bd. 11 S. 301

Ordnung der Orgelpflege in der Ev. Landeskirche in Württemberg vom 23.12.1997 (OO-Wü), KABl. Bd. 58 S. 22.

Ordnung der Wirtschaftsführung für die Bremische Ev. Kirche und ihre Gemeinden i.d.F. vom 13.5.1998 (WO-Brm), GVM-Brm Nr. 2 Z.1

Ordnung für das kirchliche Finanzwesen mit Ausführungsbestimmungen vom 29.5.1999, (FO-EKD), ABl. EKD S. 250.

Ordnung für das kirchliche Finanzwesen der Ev.-Luth. Kirche in Bayern vom 10.4.2000 (KHO-Bay), KABl. Bay S. 172

Ordnung für die Vermögens- und Finanzverwaltung der Kirchengemeinden, der Kirchenkreise und der Verbände von Kirchengemeinden und Kirchenkreisen in der Ev. Kirche von Westfalen vom 26.4.2001 (VwO-Westf), KABl. Westf S. 137

Presbyterial- und Synodalordnung für die evangelischen Kirchengemeinschaften im Bezirk des Konsistoriums Kassel vom 16.12.1885, abgedr. bei *Huber/Huber*, Bd. 2, S. 999

Richtlinie für den Orgelbau und die Orgelpflege im Bereich der Evangelischen Kirche der Union vom 11.6.1963 (ORi-EKU), KABl. EKD S. 480

Richtlinie der Ev. Kirche von Westfalen für den Orgelbau und die Orgelpflege vom 4.10.1963, (ORi-Westf), KABl.Westf S. 165

Richtlinie der Ev. Kirche von Kurhessen-Waldeck über die Pflege und Beaufsichtigung von Orgeln vom 6.11.1974 (ORi-KW), KABl. KW S. 331

Richtlinie für das Beschaffungswesen in der Ev. Kirche in Hessen und Nassau vom 14.2.1977 (BW-HN), ABl. HN S. 70.

Richtlinie der Bremischen Ev. Kirche für die Durchführung von Bauunterhaltungsmaßnahmen vom 19.6.1980, GVM. Brm 1980 Nr. 2 Z. 6

Rechtsverordnung über die verwaltungstechnische Abwicklung von Baumaßnahmen der Kirchengemeinden, Dekanate und kirchlichen Verbände der Ev. Kirche in Hessen und Nassau vom 17.3.1981, ABl. HN S. 189

Richtlinie der Ev. Kirche im Rheinland für die Ausschreibung, Vergabe und Abrechnung von Bauleistungen vom 22.11.1983 (BRi-Rh), KABl. Rh, S. 305

Richtlinie der Evangelischen Kirche in Deutschland über die Verwaltung des kirchlichen Grundbesitzes i.d.F. vom 11.10.1985 (GbR-EKD), ABl. EKD S. 431

Richtlinie des Landeskirchenrates der Ev.-Luth. Kirche in Thüringen zur Verfahrensweise bei der Planung von Arbeiten an Orgeln vom 23.11.1993, (ORi-Thü), KABl. S. 2

Richtlinie der Nordelbischen Kirche für die Verwaltung des kirchlichen Grundeigentums vom 20.3.1979, GVBl. NEK S. 147 i.d.F. vom 10.9.1996, GVBl. NEK S. 198.

Richtlinie für Friedhöfe in kirchlicher Trägerschaft in der Nordelbischen Ev.-Luth. Kirche vom 29.8.2000, GVOBl. NEK S. 166

Richtlinie für die Ausschreibung, Vergabe und Abrechnung von Bauleistungen im Bereich der Nordelbischen Ev.-Luth. Kirche vom 14.6.1979 (VGR-NEK), GVOBl. NEK S. 217, geändert am 20.11.2001, GVOBl. NEK 2002, S. 25

Rundschreiben Nr. 8/99 des Synodalrates der Ev.-ref. Kirche, betr. Verfahren bei Orgelbauvorhaben vom 1.4.1999 (ORS-ErK) abgedr. in der Rechtssammlung der Ev.-ref. Kirche, lfd. Nr. 13.27

Satzung des Diakonischen Werkes der Evangelischen Kirchen in Deutschland vom 6.6.1975, Anlage zu § 2 des Kirchengesetzes über das Diakonische Werk der EKD vom 6.11.1975, ABl. EKD S. 713, i.d.F. vom 30.10.1979 ABl. EKD S. 557

Satzung der Evangelischen Ruhegehaltskasse in Darmstadt vom 21.10.1970/ 25.1.1971 i.d.F. vom 5.10.2000, ABl. EKD 2001, S. 413

Satzung der Kirchlichen Zusatzversorgungskasse Darmstadt vom 1.1.1967, zuletzt geändert durch Beschluss des Verwaltungsrates vom 6.6.2001, ABl. EKD S. 78, ber. S. 243.

Satzung des Diakonischen Werkes – Innere Mission und Hilfswerk – der Ev.-Luth. Landeskirche in Braunschweig e.V. i.d.F. der Änderungen vom 19.9.2001 und 14.11.2001, KABl. Bswg 2002, S. 37

Verfassungsgesetz der evangelisch-lutherischen Kirche des Herzogtums Oldenburg vom 11.4.1853, abgedr. bei *Huber/Huber*, Bd. 2, S. 342

Verfassung der vereinigten evangelisch-protestantischen Kirche des Großherzogtums Baden vom 5.9.1861, abgedr. bei *Huber/Huber*, Bd. 2, S. 383

Verfassung der Ev.-Luth. Landeskirche Sachsens vom 13.12.1950 (KV-LS), KABl. LS S. A 99, zuletzt geändert am 2.4.1998, KABl. LS S. A 53

Verfassung der Ev.-Luth. Landeskirche Schaumburg-Lippe vom 18.9.1993 (KV-SLi), KABl. SLi 1994 S. 2

Verfassung der Evangelisch-lutherischen Landeskirche in Braunschweig i.d.F. vom 22.3.1997 (KV-Bswg), ABl. Bswg S. 103

Verfassung der Evangelisch-reformierten Kirche (Synode der evangelisch-reformierten Kirche in Bayern und Nordwestdeutschland) i.d.F. vom 1.2.2003 (KV-ErK), GVBl. ErK S. 107

Verfassung der Lippischen Landeskirche i.d.F. vom 17.6.2003 (KV-Li), GVBl. Li, Bd. 13, S. 39

Verfassung der Evangelischen Kirche der Pfalz (Protestantische Landeskirche) vom 20.10.1920 (KV-Pf), Allgem. Kirchenblatt 1921 S. 39, zuletzt geändert am 5.5.1999, ABl. Pf S. 106

Verfassung der Evangelisch-Lutherischen Kirche in Thüringen i.d.F. 1.4.2000, KABl. Thü S. 86

Verfassung der Evangelisch-Lutherischen Kirche in Bayern i.d.F. vom 11.12.2000 (KV-Bay), ABl. Bay 2001, S. 20

Verfassung der Evangelischen Landeskirche Anhalts i.d.F. vom 15.2.2001 (KV-Ah), ABl. Ah 2002, S. 30

Verfassung der evangelisch-lutherischen Landeskirche Hannovers i.d.F. vom 18.12.2002 (KV-Han), KABl. Han 2003, S. 2

Verfassung der Nordelbischen Evangelisch-Lutherischen Kirche i.d.F. vom 9.2.2002 (KV-NEK), GVOBl. NEK S. 102

Verordnung Großherzog Ludwigs III., die zeitgemäße Entwicklung der inneren Verfassung der evangelischen Kirche des Großherzogtums Hessen betreffend vom 14.11.1849, abgedr. bei *Huber/Huber*, Bd. 2, S. 392
Verordnung König Wilhelms I., in Betreff der Einführung von Pfarrgemeinderäten in der evangelischen Landeskirche (Württembergs) vom 25.1.1851, abgedr. bei *Huber/Huber*, Bd. 2, S. 371
Verwaltungsordnung für das kirchliche Vermögen in den östlichen Provinzen der preußischen Landeskirche vom 15.12.1886, KGVBl. 1887, S. 1
Verwaltungs-Ordnung für das Vermögen der evangelischen Kirchengemeinden der Provinz Westfalen vom 12.11.1887, KABl. Westf S. 81
Vorschriften für die Vermögensverwaltung und das Rechnungswesen der evangelischen Kirchengemeinden vom 19.12.1889, ABl. des württembergischen Evangelischen Konsitoriums und der Synode, IX. Band (1888-91) S. 4083
Verordnung die Verwaltung und das Rechnungswesen des örtlichen Kirchenvermögens betreffend vom 7.11.1862, VOBl. für die vereinigte evangelisch-protestantische Kirche des Großherzogthums Baden 1862, S. 59
Vorläufige Ordnung für die Verwaltung des kirchlichen Vermögens in den evangelischen Gemeinden des Consistorialbezirks Cassel vom 22.11.1887, KABl. S. 49
Verfügung des Landeskirchenamtes der Ev.-luth. Landeskirche Hannovers über Glocken und Läuteanlagen vom 27.12.1973 (GVerf-Han), KABl. Han 1974 S. 82
Verfügung des Landeskirchenamts der Ev. Kirche in Bayern über die Ausschreibungsmodalitäten für Aufträge in Abhängigkeit von der Höhe der Auftragswerte vom 11.4.2001, KABl. Bay S. 182.
Verfügung des Landeskirchenamts der Ev.-Luth. Kirche in Bayern über die ortskirchlichen Bauausführungen vom 11.4.2001, KABl. Bay S. 182.
Verordnung des Landeskirchenamtes der Ev.-Luth. Landeskirche Sachsen über Pflege, Erhaltung, Schutz, Umbau, Neubau, Erwerb und Veräußerung von Orgeln und Orgelpositiven vom 4.1.1983 (OVO-LS), KABl. LS S. A 14
Verordnung der Ev.-ref. Kirche in Bayern und Nordwestdeutschland über die Verpachtung des kirchlichen Grundbesitzes vom 30.3.1987, GVBl ErK, Bd. 15, S. 142
Verwaltungsanordnung für die Behandlung von Glockenangelegenheiten in der Nordelbischen Ev.-Luth. Kirche i.d.F. vom 19.11.1991 (GO-NEK) GVOBl. NEK 1992 S. 97
Verordnung über das Orgel- und Glockenwesen in der Ev. Landeskirche in Baden i.d.F. vom 1.9.1992 (OGVO-Bad), KGVOBl. Bad S. 161
Verordnung zur Ausführung der Haushaltsordnung der Ev. Landeskirche in Württemberg vom 23.7.1996 (HOVO-Wü), Abl. Wü, Bd. 57, S. 115

Verwaltungsanordnung zur Rechtsverordnung der Ev.-luth. Landeskirche Hannovers über die Orgelpflege und den Orgelbau i.d.F. vom 14.5.1997 (OVA-Han), KABl. Han S. 181

Verordnung für die Vermögens- und Finanzverwaltung der Kirchengemeinden, Kirchenkreise und kirchlichen Verbände in der EKU vom 1.7.1998 (VwO-EKU), Abl. EKD 1999, S. 137

Verordnung über die Vermögens- und Finanzverwaltung der Kirchengemeinden, Kirchenkreise und deren Verbände in der Ev. Kirche im Rheinland vom 6.7.2001 (VwO-Rh), KABl. Rh S. 235

Verordnung über das Haushalts-, Kassen- und Rechnungswesen der Schaumburg-Lippischen Landeskirche vom 13.12.2001 (HKRVO-SLi), KABl. SLi 2002, S. 1

Verordnung zur Ausführung des Kirchengesetzes über das Haushalts-, Kassen- und Rechnungswesen der Ev.-Luth. Landeskirche Mecklenburgs i.d.F vom 4.12.2001 (HKRVO-M), KABl. M 2002, S. 4

Verwaltungsverordnung der Ev. Kirche in Hessen und Nassau über die Gewährung von Zuweisungen und Darlehen zur Reparatur und Beschaffung von Orgeln und Glocken der Kirchengemeinden vom 20.10.1987 (OGVO-HN), KABl. HN S. 2

Verwaltungsvorschriften der Ev.-luth. Landeskirche Hannovers für den Neubau und die Instandsetzung von Pfarrhäusern vom 19.4.1995, KABl. Han S. 59

Wahlordnung der Ev. Kirche der Pfalz vom 10.1.1996 (WO-Pf), ABl. Pf S. 45, zuletzt geändert am 12.11.1998, ABl. Pf S. 187

Württembergisches Religionsedikt vom 15.10.1806, abgedr. bei *Huber/Huber*, aaO, Bd. 1, S. 72

d) Verträge zwischen dem Staat und den evangelischen Landeskirchen

Vertrag des Freistaates Preußen mit den Evangelischen Landeskirchen vom 11.5.1931 (Preußischer Vertrag), abgedr. bei *J. Listl*, Konkordate und Kirchenverträge, Bd. 2, S. 760 = *Huber/Huber*, aaO, Bd. 4, S. 709

Vertrag zwischen dem Freistaat Baden und der Vereinigten Evangelisch-protestantischen Landeskirche Badens vom 14.11.1932 (Badischer Vertrag), abgedr. bei *J. Listl*, Konkordate und Kirchenverträge, Bd. 1, S. 214 = *Huber/Huber*, aaO, Bd. 4, S. 727

Vertrag des Landes Niedersachsen mit den evangelischen Landeskirchen in Niedersachsen vom 19.3.1955 (Loccumer Vertrag), abgedr. bei *J. Listl*, Konkordate und Kirchenverträge, Bd. 2, S. 109

Vertrag zwischen dem Land Schleswig-Holstein und den evangelischen Landeskirchen in Schleswig-Holstein vom 23.4.1957 (Kieler Vertrag), GVOBl.

SchlH, S. 73 = abgedr. bei *J. Listl*, Konkordate und Kirchenverträge, Bd. 2, S. 665

Vertrag des Landes Nordrhein-Westfalen mit der Evangelischen Kirche im Rheinland und der Evangelischen Kirche von Westfalen vom 9.9.1957 (Mülheimer Vertrag), abgedr. bei *J. Listl*, Konkordate und Kirchenverträge, Bd. 2, S. 316

Vertrag des Landes Nordrhein-Westfalen mit der Lippischen Landeskirche vom 6.3.1958 (Detmolder Vertrag), GVBl NW, Ausgabe A, S. 205 = abgedr. bei *J. Listl*, Konkordate und Kirchenverträge, Bd. 2, S. 322

Vertrag des Landes Hessen mit den evangelischen Landeskirchen in Hessen vom 18.2.1960 (Wiesbadener Vertrag), abgedr. bei *J. Listl*, Konkordate und Kirchenverträge, Bd. 1, S. 802

Vertrag des Landes Rheinland-Pfalz mit den evangelischen Landeskirchen in Rheinland Pfalz vom 31.3.1962 (Mainzer Vertrag), abgedr. bei *J. Listl*, Konkordate und Kirchenverträge, Bd. 2, S. 487

Abschließendes Protokoll über Besprechungen zwischen Vertretern des Evangelischen Konsistoriums in Berlin (West) der Evangelischen Kirche in Berlin-Brandenburg und des Senats von Berlin über die Regelung gemeinsam interessierender Fragen vom 2.7.1970 (Berliner Protokoll), abgedr. bei *J. Listl*, Konkordate und Kirchenverträge, Bd. 1, S. 676

Vertrag zwischen dem Bayerischen Staate und der Evangelisch-Lutherischen Kirche in Bayern (Stand 1.7.1987) (Bayerischer Vertrag), zitiert nach *J. Listl*, Konkordate und Kirchenverträge, Bd. 1, S. 604

Vertrag des Landes Sachsen-Anhalt mit den evangelischen Landeskirchen in Sachsen-Anhalt vom 15.9.1993 (Wittenberger Vertrag), GVBl. LSA 1994, S. 172 = ABl. EKD 1994, S. 24

Vertrag zwischen dem Land Mecklenburg-Vorpommern und der Ev.-Luth. Landeskirche Mecklenburgs und der Pommerschen Landeskirche vom 20.1.1994 (Güstrower Vertrag), GVBl. M-V, 1994, S. 559 = ABl. EKD 1994, S. 265

Vertrag des Freistaats Thüringen mit den evangelischen Kirchen in Thüringen vom 15.3.1994 (Erfurter Vertrag), GVBl Th. 1994, S. 509 = ABl. EKD 1994, S. 280

Vertrag des Freistaates Sachsen mit den evangelischen Landeskirchen im Freistaat Sachsen vom 24.3.1994 (Dresdener Vertrag), Sächs. GVBl. 1994, S. 1252 = ABl. EKD 1994, S. 270

Vertrag zwischen dem Land Brandenburg und den evangelischen Landeskirchen in Brandenburg vom 8.11.1996 (Brandenburger Vertrag), GVBl. BB 1997, S. 4 = ABl. EKD 1997, S. 146

e) Sonstige Quellen

Beschluß der Eisenacher Konferenz über die kirchliche Besteuerung, Allgem. Kirchenblatt, 1870, S. 585

Protokoll der sechsten Sitzung der deutschen evangelischen Kirchenkonferenz in Eisenach vom 30.5. bis 5.6.1861, Allgem. Kirchenblatt 1861, S. 428 ff, S. 548 ff. sowie ebd. 1898, S. 484 ff.

Schreiben des Rates der EKD an die Landeskirchenregierungen vom 14.12.1945, abgedr. in: Die Protokolle des Rates der Evangelischen Kirche in Deutschland, Bd. 1, 1945/46, S. 222

Kirchenamt der EKD und Sekretariat der Deutschen Bischofskonferenz (Hrsg.), Zum Verhältnis von Staat und Kirche im Blick auf die Europäische Union. Gemeinsame Stellungnahme zu Fragen des europäischen Einigungsprozesses, Gemeinsame Texte, 1995, Heft 4

Begründung des Entwurfs eines Zweiten Gesetzes zur Änderung des Haushaltsgrundsätzegesetzes, in Anlage 1 zur BT-Drucks. 12/4636

Begründung zum Entwurf eines Gesetzes zur Änderung der Rechtsgrundlagen für die Vergabe öffentlicher Aufträge in Anlage 1 zur BT-Drucks. 13/9340

12. Hauptgutachten der Monopolkommission 1996/97, BT-Drucks. 13/11291

Allgemeine Geschäfts-, Liefer- und Zahlungsbedingungen des Bundes Deutscher Orgelbauer (Stand November 1983), abrufbar beim Bund Deutscher Orgelbauer

Leistungsverzeichnis für Glocken- und Läuteanlagen (Stand August 2001), abrufbar unter der Internetadresse: www.glocken-online.de.

Musterverträge der Ev. Kirche im Rheinland in Orgelbauangelegenheiten, KABl. Rh 1976, S. 220

Vertragsbedingungen für Glocken- und Läuteanlagen sind abgedr. in *Kramer, K.* (Hrsg.), Glocken in Geschichte und Gegenwart, Bd. 2, 1997, S. 611

Vorschlag der Kommission für eine Richtlinie des Europäischen Parlaments und des Rates über die Koordinierung der Verfahren zur Vergabe öffentlicher Lieferaufträge, Dienstleistungsaufträge und Bauaufträge – 5000PC0275 –

3. Rechtsprechung

BGH, Urteil vom 21.11.1991, NJW 1992, 827

BGH, Urteil vom 17.2.1999, NJW 2000, 137

BGH, Urteil vom 23.2.2000, NJW 2000, 1555 = ZevKR 45 (2000) S. 650

BVerfG Beschluß vom 14.12.1983 zu 2 BVR 1268/81, NJW 1984, 970 = KirchE 21, 316 = ZevKR 30 (1985) S. 435

BVerfG Beschluß vom 12.10.1994 zu 2 BvR 1339/89, NJW 1995, 1606 = KirchE 32, 386
BVerfGE 7, 377
BVerfGE 12, 1 = KirchE 5, 256 = ZevKR 8 (1961/62) S. 436
BVerfGE 18, 385 = KirchE 7, 172 = ZevKR 11 (1964/65) S. 413
BVerfGE 19, 129 = KirchE 7, 242
BVerfGE 19, 206 = ZevKR 12 (1966/67) S. 374 = KirchE 7, 338
BVerfGE 19, 226 = ZevKR 12 (1966/67) S. 382 = KirchE 7, 310
BVerfGE 19, 242 = ZevKR 12 (1966/67) S. 386 = KirchE 7, 319
BVerfGE 22, 180 = KirchE 9, 183
BVerfGE 24, 236 = KirchE 10, 181 = ZevKR 14 (1968/69) S. 403 (nur LS)
BVerfGE 30, 415 = KirchE 12, 101 = ZevKR 16 (1971) S. 218 (nur LS)
BVerfGE 32, 98 = KirchE 12, 294
BVerfGE 33, 23
BVerfGE 41, 29 = KirchE 15, 128
BVerfGE 42, 312 = KirchE 15 320 = ZevKR 22 (1977) S. 173
BVerfGE 42, 412
BVerfGE 44, 103
BVerfGE 44, 37 = ZevKR 22 (1977) S. 418 = KirchE 16, 47
BVerfGE 46, 73 = KirchE 16, 189 = ZevKR 23 (1978) S. 414
BVerfGE 49, 89
BVerfGE 52, 223 = KirchE 17, 325 = ZevKR 25 (1980) S. 289
BVerfGE 53, 366 = KirchE 18, 69 = ZevKR 26 (1981) S. 80
BVerfGE 57, 220 = KirchE 18, 392 = ZevKR 26 (1981) S. 197
BVerfGE 66, 1
BVerfGE 70, 138 = KirchE 23, 105 = ZevKR 31 (1986) S. 77
BVerfGE 72, 278
BVerfGE 93, 1 = KirchE 33, 191 = ZevKR 40 (1995) S. 477
BVerfGE 102, 370 = ZevKR 46 (2001) S. 224
BVerwG, Urteil vom 28.2.2002, DVBl. 2002, 986 = DÖV 2002, 952
EuGH Rs. 222/84, Johnston gegen Chief Constable, Slg. 1986, 1651
EuGH Rs. 31/87, Beentjes gegen Niederlande, Slg. 1988, 4635
EuGH Rs. 103/88, Fratelli Constanzo gegen Stadt Mailand, Slg. 1989, 1839
EuGH Rs. C-188/89, Forster, Slg. 1990, I-3313
EuGH Rs. C-44/96, Mannesmann Anlagenbau Austria, WuW/E Verg 23, Rn. 21
EuGH Rs. C-323/96, Kommission gegen Belgien, Slg. 1998, I-5063
EuGH Rs. C-360/96 Gemeente Arnhem, WuW/E Verg 161, Rn. 51
EuGH Rs. C-380/98, The University of Cambridge, WuW/E Verg 371
EuGH Rs. C-275/98, Unitron Scandinavia A/S u.a., NVwZ 2000, 181
EuGH Rs. C-223/99, Agora, WuWE Verg. 443

EuGH Rs. C-237/99, Kommission gegen Frankreich, NZBau 2001, 215
EuGH Rs. C-470/99, Universale – Bau AG, EuZW 2003, 147
EuGH Rs. C-513/99, Conkordia Bus Finnland, NVwZ 2002, 1356
EuGH Rs. C-373/00, Truly, EuZW 2003, 315
EuGHMR, Urteil vom 26.10.2000 – 30985/96 – mit Anm. von *D. Kraus*, Zum Umfang des Schutzes der religiösen Organisation, Schweizerisches Jahrbuch für Kirchenrecht, 2001, S. 119
VÜA des Bundes, Beschluß vom 12.4.1995, 1VÜ 1/95, VergAB 27
VÜA des Landes Hessen, Beschluss vom 10.6.1996, VÜA 2/96, ZVgR 1998 S. 452 m. Anm. von *Ohler, F. P.*, ebd., S. 456
VÜA Rheinland-Pfalz, VÜA 7/96 vom 25.8.1997, EzEG-VergR IV Nr. 11.5.
VK Nordbayern, Beschluss vom 24.7.2001, 320.VK-3194-21/01 (unveröffentlicht)
VK Nordbayern, Beschluss vom 29.10.2001, 320 VK-3194-35/01 (unveröffentlicht)

Schriften zum Staatskirchenrecht

Herausgegeben von Axel Frhr. von Campenhausen und Christoph Link

Band 1 Christoph Link: Staat und Kirche in der neueren deutschen Geschichte. Fünf Abhandlungen. 2000.

Band 2 Andreas Franitza: Der Allgemeine Hannoversche Klosterfonds und die Klosterkammer Hannover. Untersuchung zur rechtsgeschichtlichen Entwicklung. 2000.

Band 3 Reinald Willenberg: Rundfunk unter kirchlicher Trägerschaft. 2001.

Band 4 Martin Fischer: Kirchliche Beiträge im Fernsehen. Darstellung eines abgestuften Mitgestaltungsmodells kirchlicher Beteiligung im Fernsehen. 2001.

Band 5 Bernd Albrecht von Garmissen: Landwirtschaftliches Grundvermögen in kirchlicher Hand. Dargestellt am Beispiel der Evangelischen Kirche in Deutschland und unter besonderer Berücksichtigung der Evangelisch-Lutherischen Landeskirche Hannovers. 2001.

Band 6 Berend Lindner: Entstehung und Untergang von Körperschaften des öffentlichen Rechts. Unter besonderer Berücksichtigung der Religions- und Weltanschauungsgemeinschaften. 2002.

Band 7 Gesa Dirksen: Das deutsche Staatskirchenrecht - Freiheitsordnung oder Fehlentwicklung? 2003.

Band 8 Im Dienste der Sache. Liber amicorum für Joachim Gaertner. Herausgegeben von Ricarda Dill, Stephan Reimers, Christoph Thiele. 2003.

Band 9 Arnd Diringer: Scientology. Verbotsmöglichkeit einer verfassungsfeindlichen Bekenntnisgemeinschaft. 2003.

Band 10 Konstantin v. Notz: Lebensführungspflichten im evangelischen Kirchenrecht. 2003.

Band 11 Matthias Schwara: Die Heiliggeistkirche in Heidelberg im Wandel der Zeiten. Ein Beitrag zur Rechtsgeschichte Südwestdeutschlands. 2003.

Band 12 Axel Frhr. von Campenhausen (Hrsg.): Deutsches Staatskirchenrecht zwischen Grundgesetz und EU-Gemeinschaftsrecht. Symposion im Kirchenamt der Evangelischen Kirche in Deutschland am 25. und 26. April 2002 in Hannover. 2003.

Band 13 Thomas Bauer: Die GmbH als Rechtsform karitativer Einrichtungen der Kirche. 2003.

Band 14 Anne-Ruth Glawatz: Die Zuordnung privatrechtlich organisierter Diakonie zur evangelischen Kirche. Unter besonderer Berücksichtigung von unternehmerischen Umstrukturierungen in der Diakonie. 2003.

Band 15 Detlef Kehlen: Europäische Antidiskriminierung und kirchliches Selbstbestimmungsrecht. Zur Auslegung von Art. 13 EG und Art. 4 der Richtlinie 2000/78/EG. 2003.

Band 16 Andreas Grube: Der Sonntag und die kirchlichen Feiertage zwischen Gefährdung und Bewährung. Aspekte der feiertagsrechtlichen Entwicklung im 19. und 20. Jahrhundert. 2003.

Band 17 Burghard Winkel: Kirche und Vergaberecht. Der vergaberechtliche Status der evangelischen Landeskirchen in Deutschland. 2004.

www.peterlang.de

www.ingramcontent.com/pod-product-compliance
Ingram Content Group UK Ltd.
Pitfield, Milton Keynes, MK11 3LW, UK
UKHW021903290926
8980IPUK00015B/1018

9 783631 525784